Winfried K. Dallmann

Tränen am Ararat

Die Reise (1976)
Iskuhi (Aufarbeitung: 1987)
Wieder Tränen (1989)

Bibliographische Information der Deutschen Nationalbibliothek:
Die Deutsche Nationalbibliothek verzeichnet diese Publikation in der
Deutschen Nationalbibliografie; detaillierte bibliografische Daten
sind im Internet über http://dnb.dnb.de abrufbar.

© 2018 Winfried K. Dallmann
leicht korrigierte Neuauflage 2019
Herstellung und Verlag:
BoD – Books on Demand, Norderstedt

ISBN: 978-3-746-09879-1

Inhalt

VORWORT

Dieses Buch wurde bereits in den Jahren 1989-91 geschrieben. Ausgangspunkt war das Tagebuch einer Reise in die östliche Türkei (das ehemalige Westarmenien), die ich als unerfahrener 20-jähriger bereits 1976 unternommen hatte. Dabei ging es mir darum, das Land kennenzulernen – in erster Linie unter dem Blickwinkel des Völkermordes an den Armeniern und anderen christlichen Bevölkerungsgruppen, der dort während und nach dem Ersten Weltkrieg stattgefunden hatte und den die offizielle Türkei niemals eingeräumt hat.

Die Ereignisse in Armenien und Aserbaidschan seit 1988 brachten das Thema erneut an die Öffentlichkeit. Allerdings kam es damals aus verschiedenen Gründen nicht zur Veröffentlichung des Buches. Die letzten Jahre haben nun erneut Anlass gegeben, das Thema der Minderheiten in der Türkei auf die Tagesordnung zu bringen. Dazu gehören in erster Linie die neuerdings verschärften autoritären Tendenzen in der Türkei und die endliche Anerkennung des osmanischen Völkermordes an Armeniern und anderen christlichen Minderheiten durch den Deutschen Bundestag (2016).

Meine Reise fand sechzig Jahre nach dem Völkermord statt. Inzwischen sind weitere vierzig Jahre vergangen. Vielleicht hat es etwas für sich, einmal in die Zeit mitten zwischen den Geschehnissen, denen des Ersten Weltkrieges und denen von heute, zu blicken. Denn was heute auf der politischen Bühne geschieht, ist ja nur eine Episode in einer fortlaufenden Entwicklung, die sich aus der Vergangenheit erklärt.

Massenverhaftungen und Massenentlassungen, wie sie nach dem missglückten Militärputsch im Sommer 2016 begannen, sind in der Geschichte der Türkei nichts Neues, wenn auch diesmal in unübertroffenem Maßstab. Auch der Völkermord an den christlichen Bevölkerungsgruppen begann 1915 mit Massenverhaftungen, damals von armenischen Intellektuellen und öffentlichen Bediensteten, um dieser damals recht großen Bevölkerungsgruppe die Führung und das

Sprachrohr zu nehmen.

In jüngerer Zeit sind das Balyoz Harekâtı-Verfahren ('Vorschlaghammer-Verschwörung', 2003) und der Ergenekon-Prozess (2007-2013) Beispiele dafür, dass vermeintliche Verschwörungen gegen die Staatsführung jahrelang gerichtlich verfolgt wurden und oppositionelle Akteure oder auch unbeliebte Unbeteiligte in Untersuchungshaft gehalten wurden, bis schließlich alles mangels Beweise im Sande verläuft. Möglicherweise musste deshalb ein 'echter' Putschversuch her. 2016 hatte Präsident Erdoğan offenbar auch schon die Listen von Bürgern fertig, die er verhaften oder ihrer Ämter entheben lassen wollte, um den Widerstand gegen seinen Machtausbau zu brechen. Der Putsch verhärtete das Feindbild in Gestalt der bereits 2013 in Ungunst geratenen Gülen-Bewegung. Daher ist es eher unwahrscheinlich, dass der Putsch überraschend kam.

Es fragt sich dann auch, ob die Bombenattentate in Diyarbakır und Ankara in den Jahren 2015 und 2016 wirklich denjenigen in die Schuhe zu schieben sind, die dafür verantwortlich gemacht wurden. Sie trugen zielgerecht dazu bei, die in letzter Zeit herangewachsene demokratische Bürgerbewegung, die den türkischen Nationalisten ein Dorn im Auge ist, in ein schlechtes Licht zu stellen und mit verschwörerischen Aktivitäten und Terrorismus in Verbindung zu bringen. Und sie trugen dazu bei, die kurdischen separatistischen Bewegungen, mit denen längere Zeit Waffenstillstand geherrscht hatte, erneut in Missgunst zu bringen und erneutes gnadenloses Vorgehen gegen diese zu rechtfertigen.

Während des Ersten Weltkrieges war es das Ziel ähnlichen Vorgehens, einen Völkermord an den verhassten und der politischen Unzuverlässigkeit verdächtigten indigenen Christen vorzubereiten. Heute sind die Kurden in einer ähnlichen Situation und sind es schon lange gewesen, denn die ersten Deportationen von Kurden fanden fast zeitgleich im Winter 1915/16 statt, als 300 000 osmanische Kurden zwangsumgesiedelt wurden. Sie sind zwar Muslime, aber doch keine Türken.

Was ist heute das eigentliche Ziel des politischen Vorgehens, abgesehen von Machtbesessenheit? Kennt der von Erdoğan vertretene türkische Nationalismus Grenzen, die die jungtürkische Bewegung 1915 nicht kannte?

Während das Thema des Völkermordes in den letzten Jahrzehnten in immer breiteren bürgerlichen Kreisen in der Türkei sein Tabu verloren hat, auch wenn man das Wort noch immer nicht direkt in den Mund nimmt, wird er von nationalistischen Kreisen weiterhin bestritten. Die Gründer der modernen Türkei als Volksmörder hinzustellen, ist ihnen ein Ding der Unmöglichkeit. Damit einher geht die Weigerung, die in demokratischen Ländern vollkommen unakzeptablen Einrichtungen wie Zensur der Medien, politische Verfolgung und Folter aufzugeben – Methoden, ohne die autoritäre Regime sich nicht behaupten können. Der Umschwung von Annäherung zu konfrontativen und aggressiven Verhaltensweisen gegenüber Mitgliedsstaaten der EU kam überraschend schnell.

Zu dieser Zeit nahmen kriegerische Auseinandersetzungen in den Nachbarländern Syrien und Irak große Ausmaße an. Der rasante Aufstieg des ‚Islamischen Staates‘ (IS) gleich jenseits der türkischen Südgrenze erschien der Türkei wegen seiner anti-schiitischen Natur zunächst willkommen. Die internationalen Erwartungen hinsichtlich einer klaren Stellungnahme der Türkei, die undurchsichtigen Beziehungen und Frontverläufe zwischen Türkei, dem bürgerkriegsgeprüften Syrien, dem ‚Islamischen Staat‘ und diversen kurdischen Verbänden, die Flüchtlingskrise und ihre Nutznießung seitens der Türkei gegenüber der Europäischen Union ... das alles machte die Situation zusätzlich unübersichtlich und begünstigte die Verschleierung der eigentlichen Ziele der Türkei, nämlich die Sicherung und Ausweitung ihres Einflusses in der Region.

Am 2. Juni 2016 erkannte Deutschland endlich offiziell den armenischen Völkermord als solchen an, eine nicht nur von Armeniern, sondern auch von Menschenrechtlern und Wissenschaftlern seit Jahrzehnten geforderte Stellungnahme, die bis dahin aus Rücksichtnahme auf die deutsch-türkischen Beziehungen ausgeblieben war. Immerhin leben in Deutschland drei Millionen Türken aller Gesinnungsrichtungen.

Sechs Wochen später fand der mysteriöse Staatsstreich in der Türkei statt und die Massenverhaftungen, Amtsenthebungen und Berufsverbote begannen. Große Teile der Bevölkerung gerieten in Misskredit, da ihnen Sympathien mit den Putschisten unterstellt wurden. Angesichts der angeblich ‚drohenden Gefahr‘ für den Staat, die dieser offenbar gut zu vermitteln verstand, gelang es Präsident Erdoğan, den Volksentscheid für die Machterweiterung seines Amtes im April 2017 zu gewinnen, wenn auch mit nur knapper Mehrheit. Worauf zielt das alles ab? Eigentlich braucht man nur zwei und zwei zusammen zu zählen. Wahrscheinlich haben die meisten vergessen, dass Erdoğan – damals noch als Bürgermeister von Istanbul – am 6. Dezember 1997 auf einer Wahlveranstaltung sagte: „Die Demokratie ist nur der Zug, auf den wir aufsteigen, bis wir am Ziel sind" und damit ein Zitat aus einem islamistischen Gedicht aus der Zeit des Ersten Balkankrieges einleitete. Damit drückte er vermutlich sein wahres Ziel aus, auf demokratische Weise die Macht befestigen zu wollen, um dann die Demokratie abzuschaffen und sich in die Reihe der anderen autoritären, islamistischen Staaten des Nahen Ostens einzufügen.

Andererseits versuchte die Türkei insbesondere unter der Präsidentschaft von Abdullah Gül (2007-2014) eine halbherzige Annäherung an Armenien, zu dem es seit dessen Unabhängigkeit keine diplomatischen Beziehungen aufgenommen hat. Die weder vom türkischen, noch vom armenischen Parlament ratifizierten ‚Züricher Protokolle' (2009) sahen unter anderem eine bilaterale Expertenkommission zur Klärung der ‚Ereignisse von 1915' vor, wie unter AKP-Herrschaft nun der Völkermord an den Armeniern anstelle des bisherigen ‚angeblichen Völkermordes' neutral umschrieben wurde.

Hatte man da doch noch Hoffnung in die EU zu kommen? Oder wollte man von anderen Problemen ablenken? Jedenfalls wurden in den 1990er und 2000er Jahren mehrere armenische Kirchen in Anatolien restauriert, teils mit armenischen, teils aber auch mit staatlichen Mitteln. Andererseits wurde die einstige armenische Residenz-Kirche in Kars, die ich 1976 noch als Museum ohne Hinweis auf die armenischen Erbauer sah, wieder in eine Moschee umfunktioniert.

Es leben heute knapp 60 000 Armenier in Istanbul; hinzu kommen etwa 30 000 (inoffiziell vielleicht wesentlich mehr) Arbeitsmigranten aus der Republik Armenien. Diese stammen in erster Linie aus dem Gebiet um Spitak und Gjumri (Leninakan) im Norden des Landes, das durch das gewaltsame Erdbeben 1988 weitgehend zerstört wurde und wo bis heute der Wiederaufbau unvollständig und die Wirtschaftslage schwierig ist. Sie sind zum großen Teil illegale Einwanderer, überwiegend Frauen, die in Haushalten arbeiten, aber weitgehend geduldet werden.

Von der Regierung wird die Arbeitsimmigration als Propaganda genutzt, denn warum kämen diese Menschen freiwillig ins Land, wenn es dort so armenierfeindlich wäre? Ja, warum reisen armenische Gastarbeiter ausgerechnet in die Türkei? Die Antwort ist wahrscheinlich, dass viele kaum eine andere Wahl haben. Der Weg nach Europa oder Nord-Amerika ist wesentlich schwieriger.

In Istanbul kann man als Armenier einigermaßen unbehelligt leben, solange man sich im Hintergrund hält. Wie das Beispiel des türkisch-armenischen Journalisten und Herausgebers Hrant Dink und der von ihm gegründeten, weitgehend auf Türkisch erscheinenden Zeitung ‚Agos' (‚Ackerfurche') zeigt, ist es sogar möglich, vorübergehend größere Teile der türkischen Bevölkerung zu erreichen und zum Nachdenken zu bewegen, wobei allerdings auch Hrant Dink von nationalistischen Kräften das Leben zunehmend schwer gemacht wurde. Zum Schluss, im Januar 2007, wurde er auf offener Straße erschossen. Zwar wurden die jugendlichen Täter gefasst und nach dem Jugendrecht verurteilt, aber ihre Hintermänner blieben bis heute verschont. Hunderttausende folgten dem Trauerzug und der Beisetzung. Die offizielle Türkei verurteilte die Tat auf das Schärfste, bekam aber dennoch scharfe Kritik dafür, dass sie nationalistischen Straftaten nicht genügend vorgebeugt hatte.

In viel größerer Anzahl als damals, als dieses Buch eigentlich erscheinen sollte, finden sich heute türkische Autoren, Filmemacher, Menschenrechtler, Wissenschaftler und andere, die mit deutlichen Worten den osmanischen Völkermord an den Armeniern verurteilen und nach ihren Möglichkeiten politische Bildungsarbeit zu leisten versuchen. Viele dieser kritischen Stimmen sind allerdings inzwischen im Exil. Und die jüngste Verschärfung der politischen Situation in der Türkei sorgt dafür, dass sie dort bleiben. Man könnte Doğan Akhanlı nennen, der sich in einem Roman und einem Theaterstück mit dem Völkermord befasst hat und für den in der Türkei ein Haftbefehl wegen irgendwelcher vorgeschobenen Delikte besteht, wobei die Türkei 2017 vergeblich versuchte, ihn über Interpol von seinem Urlaubsaufenthalt in Spanien ausliefern zu lassen. Oder Fatih Akin, der mit seinem Spielfilm ‚The Cut' (2014) den Zorn türkischer Nationalisten auf sich zog. Oder Taner Akçam, der unter anderem die deutsche Übersetzung der Prozessprotokolle der osmanischen Kriegsverbrecherprozesse aus den Jahren 1919 und 1920 herausgab und seither zahlreiche Buchpublikationen zum Völkermord an den Armeniern vorgelegt hat. Oder Mehmet Polatel oder Fuat Dündar, die jeder auf seine Weise und mit seinem fachlichen Hintergrund versuchen, Licht auf die wahren Geschehnisse zu werfen. Viele andere könnten sicherlich genannt werden.

Worüber sich alle diese Vorkämpfer im Klaren sind, ist, dass es ohne die aufrichtige Bewältigung der Vergangenheit keinen Glauben an die Zukunft geben kann. In der Türkei wird weiterhin eine wesentlich glorreichere Version der nationalen Vergangenheit vermittelt, als es ihre Minoritäten und Nachbarn in Erinnerung haben. Und die Konflikte, die Missverständnisse und die politischen Verfolgungen werden bestehen bleiben, solange versucht wird, die Wahrheit zu unterdrücken und den destruktiven, nationalistischen Kräften Nährboden für ihre Verleumdungen und menschenverachtenden Haltungen geliefert wird. Und die politischen Tendenzen in der Türkei, wie ich sie oben angedeutet habe, lassen nichts Gutes vermuten.

Soweit zur Aktualisierung des Themas. Gehen wir nun einmal vierzig Jahre – ein halbes Menschenleben – zurück in die Geschichte, dringen ins Innere des großen, geheimnisvollen Landes vor und blicken von dort aus zurück in die noch frühere Vergangenheit!

Januar 2018

URSPRÜNGLICHES VORWORT (1991)

Die Ereignisse seit dem Jahre 1988 in den Sowjetrepubliken Armenien und Aserbaidschan um den Karabach-Konflikt haben in der Weltöffentlichkeit die Existenz des armenischen Volkes in Erinnerung gerufen, das über ein halbes Jahrhundert lang ein Schattendasein geführt hat. Aber die Medien berichteten über die Vorgänge meist losgelöst von den geschichtlichen Zusammenhängen und tiefen Wurzeln des Konfliktes und dezimierten sie auf soziale und religiöse Probleme. Aus den großen Schlagzeilen ging nicht hervor, dass es sich bei dem Konflikt um ein Glied in einer Kette handelt, durch die die türkischen Nationen des Nahen Ostens, zu denen die Aserbaidschaner gehören, seit einem Jahrhundert die Armenier systematisch verfolgen. Dass der Konflikt gerade zum jetzigen Zeitpunkt wieder offen ausbrach, ist einzig und allein auf die Veränderungen und den Zerfall der Sowjetunion zurückzuführen, die zuvor jegliche Auseinandersetzungen im Keim erstickte, unterdrückte oder verschwieg.

Die Ursprünge des armenischen Problems liegen in der Türkei, die seit den Zeiten des Osmanischen Reiches den größten Teil des armenischen Bevölkerungsraumes eingenommen hatte. Im Zuge von nationalistischen, pantürkistischen Bewegungen seit Ende des 19. Jahrhunderts sind die Armenier einer systematischen Vertreibung unterworfen, die während des Ersten Weltkrieges in grausamen Menschenschlächtereien kulminierten.

Die Türkei hat bis auf den heutigen Tag die Verbrechen der Vergangenheit nicht eingeräumt. Es gab – bis auf eine sehr kurze Phase in der besiegten Türkei nach dem Kriege – keine Kriegsverbrecherprozesse, keinerlei Ansätze zu irgendwelchen Wiedergutmachungen oder gar Aufklärung des eigenen Volkes zwecks Verhinderung der Wiederholung solcher Vorkommnisse. Von den Anfängen der Maßnahmen des Jahres 1915 gegen die Armenier bis heute wird in der Türkei Geschichtsverfälschung betrieben, werden die auf Regierungsebene geplante Niedermetzelung von über einer Million Armeniern und anderen christlichen Minderheiten (Assyrern/Aramäern, Pontus-Griechen) als vereinzelte Übergriffe lokaler Bevölkerungsgruppen dargestellt. Wie besessen wehren sich Vertreter der Türkei, das Geschehene als das dargestellt zu sehen, was es war: Völkermord.

Während in den letzten Jahren diese Fragen erneut in internationalen Gremien diskutiert wurden, vertrieb man in der Türkei durch gezielte und camouflierte Maßnahmen die Reste der armenischen Bevölkerung aus Anatolien. In jüngerer Zeit sind zahlreiche Menschenrechtsverletzungen gegen die Kurden vorgekommen und es ist zu befürchten, dass es mit den zunehmenden separatistischen Bewegungen der Kurden zu erneuten Pogromen kommen kann – diesmal gegen diejenigen gerichtet, die damals den Türken bei der Vernichtung der Armenier halfen. So befreit sich der türkische Staat nach und nach von allen nicht-türkischen Bevölkerungselementen mit einer durchtriebenen Systematik, die er immer wieder vor der Weltöffentlichkeit zu verschleiern weiß.

Es gibt natürlich zahllose ehrenwerte Türken, die man in keiner Weise mit derartigen Tendenzen identifizieren will. Das Problem ist nur, dass auch diese zumeist den geschichtsverfälschenden Lehren unterworfen sind, so dass es ihnen oft unmöglich ist, die Wahrheit der Vergangenheit – und damit der Gegenwart – zu erkennen. Aber diejenigen, die sie erkennen und kundtun, enden wegen Staatsverleumdung oder ,Beleidigung des Türkentums' im Gefängnis.

Dieses Buch soll mehreren Zwecken dienen. Zum einen soll es am Beispiel der Armenier dazu beitragen, dass über die heute weitaus größere Zahl betroffener Kurden nicht die christlichen Minderheiten in der Türkei und deren Situation vergessen werden. Ferner soll es die im Schatten der jeweils aktuellen Ereignisse zu verschwinden drohende Konsequenz aufzeigen, mit der die Türken seit jeher ihren Vielvölkerstaat zu türkifizieren versucht haben, wobei des Öfteren alle Mittel recht waren. Und schließlich soll es die heutigen Konflikte zwischen Armeniern und türkischen Bevölkerungsgruppen, wo sie wie in der Karabach-Frage offen zutage treten, in einen geschichtlichen Zusammenhang setzen. Heutige Konflikte dürfen von uns im Ausland nicht isoliert von dieser Vergangenheit gesehen werden – man würde sonst Gefahr laufen, im Detail-Dschungel der Pressemeldungen die übergeordneten Ursachen und Ziele des Vorgehens zu übersehen. Dies hier ist keine Abhandlung, die Wert auf vollständige Analysen legt. Dieses Ziel verfolgen andere Werke, die neben anderen in der Literaturübersicht im Anhang aufgeführt sind. Es ist eine kombinierte Form von Reiserzählung und beispielsweiser Dokumentation, die die Problematik einem breiteren Publikum zugänglich machen soll.

Der erste und weitaus längste Teil ist das Tagebuch einer Reise durch Ostanatolien (das ehemalige Westarmenien) im Jahre 1976, die bis ins Detail auf eigenen Erlebnissen beruht. Zu den einzelnen Stationen der Reise geben Rückblicke über die Ereignisse während des Völkermordes 1915-1922 Auskunft. Dabei sollen einerseits Geschichtsbuchtexte vermieden und wenn möglich Augenzeugen sprechen gelassen werden. Aber trotzdem sollen sie in ihrer Gesamtheit einen einigermaßen geschlossenen Überblick schaffen. Die Quellen der Zitate und Beschreibungen konkreter Vorfälle sind im Anhang aufgeführt.

Der zweite Teil behandelt verschiedene Aspekte des armenischen Problems in Form von Gesprächen mit einer fiktiven Armenierin, Iskuhi, aus der Türkei, wie sie hätten ablaufen können. Die hier erwähnten Fakten bezüglich der Situation der Armenier in der Türkei sind entweder in der Armenien-Literatur dokumentiert (siehe Quellenangaben), oder von Augenzeugen erfahren worden (letztere sind zum Schutze der Personen nicht angegeben).

Der dritte Teil ist eine kurze Darstellung der Ereignisse des Jahres 1988 in den sowjetischen Kaukasusrepubliken Armenien und Aserbaidschan, soweit sie die armenische Problematik betreffen. Diese bekommen vor dem Hintergrund des Gesamtproblems eine andere Dimension. Quellenangaben sind hier überflüssig, da die Berichte ausschließlich auf damaligen Meldungen der internationalen Presseagenturen beruhen und in westeuropäischen Tageszeitungen standen.

Obwohl dieses Buch bereits 1989-1990 geschrieben wurde, ist von einer Erweiterung der Dokumentation abgesehen worden, da diese nicht zur weiteren Aktualisierung des behandelten Themas beitragen würde und da sich andere Werke mit den Vorgängen in den Kaukasusrepubliken beschäftigen.

Dieses Buch ist in erster Linie für denjenigen gedacht, der Näheres über eine Seite der Türkei erfahren will, das er nicht aus türkischen Quellen oder Büchern und Berichten, die auf solchen beruhen, erfährt; um demjenigen, der mit offenen Augen in armenische oder ehemals armenische Siedlungsgebiete reist, einen Hintergrund zu geben; um das Schicksal eines Volkes außerhalb der eingeweihten Kreise bekannt zu machen; um Erklärungen für Vorgänge und Zustände anzudeuten, die dem Reisenden oder dem anderweitig Interessierten sonst schwerfallen zu verstehen.

Januar 1991

Les Turcs ont passé là
Tout est ruine et deuil·

Die Türken sind dort vorbei gezogen
Überall Ruinen und Schmerz·

(Victor Hugo: Les Orientales, 1829)

DIE REISE

1. Vorbemerkung

Dies ist eine Geschichte aus einem Land, in dem das Selbstverständliche fraglich und das Unwahrscheinliche alltäglich ist; in dem der Fremde Freund und der Nachbar Feind ist. Außerdem ist es die Geschichte von einer Zuneigung, die sich eines Tages plötzlich und ohne ersichtlichen Grund in das gleiche Nichts auflösen kann, aus dem sie genauso ohne greifbaren Grund hervorgegangen ist.

Es ist Winter und im Ofen knistert das Feuer. Aus dem Lautsprecher tönen orientalische Klänge, die mich in die richtige Stimmung zum Schreiben versetzen.

Ich will nichts erfinden, sondern nur die Überleitungen zwischen den Gedanken und Erlebnissen schaffen, die ich früher bereits gedacht oder zu Papier gebracht habe. Es soll kein geschlossener Roman werden, kein geschichtliches Werk und keine Abenteuergeschichte, obwohl von allem etwas dabei ist. Aber was den Zusammenhang schafft und das Nebeneinander aller dieser Formen möglich macht, ist nichts anderes als die Wirklichkeit – so bezaubernd, gefährlich, hoffnungsvoll und brutal wie sie sein kann. Wenn stellenweise ein Schleier von träumerischem Idealismus über den Zeilen liegt, so gibt er nur wieder was man braucht, um bei einer selbstgestellten Aufgabe zu bleiben; bei der Sache, der man sich hoffend und träumend, vielleicht sinnlos und naiv verschrieben hat. Obwohl man vielleicht nicht einmal das Ziel klar vor Augen hat.

Ein paar Briefe liegen auf meinem Schreibtisch – Briefe von anderen und Kopien von solchen, die ich selbst geschrieben habe – ein Tagebuch, ein Literaturverzeichnis, ein Haufen Bücher … und in meinen Gedanken warten die noch ungeschriebenen Erinnerungen auf die Hand, die sie niederschreibt. Nur die Namen der Menschen werde ich ändern.

*

Berlin, 8.7.1976

Heute kann ich nicht zuhause bleiben. Ich bin nicht aufgeregt, im Gegenteil. Nachdem mir heute Nachmittag im Gespräch mit Sarkis und ein paar anderen wieder richtig die Gefahr bewusst geworden ist, in die ich mich begebe, bin ich fast beängstigend ruhig. Nur die vier Wände sind mir zu eng. Ich muss hinaus, wo es Leute gibt, Abschied nehmen von Berlin, nachdem ich mich von allen Menschen, die mir nahe stehen, verabschiedet habe.

Nur eine Ausnahme gibt es, jemanden, der mir sehr viel bedeuten würde, wenn sie mir nicht so gleichgültig gegenüberstehen würde. Wie gerne würde ich in die Telefonzelle dort drüben gehen und anrufen; einfach anrufen und ‚auf Wiedersehen‘ sagen. Aber mein Gefühl sagt mir, es sei nicht gut. Vielleicht treffe ich sie zufällig, irgendwo dort, wo sie des Öfteren ist, denke ich und weiß dabei genau, dass ich sie nicht treffen werde. Ich werde ihr einen Brief schreiben von dort unten …

Am Kurfürstendamm ist einiges an Leuten unterwegs. Massen strömen lachend, erzählend, spaßend oder auch nur stumm durch die Straßen, verschwinden in Lokalen und Kinos, oder neue kommen aus ihnen hervor. Ich bin auf dem Weg zum ‚Loretta‘ um zu sehen, ob ich dort Bekannte finde. Auf der Straße tritt mir ein Mädchen entgegen und drückt mir einen Zettel in die Hand. Ich öffne ihn, ohne ihn zu lesen.

„Vielleicht liest du ihn mal,“ sagt sie, „und vielleicht hast du auch eine Kleinigkeit für uns übrig.“ Noch immer halte ich das Papier in der Hand, unfähig in meiner Alleinseinsstimmung, es zu lesen.

„Was ist das?“ frage ich.

„Wir sind die ‚Kinder Gottes‘.“

„Das sind wir doch alle.“

Sie stutzt einen Moment. Dann fragt sie:

„Glaubst Du an Jesus Christus?“

„Was meinst du? Ich glaube ‚dass Gott uns in Jesus Christus uns ein gutes Beispiel gegeben hat.“

„Er ist für uns gestorben!“

Ich muss an meine Armenier denken.

„Ich kann mit dir beten“, fährt sie fort. „Ich kann dir helfen, Jesus zu finden.“

Irgendein vielsagendes Lächeln muss in diesem Moment über meine Lippen gehuscht sein, denn ihre Augen sehen plötzlich aus, als ob sie von mir lernen will, anstatt ich von ihr.

Ich lege den Zettel in ihre Hand zurück und gebe ein Geldstück dazu.

„Ich habe jetzt keine Zeit zu lesen. Aber bei dem, was ich vorhabe, werde ich Jesus vielleicht finden.“

Schon wende ich mich zum Gehen, als sie mir ein paar Schritte hinterherläuft.

„Das verstehe ich nicht, das musst du mir erklären.“

Ich setze ihr kurz auseinander, dass ich nach Anatolien fahre, um das Land und die Menschen kennenzulernen, Menschen, die Christen sind und dort ein Schicksal haben, wie es bei uns die Juden hatten. Aber sie scheint noch nie etwas von Armenien gehört zu haben.

„Und du glaubst, dass du Jesus dort finden wirst?“ fragt sie nur.

„Es ist ein Land, wo man nicht so ohne weiteres durchkommt, wenn man nicht an irgendetwas glaubt.“

Ihre Augen sind groß geworden.

„Gott segne dich! Ich wünsche dir viel Glück!“

Zunächst ist mir nur klar, dass ich Eindruck auf sie gemacht haben muss, auf sie, die wohl meist nur ausweichende Antworten und schiefe Blicke zugeworfen bekommt. Vielleicht hätte ich es an einem anderen Tage auch getan, denn ich mag eigentlich keine Missionierung irgendwelcher Art. Aber heute bin ich in einem Ausnahmezustand.

Erst als ich durch die Uhlandstraße gehe, fällt es mir wie Schuppen von den Augen: Heute, am Abend vor meiner Abreise, wo ich mich von Berlin verabschieden will, bekomme ich einen Segen mit auf den Weg! Ich, der ja wie die meisten Leute nie in die Kirche geht. War ich nicht nur einem plötzlichem Impuls folgend aus dem Haus gegangen?

RÜCKBLICK:

Jenes Mädchen, das ich an jenem Abend gerne getroffen hätte, aber natürlich nicht traf, will ich hier Tamara nennen. Ich muss ein wenig auf sie eingehen, weil sie ungewollt den Grundstein für vieles, was folgte, gelegt hatte, soweit es mich betrifft. Ich lernte sie etwa zweieinhalb Jahre vor jener Berliner Tagebucheintragung kennen. Ich ging damals noch zur Schule. Es war ein Jahr vor meinem Abitur. Wir waren gemeinsam auf einer Schulfahrt nach Frankreich. Das einzige, was mir zunächst an ihr aufgefallen war, war ihr leicht orientalisches Aussehen. Doch während der Bahnfahrt – wir hatten Gitarren dabei – fing sie an zu singen. Ob es zuerst die natürliche Klarheit ihrer Stimme, das Engagement bei ihren Liedern oder schließlich ihre persönliche Ausstrahlung war – nach wenigen Tagen war ich mir im Klaren darüber, dass ich mich nicht nur in ihre Stimme und ihre Lieder, sondern in sie selbst verliebt hatte. Aber sie war in dieser Hinsicht nicht zugänglich. Ich versuchte lange den Kontakt mit ihr aufrecht zu erhalten. Als ich zum Beispiel mit ein paar Freunden zusammen eine Folklore-Musikgruppe aufzog, war es nicht schwer, sie zum Mitmachen zu bewegen. Doch dabei blieb es.

Einmal improvisierte ich zusammen mit einem Freund aus der Gruppe orientalische Musik. Tamara meinte, sie hätte zuhause Noten von armenischen Liedern, die sie uns geben könne. Später einmal fragte ich sie, wie sie dazu komme.

„Ich bin Armenierin", sagte sie. „Oder wenigstens, meine Mutter ist es."

Daraufhin schlug ich das Lexikon auf und las erst einmal nach, wo Armenien liegt. Bislang hatte ich nichts weiter gewusst, als dass es eine Armenische Republik irgendwo im Süden der Sowjetunion gab. Ich erfuhr, dass das historische Armenien jedoch viel größer war und dass heute große Teile davon zur Türkei und zum Iran gehören.

Später sah ich sie lange Zeit nicht mehr, denn ich machte mein Abitur und die Musikgruppe fiel teilweise auseinander.

Ich begann mein Geologie-Studium. Seit einigen Jahren hatte für mich festgestanden, was ich wollte. Mir war klar geworden, dass ich ein Mensch war, den es an die große Grenze unserer Zeit, die Grenze der Zivilisation zieht, der das Leben dort für am lebenswertesten hält, wo man es hautnah spürt. In extremen Zeiten meinte ich sogar, ich müsse für immer fort, über die Grenze hinaus. Bald fing ich an, mir die Echtheit dieser Überzeugung zu beweisen – dass ich wirklich das suchte, was mir mein Drang zur Flucht einredete und auf das ich nun auch durch mein Studium hinarbeitete. Doch irgendwo in der nordischen Wildnis, zwischen Sümpfen und Mückenschwärmen, fiel mir Tamara wieder ein. Es war nun bald zwei Jahre her, dass ich sie kennengelernt hatte. Als ich zurück kam, suchte ich wieder den Kontakt zu ihr. Ein dreiviertel Jahr vor Beginn jener Reise, die meinem Leben neue Impulse gab. Und ich holte alte Gefühle aus der Verdrängung hervor. Aber ich will nun nicht versuchen eine Liebesgeschichte zu erzählen; es würde bei dem Versuch bleiben und dem Eingeständnis, dass es nie eine wurde.

Diesmal jedoch, als sie mir von Armenien erzählte, beschränkte ich mich nicht auf das Lexikon, um daraus mehr zu erfahren. Ich las ganze Bücher. Das Leiden dieses Volkes durch seine ganze Geschichte hindurch packte mich umso mehr, als dieses Mädchen ihm angehörte – wenigstens in meinen Augen. Dann war es ein langer, folgenschwerer Blick auf die Landkarte, der mir sagte, dass es auch für meine geringen finanziellen Mittel vielleicht nicht unmöglich wäre, ins Armenische Hochland, wenigstens in die türkischen und vielleicht iranischen Teile zu fahren. Zunächst eine Illusion, doch der Gedanke bekam Hand und Fuß. Als ich dann eine Praktikantenstelle, auf die ich mich beworben hatte, nicht bekam, waren die Semesterferien frei und ich überraschte Familie und Freunde mit der Neuigkeit, ich würde bald für ein paar Monate in die östliche Türkei fahren.

Ich besorgte mir ein Türkisch-Lehrbuch und belegte einen Armenisch-Sprachkurs an der Universität. Sarkis, der Lehrer, unterrichtete außer mir nur zwei oder drei weitere Leute und so konnte er sich auf meinen speziellen Wunsch einstellen, Westarmenisch zu lernen. Natürlich musste ich zunächst die Hürde der fremden Schrift überwinden. Und da das Sprachenlernen nicht die einzige Reisevorbereitung war, kam mein eigentliches Studium in diesem

Semester etwas kurz. Aber es gelang mir erstaunlicherweise, mir in vier Monaten einen Abriss der armenischen Geschichte, der Geographie der Osttürkei und des übrigen Armeniens, sowie eine Grundlage der türkischen und der armenischen Sprache anzueignen.

*

2. Durch die westliche Türkei

Villach, 14.7.1976

Der erste Teil der Reise in Richtung Türkei, durch die teuren Länder Deutschland und Österreich, ist durch meinen dünnen Geldbeutel geprägt. Ich bewege mich durch Mitfahrgelegenheiten und als Anhalter fort, übernachte in Jugendherbergen und treffe auf diese Art viele Menschen, die wie ich unterwegs sind. Ich verbringe die Wartezeiten und Abende mit Kanadiern, Dänen, Norwegern und Amerikanern, oft Leute, für die das Trampen mehr Lebensstil als Mittel zum Zweck ist. Daher falle ich etwas aus dem Rahmen. Erzählte ich von meinem Vorhaben, bekomme ich mehr als einmal zu hören: „Armenier ... was ist das? Ach, Du meinst Türken?"

Istanbul, 16.7.1976

Bahnfahrt von Villach nach Istanbul. Dreißig anstrengende Stunden. Bis Niš, das wir gestern Nachmittag erreichen, ist die Landschaft eintönig und wir verbringen die Zeit mit Unterhaltungen. Im Abteil ist auch ein Pärchen in meinem Alter, das durch die Türkei fahren will.

Viel spreche ich mit einem Türken, der ein paar Jahre älter als ich ist, in Deutschland arbeitet und für den Sommerurlaub nach Hause fährt. Er ist weltoffen, intelligent und umgänglich. Aber als ich nach längerer Zeit des Vorfühlens beginne, ihn um seine Meinung über die Armenierfrage anzusprechen, höre ich die erwartete Antwort: Den Vergleich mit den Juden, und Hitler hätte es schon ganz richtig gemacht. Allerdings fallen ihm dann wohl die letzten fünf Jahre europäischen Einflusses ein und er fügt hinzu, es sei schon schrecklich gewesen, was geschehen ist. Als das Gespräch durch den Schaffner unterbrochen wird, nehme ich das Thema nicht wieder auf.

Dieser Mann erinnert mich an das Verhalten der meisten türkischen Studienkameraden, die ich in Berlin habe. Der Armenierhass ist ihnen anerzogen. Sobald sie nach Europa kommen, haben sie mit diesem Thema keine Berührung mehr. Sie werden zunehmend von moderner westlicher Denkweise beeinflusst, aber behalten ihren umgänglichen, gastfreundlichen, stolzen Charakter, der sie zu liebenswerten Kameraden macht. Aber die Armenier haben in der veränderten Denkweise noch keinen Platz gefunden. Sie sind überhaupt noch nicht damit in Verbindung gebracht worden. Fällt irgendwann das Wort, dann sind ihnen nur die Hassworte aus ihrer früheren Erziehung gegenwärtig. Hinter Niš wird die Landschaft schlagartig anders. Die Nišava hat sich eine tiefe Schlucht in die Ausläufer des Balkangebirges gegraben, durch die die Bahnlinie verläuft. Steile, verkarstete Kalksteinfelsen erheben sich rechts und links. Unter uns tost der reißende Fluss und oben, wo die schroffen Felsen den Blick auf einen Streifen freien Himmels freigeben, ballten sich Gewitterwolken zusammen. Als Blitze und Donner einsetzen, treten die Felsen weiter vom Ufer zurück, aber umso gespenstischer wirken sie im Halbdunkel des Unwetters.

Ganz Bulgarien durchfahren wir bei Nacht in dem breiten Maritsa-Tal. Unendlich langsam aber strecken sich die letzten 250 Kilometer durch die europäische Türkei bis Istanbul dahin.

Das Land ist wieder eintönig, überall Felder von Getreide, seltener Sonnenblumen oder Zuckerrohr. Nur selten ein paar Pappeln oder Ansammlungen von Eichen. Einmal ein breiter, mannshoher Wald – dann wieder Felder. Der Zug hält oft. Manchmal stehen Kinder in bunten Trachten an den Bahnhöfen, die den Zug neugierig betrachten und hinterher schauen, wenn er abfährt.

Dann endlich Istanbul. Buntes Leben, Lärm, auf den ersten Blick ein einziges Durcheinander von Menschen, Straßen, Häusern, Autos und Eselkarren. Ich muss mir krampfhaft einen abseitsliegenden Platz zum Niedersetzen suchen und mich erst einmal an das Chaos gewöhnen, es betrachten und langsam lernen, die einzelnen Dinge voneinander zu unterscheiden.

Istanbul, 17.7.1976

Ich frage lange herum, bis ich ein lumpiges Bett mit einem Nachttisch für 20 Lira (drei D-Mark) finde, was der Durchschnittspreis pro Übernachtung ist, den meine Reisekasse vorsieht. Der Sohn des Wirts will mir meine Jeans abkaufen, aber ich habe nur diese eine Hose. Später, im Basar, will jemand meinen Armeeschlafsack. Aber auch da ist leider nichts zu machen, den auch den brauche ich selbst.

In den Straßen schreien alle durcheinander, die irgendetwas verkaufen oder einen Dienst anbieten wollen. Jungen rennen mit Blechkannen umher, die Trinkwasser enthalten. Schuhputzer sitzen auf ihren Schemeln und warten auf Kunden. Stände, wo saure Gurken oder Ayran (ein joghurtartiges Getränk) und Säfte angeboten werden, scheint es im Überfluss zu geben und ziemlich bald mache ich Limettensaft zu meinem Lieblingsgetränk. Viele Bürgersteige sind ein einziger Obstmarkt. Wenn ich das Obst ungewaschen essen könnte, ich glaube, ich würde nur noch essen. Aber sauberes Wasser ist ein Problem. Überhaupt packt denjenigen, der europäische Hygiene gewohnt ist, ein leichtes Grausen. Die Straßen sind schmutzig und beim leisesten Windhauch fliegt einem der ganze Staub um die Ohren. Wie oft die Toiletten gesäubert werden, weiß ich nicht – spülen geht nicht und nicht jeder scheint das Loch im Boden zu treffen ...

Ein kleines Mädchen greift meine Hand und gibt mir eine Handvoll Taubenfutter.

„Bahşiş, monsieur, bahşiş!"

Ich hole einen Lira aus der Hosentasche. Sie verzieht ihr niedliches Gesicht zu einer Grimasse.

„Two Lira!"

„Habe nicht mehr."

„Sigara?"

„Nein, ich rauche selbst nicht."

Sie lächelt wieder und geht weiter. Ich würde ihr gern mehr geben, aber nehme mir vor hart zu bleiben – wem werde ich in den kommenden zwei Monaten wohl noch alles Bahşiş geben müssen?

Gleich am ersten Tag (das war gestern) mache ich auch eine schlechte Erfahrung. Ein Mann, der ganz gut deutsch spricht, bietet mir ein günstiges Tauschgeschäft an: er müsse dringend Geld nach Deutschland senden, die Banken seien schon zu und er wolle mir 740 Lira für 100 Mark geben. Zum Glück lasse ich mich nur auf die Hälfte ein. Wir haben das Geld bereits getauscht und halten die Scheine in den Händen, als er plötzlich aufgeregt etwas von Polizei faselt, sein Geld zurücknimmt und mir meinen bereits mehrfach zusammengefalteten Schein wieder in die Hand drückt. Als ich sehe, dass es nur lumpige 20 Lira sind, ist der Kerl bereits über alle Berge. Später erfahre ich, dass Istanbul für derartige Dinge berüchtigt ist und das ich bei weitem nicht der erste bin, der auf diesen Trick hereinfällt.

Sauer beschließe ich, Istanbul baldigst zu verlassen und es mir am Schluss der Reise anzusehen, wenn ich mich etwas mehr an solche Umgangsformen gewöhnt habe. Dennoch bin ich den heutigen Tag hier geblieben und in der Stadt herumgelaufen.

Am Morgen bin ich im Basar, wo man alles kaufen kann, was man selten oder gar nicht braucht. Ich habe Grüße an den Bekannten eines Freundes auszurichten, der hier einen Laden hat. Ich finde ihn auch. Er lädt mich sofort zu einem Tee ein. Von ihm erhalte ich einige gute Tipps für meine weitere Reise. Dann schaue ich mir die Aya Sofia an, die auf mich einen kalten und verlassenen Eindruck macht, die Blaue Moschee (Sultan Ahmet Camii), die hingegen prachtvoll ist, und eine unterirdische Basilika-Zisterne, deren Kühle mich vorübergehend von der Affenhitze in der Stadt erholen lässt.

Ich habe fürs erste genug von Istanbul. Morgen verlasse ich die Stadt in Richtung Bursa, mit dem Schiff übers Marmarameer.

Bursa, 20.7.1976

Vorgestern früh legt die Fähre von der Yalova-Brücke ab, ich lasse die Stadt der schreienden Straßenhändler und tutenden Autos hinter mir. Das Wetter ist angenehm – brennende Sonne zwar, aber frischer Wind. Das Schiff legt an zwei der Adalar-Inseln an, den Ferieninseln im Marmarameer. Flache Hänge, mit weißen Villen und Hotels übersät.

Dann wird der Horizont im Süden schwarz. Bald sieht man das Wasser über der Küste in dunklen Streifen niederfallen. Auch über dem Schiff wird es grau, ein steifer Wind kommt auf, Regen fällt. Als wir in Yalova anlegen, ist alles vorbei. Aber die Menschenmenge, die aus dem Schiff strömt, stockt plötzlich – die Straßen stehen unter Wasser. Den Taxen, die auf Fahrgäste aus dem Schiff warten, reicht das Wasser bis zur Tür. Ich balanciere auf Vorsprüngen dicht entlang der Häuser zum Busbahnhof. Andere ziehen die Schuhe aus und laufen mit hochgeschlagenen Hosenbeinen durch die Stadt.

Bursa am Nachmittag. Eine grüne Stadt, reich an Gärten, eine Unzahl von Bäumen in den Straßen. Darunter viele Maulbeerbäume. Zum ersten Male im Leben esse ich Maulbeeren. Ein Basar, klein und ruhig im Vergleich zu dem von Istanbul, und eine schöne Moschee, Ulucamii, mit einem Brunnen vor der Kuppel. Ich finde Unterkunft in einer Herberge. Der Wirt, ein gesprächiger älterer Mann, stellt unsere Beziehung mit wenigen Worten klar: Alman – türk: arkadaş, arkadaş! (Deutsche - Türken: Freunde!) Dazu die üblichen Rührbewegungen mit den Armen. Unter den übrigen Gästen lerne ich Maurice kennen, einen Franzosen meines Alters, mit dem ich ein Zimmer teile. Bereits am Morgen darauf beschließen wir, eine Woche lang zusammen zu reisen, etwa bis Kilikien. Von dort muss Maurice sich wieder westwärts bewegen. Am Nachmittag steigen wir die ersten tausend Meter des Uludağ empor, jenes gigantischen Berges, der über Bursa emporragt. Wir finden zunächst ausgebaute Wege und Pfade. Maurice studiert Landwirtschaft und weiß gut über alle Pflanzen am Wegrand Bescheid. Dann beginnen wir, die nächsten Tage unserer gemeinsamen Reise nach Südosten zu planen und ich erzähle von meinem Vorhaben, Ostanatolien (Westarmenien) zu sehen und einige der letzten dort lebenden Armenier zu suchen.

„Schade, dass ich nicht genug Zeit habe, mitzukommen. Das würde mich auch interessieren", antwortet er.

„Sei froh, dass du keine Zeit hast. Die Sache ist vielleicht nicht ganz ungefährlich."

„Was ist daran gefährlich?"

Mir fallen Sarkis' Warnungen ein. Er würde sich als Armenier nicht in Ostanatolien blicken lassen können.

„Viele hassen die Armenier dort. Und wenn du zu viel Sympathie zeigst, packen sie dich wahrscheinlich in die gleiche Schublade."

„Ist das nicht alles sehr lange her? Ich meine die Vertreibungen und so weiter? Es gibt eine Menge Armenier bei uns in Frankreich, ich kenne sogar einige. Aber ich habe mir nie darüber Gedanken gemacht."

„Soweit ich weiß, gibt es nur einen Grund, weshalb es ruhig um die Armenier in Ostanatolien ist: Es gibt dort kaum noch welche."

„Was ist eigentlich damals passiert? Ich habe gar keine genaue Vorstellung davon."

Ich denke an die gelesenen Bücher und die Stunden, in denen Sarkis mir erzählte, was er selbst erfuhr oder von seinen Vorfahren weiß. Ich versuche, mich an alles zu erinnern und erzähle es Maurice.

RÜCKBLICK:

„Es ist wichtig, dass so viele Menschen wie möglich darüber Bescheid wissen", sagte Sarkis einmal zu mir. „Die einzige Hilfe für uns ist, wenn die Weltöffentlichkeit es weiß. Deshalb versuchen die Türken ja unaufhörlich, die Wahrheit zu vertuschen und der Welt Lügen zu erzählen."

Einst war Armenien ein Land, das vom Kaukasus bis zum Mittelmeer, vom Schwarzen Meer bis zum Euphrat und Tigris reichte. Aber das hielt nur bis ins 11. Jahrhundert. Dann gingen die Stürme der Seldschuken und Mongolen darüber hinweg. Später stritten sich die Perser mit den Türken um das Land.

„Unser Land ist seit Urzeiten Kriegsschauplatz der Völker gewesen", klingen mir Sarkis' Worte noch im Ohr. „Jeder nutzte uns für seine Ziele und Zwecke aus und die Verlierer schoben jeweils uns die Schuld in die Schuhe. Ob sie Byzantiner, Perser oder Türken hießen. Die Türken kämpften lange Zeit mit den Persern um das Land und unsere Soldaten mussten auf beiden Seiten an die Front. Kannst du dir vorstellen, was das für ein Volk bedeutet?"

Viele Armenier gingen schon damals nach Europa, später nach Amerika oder Indien. Aber die meisten blieben im Lande ihrer Vorfahren. Sie setzten ihre Hoffnungen wechselweise auf Russland, England, Deutschland oder Frankreich. Jedes Land hatte seine Interessen an diesem Knotenpunkt zwischen den Kaukasusgebieten, Arabien, Persien und der Türkei. Sowohl aus strategischen Gründen, als auch wegen der Bodenschätze. Aber seine Bewohner zählten nicht.

„Jeder bedauerte mit hochmütigen politischen Vorwänden, augenblicklich gerade nichts für uns tun zu können. Aber dieser Augenblick dauerte Jahrhunderte an. Obwohl wir Christen waren – sogar lange vor den Europäern waren wir es geworden."

Nach und nach, zu der Zeit als das Osmanische Reich der Türken langsam zerfiel, zeigten die Russen Interesse an Armenien. Sie rissen den Kaukasus und die Araxes-Ebene an sich. Die Armenier sahen das kleinere Übel in den christlichen, orthodoxen Russen, als in jedem muslimischen Volk. In Russland lebende Armenier, die sich sicher fühlten, versuchten ihre Landsleute in der Türkei und in Persien zum Aufstand anzuspornen. Es kam auch zu vereinzelten Aufständen gegen Perser und Türken, aber erfolglos.

„Wir hatten wohl mehrere Fehler in den Augen der Türken", sagte Sarkis. „Einmal waren wir ‚ungläubige' Christen – und, was ganz besonders schlimm war, eben armenische Christen. Zum anderen hatten sich viele von uns zu russlandfreundlich gezeigt. Das war gefährlich in einer Zeit, wo Russland am Expandieren, das Osmanische Reich aber am Schrumpfen war. Und dann sicher noch etwas: Durch die Vertreibungen und Umsiedlungen der Vergangenheit waren viele von uns zu einem städtischen Leben übergegangen – das heißt Händler und Handwerker geworden. Wer zu einem harten Leben gezwungen ist, lernt es auch schnell. Bald waren ein recht großer Prozentsatz der Handwerker und Kaufleute, aber auch der Ärzte und Anwälte im Osmanischen Reich Armenier. Sie waren zu einer wichtigen Stütze der osmanischen Wirtschaft geworden – sie, die ‚Ungläubigen'. Wahrscheinlich wäre ohne uns das Reich noch viel schneller zerfallen. Aber die Türken störte das gewaltig. Es sind also viele Gründe, die Sultan Abd-ul Hamid dann 1895 dazu veranlassten, seine Hunde auf uns zu hetzen: Polizei, Militär und Banden von jenem Gesindel, das es überall gibt und das am besten zum Morden, Plündern und Vergewaltigen taugt."

Irgendein Anlass wurde genommen, die Armenier für vogelfrei erklärt und die muslimische Bevölkerung zu Massakern aufgehetzt. Damals starben zwischen zwei- und dreihunderttausend Armenier im Osmanischen Reich. Aber das war erst der Anfang. Zu Beginn unseres Jahrhunderts kam eine neue Herrschergruppe, die ‚Jungtürken', in Istanbul an die Macht. Sie gewannen viele Armenier mit der Versprechung, man werde gemeinsam einen neuen Staat aufbauen. Viele Armenier arbeiteten nun hoffnungsvoll im Interesse der neuen Machthaber, kämpften und starben an den zurückweichenden Fronten des Osmanischen Reiches auf dem Balkan. Bis die Jungtürken ihre Stellung gefestigt hatten.

Dann begann auch bereits der erste Weltkrieg und die Türkei trat auf Seiten der Mittelmächte in den Krieg ein. Vergessen waren alle Versprechungen, vergessen die Unterstützung der Jungtürken durch die im Reiche lebenden Armenier. Antitürkische Propaganda der in Russland lebenden Armenier, wohl auch Überfälle auf türkische Dörfer in der Nähe der Grenze, waren genug, um der ganzen armenischen Bevölkerung plötzlich Verrat vorzuwerfen – obwohl alle nur aufzutreibenden Dokumente jener Zeit das Gegenteil belegen.

In Istanbul wurde die armenische Intelligenz verhaftet. Die meisten der Verhafteten verschwanden auf Nimmerwiedersehen. Die armenischen Soldaten wurden aus dem Heer genommen, zu unmenschlich hartem Arbeitsdienst abkommandiert und nach ihrem Zusammenbrechen erschossen. Die anderen, vorwiegend Frauen, Kinder und Greise, fast ohne Hab und Gut deportiert. In die Syrische Wüste, wo sie angeblich eine neue Heimat in strategisch sicherem Gebiet bekommen sollten. Doch kaum hatten die Züge die Städte und damit den Einflussbereich der höheren Bevölkerungsschichten und ausländischen Beobachter verlassen, waren sie der sadistischen Mordlust der begleitenden Milizen und kurdischer Banden ausgesetzt. Frauen und Kinder wurden entführt, oder man tat auf der Stelle mit ihnen, wozu man gerade Lust hatte. Ein Erlass Talâts, des Innenministers, sicherte jedem Straffreiheit zu, der zur Dezimierung der armenischen Bevölkerung beitrug, mit welchen Mitteln auch immer. Tod und Seuchen begleiteten die Züge, und die Körper der Toten und der Dahinsiechenden markierten die Spuren. In vielen Städten kam es zu Massakern an der armenischen Bevölkerung, bevor die Deportation überhaupt begann. Und wer dennoch die Syrische Wüste erreichte, fand dort den Tod im heißen Wüstensand. Selbst wer nicht dem Hunger oder den Seuchen erlag, hatte keine Chance – auch hier noch lauerten Erschießungskommandos, deren Aufgabe es war, Platz für die Nachfolgenden zu schaffen. Es war eine Deportation ins Nichts, in den unvermeidlichen Tod.

*

„Wie viele Armenier starben in diesen Jahren des ersten Weltkrieges?" fragte Maurice, nachdem er eine Weile gar nichts gesagt hatte.

„Das kommt darauf an, wen du fragst. Verlässlichere Angaben liegen um eine gute Million. Man weiß natürlich nicht, wie viele überlebten und zum Beispiel in Harems landeten, oder einen Ausweg darin suchten, sich zum Islam zu bekehren und den Namen zu ändern. Zu den

Armeniern kommen aber auch andere christliche Minderheiten wie Griechen, Assyrer und auch arabische Christen. Fragst du die Türken, so räumen manche von ihnen ‚einige Hunderttausend' ein, und das wäre auch nur geschehen, weil die türkischen Wachmannschaften nicht ausgereicht hätten, die Umsiedlerzüge vor räuberischen Kurden zu beschützen. Ich weiß auch nicht, ob die Zahl für uns heute so wichtig ist. Sind denn eine Million ein weniger großes Verbrechen als zwei?"

Die Sonne ist brennend heiß geworden. Der Wald wird höher und die Pfade sind verschwunden. Wir müssen die Unterhaltung einstellen. Wir schlagen uns durchs Unterholz, etwa die Richtung einhaltend, indem wir uns am Verlauf der verfallenen Seilbahn orientieren.

Endlich tritt der Wald zurück und vor uns steht ein altes Hotel – verlassen, verkommen, zerbrochene Scheiben, ausgehängte Türen. Wir wandeln durch die leeren oder mit zerschlagenen Möbeln und zerrissenen Gardinen bestückten Räume. Ein seltsames Echo unserer Schritte klingt von den Wänden zurück. Plötzlich klappert eine Tür – ein Hund knurrt, bellt uns an und verschwindet wieder im Nebenraum, der nach draußen offen zu sein scheint. Wir werfen einen Blick durch eine andere Tür in einen Nachbarraum: Hunde! Einen Blick aus dem Fenster ins Freie: Hunde überall! Dieses Hotel scheint von allen herrenlosen Hunden von Bursa bewohnt zu sein. Schon haben uns ein paar von ihnen entdeckt und lassen ein Knurren hören, das zusammen mit ihren verkniffenen Seitenblicken nicht gerade zu unserer Beruhigung beiträgt. Vorsichtig nehmen wir den gleichen Weg zurück, den wir gekommen sind, ohne den Tieren nochmals über den Weg zu laufen.

Der Abstieg geht in rasendem Tempo, den Häusern von Bursa entgegen, die, viele hundert Meter unter uns, so winzig aussehen. Über uns ragt der 2600m hohe, schneebedeckte Gipfel des Uludağ gen Himmel.

Heute früh bezahlen wir in der Herberge – und erleben eine Überraschung, die wir bei den so gastfreundlich erscheinenden Wirtsleuten nicht erwartet hätten. Jede Kleinigkeit, jede wie nebenbei angebotene Frucht ist uns in den Mund gezählt worden und steht auf der Rechnung. Mit seinem grinsenden „tack, tack", das er wohl von irgendwelchen Skandinaviern gelernt hat, nimmt der Alte unsere Geldscheine entgegen.

Aber die andere Türkei wartet draußen auf uns. Am Brunnen vor der Moschee, wo wir unser Obst reinigen, wäscht sich ein Mann und schwingt lauthals Reden. Wir verstehen nichts davon. Aber es sieht aus, als wolle er etwas Allah Wohlgefälliges tun, streut Bonbons unter die umstehenden, lachenden Kinder, gibt uns haufenweise Obst – alles, nachdem er es im Brunnen gewaschen hat (auch die Bonbons). Beinahe hätte er auch die Butter und Marmelade gewaschen, die wir gekauft haben, so in Ekstase gerät er. Wir bieten lachend den Frauen, die am Brunnen sitzen, von dem Obst an. Sie greifen zu und essen. Und dann verlassen wir lachend die Stadt, in der ich zum ersten Male Maulbeeren aß und aus der vor 60 Jahren unter Tausenden auch die Großeltern eines Mädchens fliehen mussten, an das ich noch oft denken muss.

Afyon, 21.7.1976

Lange noch sieht man den schneebedeckten Gipfel des Uludağ, wenn man Bursa mit dem Bus auf der Straße nach Eskişehir verlässt. Dann verschwinden die Wälder und machen dürren Weiden, Getreidefeldern und Buschsteppen Platz. Hinter Eskişehir windet sich die Straße südwärts durch die bizarren Täler mehrerer kleiner Flüsse, vorbei an einem tiefblauen See, der malerisch zwischen hellbraunen und grauen, manchmal blassgrünen Berghängen liegt. Hinter Kütahya beginnt eine weite, teilweise mit Getreidefeldern bedeckte Ebene, die westlichen Ausläufer des zentralen Anatolischen Hochlandes.

Das Land ist groß und weit und ich denke an die eingeschränkten Möglichkeiten, ohne Auto in entlegene Gebiete und Dörfer zu gelangen. Ich bin müde und kämpfe gegen das Einschlafen. Ich kann mich nicht auf irgendetwas konzentrieren, meine Gedanken springen hin und her. Ich freue mich, nun bald aus dem Westen mit den fortwährend hupenden Autos und den hektischen Städten wegzukommen. Was aber bleiben wird, sage ich mir, sind die Gesichter, die einen anstarren, die unaufhörlichen „Almanya – Türkiye: arkadaş, arkadaş!"-Versicherungen, die sich manchmal mehr penetrant als echt anhören.

Spät am Abend erreichen wir Afyon. Auf dem Wege vom Busbahnhof in die Stadt fragen wir jemanden, wo sich das Afyon Lisesi, die Schule befände; wir hatten gehört, man könne dort als Student billig übernachten. Und sogleich beginnt, was in allen Büchern über Anatolien zu lesen steht: Wenn sich irgendwo ein Türke mit einem Ausländer unterhält, und sei es mitten in der Nacht, ist es höchstens eine Sache von einer halben Minute, bis ein Kreis von etwa fünfzehn anderen herumsteht, die zuhören, mitreden, Ratschläge geben, oder auch nur in die Luft starren. Schließlich fährt uns ein junger Mann zur Schule, wo wir jedoch keinen Einlass finden. Er trommelt eine Gruppe anderer zusammen, die ihrerseits versuchen, den Hausmeister zu überreden. Ohne Erfolg. Zuletzt meint einer der Umherstehenden, wir sollten bei einem Freund von ihm schlafen.

Aber zum Schlafengehen kommen wir noch nicht so bald. Zunächst einmal nimmt uns die Gruppe mit zu einem Versammlungsraum. Es stellt sich bald heraus, dass es sich um eine sozialistische Jugendorganisation handelt. Sie fragen uns nach unseren Meinungen über die politischen Verhältnisse in Deutschland, beziehungsweise Frankreich. Einer von ihnen, der englisch spricht und als Dolmetscher fungiert, erzählt uns von dem krassen Gegensatz der konservativen und der sozialistischen Parteien der Türkei, der oft zu Kämpfen führt, besonders an Universitäten, Racheakten der fanatisch-nationalistischen Grauen Wölfe, bis hin zu politischen Morden und dergleichen. Ich frage meinerseits die Leute nach ihrer Meinung zu den Armeniervernichtungen zu Anfang des Jahrhunderts. Die Antwort ist ein sachlicher, vollkommen emotionsloser Vergleich mit Hitlers Judenpolitik; man habe sich eines unwillkommenen Bevölkerungselementes entledigen wollen.

Ob es in Afyon Armenier gibt? Auf allen Gesichtern steht nur ein einziges Wort geschrieben: Yok! Steife Minen auf den zurückgeworfenen Köpfen, Zeichen absoluter Verneinung.

„Are you Armenian?" ist die nächste Frage des Dolmetschers. Es ist bereits das dritte Mal, dass ich diese Frage zu hören bekomme, seit ich in der Türkei bin. Ist es für einen Türken wirklich so unvorstellbar, dass sich ein Nicht-Armenier nach Armeniern erkundigt?

Einer der Leute lässt uns in seiner Kellerwohnung schlafen, die zwar kalt, aber kostenlos ist. Am Morgen ist er verschwunden, ohne dass wir uns bedanken können. Dafür treffen wir auf der Straße einen anderen Studenten aus der Gruppe vom Vorabend, der sich sofort bereiterklärt, unser Gepäck in seiner Wohnung, wo er mit seinen Eltern wohnt, unterzustellen. Er und sein Bruder steigen mit uns auf die Felsenburg von Afyon, einem Trachytfelsen von vielleicht 200 m Höhe, von wo man den Ort überblickt und eine weite Aussicht über die Ebene um die Stadt hat.

Den Rest des Tages verbringen wir zusammen. Er hat eine Gitarre und ich kann nach langer Zeit wieder einmal spielen. Maurice spielt Lieder aus Frankreich, ich aus Deutschland und unser Gastgeber aus der Türkei. Dabei gibt es Tee, den unvermeidlichen, aber guten türkischen Çay. So vergeht der Tag in Ruhe und Gemütlichkeit. Afyon gefällt mir und ich könnte mir vorstellen, etwas länger hier zu bleiben. Aber es ist nur eine Station auf dem Wege nach Osten und der Bus nach Konya fährt am Nachmittag ...

Konya, 22.7.1976

Ein junger Mann, der uns auf der Straße anspricht und dann begleitet, nimmt uns schließlich mit in sein Haus, ein Lehmhaus am Rande der Stadt, wo er mit seinem kleinen, vielleicht zehnjährigen Bruder wohnt. Es besteht aus zwei kleinen Räumen. Der erste ist Lagerraum und Küche, der zweite Wohnraum. Letzterer ist mit Teppichen ausgelegt, aber ansonsten kahl. Wir sprechen in türkisch-englischem Kauderwelsch, denn unser Gastgeber spricht nicht viel mehr englisch als wir beide zusammen türkisch können. Er besucht die Koranschule in Konya und steht kurz vor seinem Examen zum Imam.

Er zeigt uns einen großen Stapel verschiedenster Bücher, die das Hauptinventar seines Wohnraums bilden. Ich entdecke darunter eines über armenische Friedhöfe. Als ich darüber eine belanglose Bemerkung mache, meint er nur „Ermeni fena, çok fena (Armenier sind schlecht, sehr schlecht)." Dann singt er uns Lieder vor und ich spiele auf meiner Flöte. Musik ist immer eine gute Art, Konversation zu führen, wenn die Sprache Schwierigkeiten macht.

Später am Abend kommt ein Freund von ihm vorbei. Er kann etwas französisch und freut sich, dass er es mit Maurice praktizieren kann. Auch er ist Imam-Schüler und versucht, uns den Islam, die Religion der Liebe, schmackhaft zu machen. Wir versuchen, auf seine Bekehrungsversuche höflich, aber neutral zu reagieren. Am nächsten Tage lässt es sich unser Gastgeber nicht nehmen, uns die Stadt und das Derwisch-Museum zu zeigen, bevor wir in den Bus nach Aksaray steigen.

Üçhisar, 23.7.1976

Ich komme mir vor wie auf dem Mond, nur dass es zwischen den Kegeln aus Tuffgestein ein Paradies von Aprikosenbäumen gibt. Unter einem davon sitze ich, esse das in der Sonne fast gekochte Fallobst und versuche, mich auf die letzten beiden Tage in Sultanhanı zu konzentrieren, bevor ich das Neue in mich aufnehmen will.

Noch am frühen Nachmittag des gestrigen Tages steigen wir in Sultanhanı aus, um die ‚Kervansaray' zu sehen und um einmal in einem anatolischen Dorf zu übernachten, anstelle der großen Städte. Es ist erfrischend, in einem Dorf zu sein. Keine rufenden Straßenhändler, keine hupenden Autos, keine Hektik, nur nette Kinder die ‚money for collection' wollen und fragen, ob man ‚alman' oder ‚fransız' ist. Ich kann mich mit diesen Kindern besser unterhalten als mit manchem Erwachsenen und es macht Spaß. Ein kleiner Junge warnt vor einem großen Hund und wir machen uns einen Spaß daraus, uns gegenseitig Angst einzujagen. Ein Mädchen bittet mich um einen Kugelschreiber. Zum Glück habe ich zwei und gebe ihr einen. Ihre Augen werden groß. Im Nu ist ein weiteres Mädchen zur Stelle und will auch einen. Leider bin ich auf solche Situationen nicht vorbereitet. Mein deutsches Kleingeld, das ich noch übrig habe, wird dafür alle.

Später sitze ich auf der Straße und zeichne die weißgetünchten Lehmhäuser mit den Strohdächern vor dem Hintergrund der anatolischen Steppe mit ihren Hartgrasbüscheln. Der Junge, mit dem ich das Angsteinjage-Spiel gespielt habe, schaut mir zu. Als andere Kinder dazukommen, verkündet er laut:

„Der Franzose und der Deutsche sind unsere Freunde!"

Dann zeige ich die fertige Zeichnung herum. Ich habe die Stromleitungsmasten vergessen und die Kinder machen mich sofort darauf aufmerksam. Eigentlich habe ich sie weggelassen, um die Zeichnung etwas romantischer wirken zu lassen, aber das Dorf hat wohl die Zeiten stromloser Romantik satt, denke ich mir und zeichne die Masten und Leitungen ein.

Wir besichtigen die Karawanserei, die frühere Raststätte der Karawanen, die durch das Anatolische Hochland zogen. Der Junge, der sie aufschließt, nimmt kein Bahşiş. Er hält es für sein Ehrenamt.

Der Wirt des Han (Gasthofs), ein sehr freundlicher Mann um die 50, serviert uns mehrmals Tee. Später kommen weitere Gäste, darunter ein französischer Pfarrer und Lehrer an einer Privatschule in Frankreich. Ein kleiner, älterer Mann mit Spitzbart, der die Türkei seit langem zu kennen scheint und in einem 2CV-Kombi durch die Gegend fährt.

Wir unterhalten uns den ganzen Abend lang. Irgendwann beginne ich über den Zweck meiner Reise zu erzählen und frage den Pfarrer, ob er Armenier in Anatolien kenne. Er legt sofort die Finger auf den Mund und sagt leise:

„Sprechen Sie nie über Armenier in der Türkei!"

Erst etwas später, als kein Türke in der Nähe ist, kommt er darauf zurück und sagt zu mir:

„Das ist ein heißes Eisen hier. Seien Sie bloß vorsichtig und sprechen Sie zu keinem Menschen davon!"

„Ich denke, wenn wir französisch reden, kriegen sie wohl kaum mit, worum es geht."

„Täuschen Sie sich da nur nicht. Die kriegen mehr mit als sie sich anmerken lassen. Hier im Westen geht es noch, aber wenn Sie nach Ostanatolien kommen, da gibt es genug Leute, die rot sehen bei dem Wort ‚Ermeni'."

Nun werden die anderen Europäer, die bei uns sitzen, neugierig und er beginnt die Geschichte der Armeniervertreibungen zu erzählen.

„Es gibt sie nicht mehr, die Armenier," endet er schließlich. „Sie kommen in den Geschichtsbüchern nur bis ins Mittelalter vor. Die Türkei ist immer schon türkisch gewesen, seit der Seldschuken-Einwanderung."

„Ist das nicht so eine allgemeine muslimische Tendenz, den Islam zu verbreiten und ‚ungläubigen' Völkern das Leben schwer zu machen?" fragt einer der anderen.

Der Pfarrer schüttelt stirnrunzelnd den Kopf und erwidert:

„In erster Linie sind sie keine Muslime, sondern Türken. Es ist das türkische Reich, nicht das muslimische, was sie wollen. Wenn alle Muslime Türken wären, das wäre natürlich das Beste."

Der Wirt schüttelt uns die Hand zum Abschied am nächsten Morgen. Und als hätte er durch die Wand unserer Unterhaltung am Abend gelauscht, krempelt er seinen Ärmel hoch, deutet auf die Pulsader und sagt feierlich:

„Muselman – protestan – katolik – alles Kamerad, eine Familie. Alles gleiche Blut!"

Und wir müssen noch einmal Tee mit ihm trinken.

„Ich kenne ihn schon lange," erzählt uns der Pfarrer später, während er uns in seiner rostigen Kombi-Ente mitnimmt. „Er ist schon sowohl Muslim als auch Türke selbst, aber eine löbliche Ausnahme, von Herzen aufrichtig und friedliebend. Ach, was erzähle ich. Im Grunde gibt es eigentlich viele solche Türken wie ihn. Nur fallen sie nicht so auf. Es sind immer die lautesten, die man hört."

„Die meisten Touristen, die die Türkei besuchen, haben eigentlich nur Gutes über die Leute hier zu erzählen," wirft Maurice ein.

„Ja, solange sie nur die Oberfläche sehen, die Gastfreundschaft, die oberstes Gebot ist. Die meisten Touristen kommen über die ersten Kontakte nicht hinaus, verstehen die Sprache nicht, lernen die Leute nicht kennen, wie sie unter der Etikette fühlen. Nein, nein, ich hätte gestern Abend nicht so viel reden sollen. Das hat den Eindruck gemacht, als ob ich die Türken nicht leiden kann. Aber ich bin nun schon seit elf Jahren immer wieder in der Türkei und da kriegt man so einiges mit, einiges, was tiefer liegt und was man gar nicht so kurz erklären kann, ohne missverstanden zu werden."

Währenddessen fuhren wir ostwärts durch die Hartgrassteppe. Ein Stück nordwärts von hier liegt der Tuz Gölü, der große Salzsee Anatoliens. Als der Pfarrer fragt, ob wir ihn schon gesehen hätten, verneinen wir.

„Den müssen Sie gesehen haben, einen Salzsee sieht man nicht alle Tage."

Und dann fährt er für uns einen Umweg von 40 km von Aksaray nach Norden zum Salzsee. Flimmernde Luft über der wüstenartigen Steppe, zunächst einzelne Salzpfannen, eingetrocknete Salzkrusten über kleinen und größeren Vertiefungen am Boden und dann am Horizont ein zusammenhängendes Salzmeer. Weiß wie Schnee unter dem tiefblauen Himmel.

„Als ich vor elf Jahren zum ersten Male hier war, sah man von hier aus noch das Wasser. Der See trocknet mehr und mehr aus, das Wasser zieht sich zurück," erzählt er. Dann fahren wir wieder zurück nach Aksaray, auf der Hauptverkehrsstraße Ankara – Tarsus. Die Straße ist etwas erhöht über der Hochebene gebaut, wohl um Schnee- und Sandverwehungen zu vermeiden. Daneben liegen die Wracks vieler Lastwagen, alte, verrostete, und neue, erst kürzlich verunglückte.

„Sie fahren wie die Verrückten, die Ebene ist so eintönig, dass sie das Gefühl für die Geschwindigkeit verlieren. Die Busse räumen sie weg, um andere Fahrgäste nicht zu beunruhigen. Nur die Lastwagen lassen sie liegen," meint er und trägt damit nicht gerade zu unserer Beruhigung bei.

Schließlich erreichen wir die vulkanische Landschaft von Kappadokien. Wieder Berge, Vulkankegel, weißes Tuffgestein, üppigerer Pflanzenwuchs. In Üçhisar lädt er uns zum Essen ein und beschreibt uns wundervolle Stellen, die er in der Mondlandschaft von Göreme, die nun vor unseren Füßen liegt, entdeckt hat. Wir haben vor, hier ein paar Tage lang zu wandern.

Wir haben uns als Nachtlager eine der in das weiche Tuffgestein gehauenen Höhlen eingerichtet. Es wird dunkel, ich kann kaum noch schreiben. Die Sonne ist als rotglühender Ball versunken. In der Ferne leuchten die Lichter von Üçhisar, das sich wie ein Mantel um den kegelförmigen Fuß einer Klippe schmiegt. Die kappadozischen Mondberge aus dem weißen Tuffgestein liegen vor mir, dunkel und schemenhaft. Hier oben, auf einem der Kegel, weht ein kühler Wind. Unten in der Höhle steht Tee auf dem Feuer, Pfefferminztee, den wir am Uludağ bei Bursa gepflückt haben. Fledermäuse flattern umher, drehen mit zackigen Bewegungen ab, kurz bevor sie auf die Felsen zu prallen scheinen. Hier fanden einst Christen Zuflucht, die vor den Verfolgungen der Römer, Araber und Mongolen Zuflucht suchten. Klöster entstanden in den Tuffgesteinsbergen. Noch bis in die Anfänge unseres Jahrhunderts gab es vereinzelte Eremiten hier, die trotz der Schließung der Klöster durch die Osmanen geblieben waren.

Wie viele hatten hier die Jahrhunderte hindurch Zuflucht gesucht und Ruhe und Frieden gefunden?

Göreme, 25.7.1976

An jenem Abend ging ich noch einmal vor die Höhle und spielte das armenische Lied von Achtamar auf der Bambusflöte, das ich von Tamara gelernt hatte und dessen sanfte, schwebende Melodie, so traurig sie auch ist, genau in das schemenhafte Bild passte, dass sich meinen Augen bot. Dann saß ich eine Weile da, in Gedanken versunken, bis die

Dunkelheit die Mondberge verschluckt hatte.

Wir stehen mit der Sonne auf und machen uns auf den Weg durch die Talgründe. Zu beiden Seiten ragen die Kegel und Zinnen empor mit ihren rechteckigen Löchern, den Eingängen der Wohnbauten. Die meisten sind unerreichbar, mehrere Meter hoch an den steilen Hängen, als Schutz vor Verfolgern. So erreichen natürlich auch wir sie nicht. Unser Weg führt uns durch Aprikosen-, Apfel- und Pflaumenplantagen. Oft ist die beste Möglichkeit des Vorankommens im trockenen Bett des Flusses, vorbei an höhlenartig in den Stein gemeißelten Wasservorratsbehältern. Dann durch Tunnelgewölbe im Fels, die der Fluss selbst gegraben hat, unterirdische Wasserläufe, die teilweise so lang und gekrümmt sind, dass wir von Zeit zu Zeit ein Feuerzeug entzünden um sehen zu können, wo der Weg weiterführt. Wir treffen keinen Menschen.

Einige Male versuchen wir, die Höhleneingänge in der Höhe zu erreichen – mit Hilfe akrobatischer Verrenkungen und Hilfsstangen aus Holz, die wir suchen müssen. Leitern liegen nirgendwo herum. Ein paar Mal gelingt es uns. Aber alle Höhlen sind leer und es handelt sich nur um einzelne Räume. Oft haben wir den Eindruck, dass nur Teile der Bauten erhalten sind und dass die vorderen Abschnitte im Laufe der Jahrhunderte fortgewaschen oder in die Tiefe gestürzt sind.

Gegen Mittag brennt die Sonne so kräftig nieder, dass wir uns wie in einem Glutofen fühlen. Wir erreichen ein breites, bewohntes Tal, in dem Menschen auf den Feldern arbeiten. Ein Bauer kommt uns entgegen und spricht uns auf Deutsch an, ist ganz entzückt, als er erfährt, dass ich Deutscher bin. Er hat einige Jahre in Deutschland gearbeitet. Dann erkundigt er sich nach meiner Familie und wie es in Deutschland so steht. Manchmal wundert man sich, wie gut Türken von Deutschland denken – oder zumindest reden – wenn man weiß, wie sie bei uns behandelt werden. Aber alles ist wohl relativ.

Ziemlich erschöpft erreichen wir Çavuşin, ein kleines Dorf am Fuße eines Tuff-Felsens, der wie ein Schweizer Käse durchlöchert ist. Am Brunnen vor der Moschee, wo wir uns ausruhen und satt trinken, spielen Kinder. Einige bieten sich an, uns eine alte Tuff-Kathedrale zu zeigen. Wir gehen etwa einen Kilometer und finden eine in den Stein gehauene Halle, an der sich noch Reste von Wandzeichnungen befinden; einfache dreieckige Ornamente, Kreuze und schlecht erhaltene

Figuren, von denen eine die Jungfrau Maria gewesen zu sein scheint.

Göreme am Abend. Wir quartieren uns in einer Herberge ein und unternehmen einen Ausflug in die nahegelegenen Kegelberge. Unzählige Höhlen, Räume, die oft Zimmern gleichen, und Kapellen. Als ich gerade auf einem der Felsen sitze und mein Lied pfeife, kommt Maurice:

„Du, ich habe zwei tolle Kapellen gefunden, gleich in der Nähe."

Wir laufen hinüber zum nächsten Tuff-Felsen. Eine der beiden Höhlen ist wirklich gut erhalten. Eine Wand fehlt zwar und es sind Fledermäuse in den Spalten der Decke. Sehen können wir sie nicht, aber ihr helles Kreischen ertönt von Zeit zu Zeit. Wir sehen uns die Senken ehemaliger Gräber am Eingang an, die verwitterten dreiecksförmigen Ornamente in roter Farbe auf den Halbbögen, die die Wände überspannen.

Dann trete ich hinaus ins Freie auf eine Art Balkon, von dem aus man die Felsenlandschaft überblicken kann. Genau wie am Abend zuvor liegen die Mondberge schemenhaft im Halbdunkel, dunkle kegelförmige Schatten vor dem noch schwach leuchtenden Himmelsstreifen am Horizont. Und plötzlich muss ich zum ersten Male auf dieser Reise an etwas denken, das bisher verdrängt gewesen ist. Und ich stehe auf und nehme das Bild aus meiner Brusttasche, dass ich die ganze Zeit bei mir getragen habe. Das Bild des Mädchens, das den Anlass zu allem gegeben hat und das dann wieder verschwunden ist. War es vielleicht so, dass damit alles erledigt war, dass sie nichts weiter tun sollte, als den Anlass geben für etwas, dessen Ziel ich noch gar nicht so ganz durchschaue und von dem sie erst recht nichts wusste? Der Gedanke ist zu neu, kommt zu plötzlich.

„Steht dort was geschrieben, oder so?" fragt Maurice aus dem Hintergrund, der nur den Widerschein meiner Feuerzeugflamme sehen kann. Heute redet er schon den ganzen Abend lang französisch, während wir sonst oft englisch miteinander sprechen.

„Nein, nein, es ist nichts weiter." Ich kann das Bild solange betrachten, wie ich will. Es ist noch zu früh dazu, um mit mir selbst ins Reine zu kommen.

Heute früh besuchen wir die von Touristen überfüllten Höhlen von Göreme. Sie sind bewacht und kosten Eintrittsgeld, sind demnach natürlich auch viel besser erhalten. Wirkliche Stützpfeiler, Wandnischen mit christlichen Gemälden in teilweise prachtvoll erhaltenen Farben – ganze Gewölbe überspannt mit heiligen Gestalten in langen Gewändern und mit einem Heiligenschein.

Dann wechseln wir die Unterkunft. Wir haben eine Herberge in einem der alten Tuffkegel entdeckt, die uns stilechter zu sein scheint. Am Abend suchen wir die Stelle von gestern auf. Ich nehme meine Flöte mit und spiele noch einmal jene Melodie, die so gut zu den stillen Mondbergen im Halbdunkel passt, wenn die Rufe der Muezzins aus den Dörfern verklungen sind ...

3. Kilikien und Antiochia

Tarsus, 27.7.1976

Der Weg durch die Kilikische Pforte ist nicht mehr ganz so, wie er einmal gewesen sein soll. Auf der serpentinenreichen Straße über die Pässe und durch die Schluchten des Taurus-Gebirges wälzt sich unaufhörlich die Kolonne der Lastwagen mit ihren rußigen, qualmenden und stinkenden Auspuffgasen. Es ist der wichtigste Verbindungsweg Anatoliens – und damit Ankaras – mit den zahlreichen Häfen an der kilikischen Küste.

‚Kilikien' ist ein geschichtlicher Name. Niemand in der Türkei nennt die Gegend so. Es war römische Provinz, byzantinisches und arabisches Einflussgebiet, Sammlungsgebiet armenischer Flüchtlinge beim Einfall der Seldschuken; Einzugsgebiet des Königreichs Kleinarmenien im Bunde mit den Kreuzfahrern und eine der unzähligen Zeugenstätten mongolischer Grausamkeiten; nördlichste Provinz des Mamelukenstaates und schließlich Teil des Osmanisches Reiches. Ich nenne es weiterhin Kilikien. Bin ich nicht bis hierher gereist, um die Verbindung der Geschichte mit der Gegenwart zu suchen?

Aus unserem Hotelzimmerfenster zeigt sich die Türkei von heute. In einer halboffenen Moschee beten die Alten nach traditionellen Riten, während fünfzig Meter weiter ein Freilicht-Kino seine amerikanisiert-türkischen Filmmelodien in die Gegend bläst.

Die Luft ist stickend heiß. In der Mittagszeit sieht man Menschen nur in den Moscheen, Teehäusern und anderen schattigen Plätzen. Man erzählt mir, dass diese Ecke berüchtigt ist für solch ein Wetter. Ich bin mir noch nicht ganz klar darüber, wie ein Mensch wie ich, der aus den gemäßigten Klimazonen Europas stammt, es hier auf die Dauer aushalten soll. Denn ich habe nun mehr oder weniger das Zielgebiet meiner Reise erreicht. Von hier nach Osten liegt das geschichtliche Siedlungsgebiet der Armenier. Morgen werde ich mich von Maurice trennen, der sich wieder westwärts begeben muss.

Mersin, 28.7.1976

Ich bin noch mit Maurice bis nach Mersin gefahren. Eigentlich nur, um noch einen Blick auf eine dieser Hafenstädte zu werfen. In einem Teehaus treffen wir einen türkischen Französisch-Lehrer. Er fragt uns nach unserer Meinung über den Islam, sagt aber gleich, er wäre nicht sehr religiös und in dieser Hinsicht sehr tolerant. Die Islam-Schule in Konya sei zum Beispiel sehr fanatisch und das fände er nicht gut. Was er denn als die beste Lösung für die Türkei sähe? Natürlich müsse sie einheitlich muslimisch, einheitlich türkisch sein! Einheit sei das wichtigste, nur so könne ein Land existieren. Minderheiten müssten sich anpassen. ‚Toleranter‘ Chauvinismus?

Langsam beginne ich ernsthaft an der Echtheit dieser ‚alman-türk-arkadaş‘-Beziehung zu zweifeln, die einem von überall her entgegengehalten wird. Ich will es nicht Impertinenz nennen; ich glaube eher, dass das moderne Anti-Hitler-Deutschland so eine Art Idiotenfreiheit genießt. Türkisch-deutsche Traditionsfreundschaft plus unserer ‚Großzügigkeit‘, den Gastarbeitern das Geld zu geben, mit dem sie hier im Nachhinein gar nicht so schlecht leben – aber, wie einfältig müssen die Deutschen sein, dass sie ihr eigenes Nest beschmutzen und ihre eigenen Helden verachten! War Hitler denn nicht so eine Art Enver Paşa oder gar Mustafa Kemal Atatürk? Vielleicht haben einige auch noch gar nicht mitbekommen, dass wir derartiges heutzutage ablehnen und glauben, unser Gerede sei nur so eine Art Mode oder um den anderen Europäern und (schlimmer noch!) den Amerikanern nach dem Mund zu reden? Dass wir in Wirklichkeit mit dem Herzen noch immer die Juden ausrotten wollen, ohne es im Moment zugeben zu wollen oder zu können?

Vielleicht bin auch ich der gutgläubige Dumme und sie haben recht damit? Ich glaube, die Hitze steigt mir zu Kopfe und ich kann nicht mehr klar denken.

Mir schwirren zu viele Gedanken im Kopf herum. War es nicht Mersin – oder ein ähnlicher Ort – über den ich die Geschichte von einem deutschen Ehepaar hörte, das den Basar besuchte? Die Frau entfernte sich nur einen Augenblick von ihrem Mann um sich einen der Verkaufsläden anzusehen und war dann verschwunden. Der Mann hat sie bis heute nicht gefunden ...

Antakya, 31.7.1976

Vorgestern bin ich von Mersin nach Uluçınar (dem alten Arsuz) gefahren, durch Dörtyol und Iskenderun (Alexandrette). Mein Ziel ist das Tal der alten armenischen Dörfer am Musa Ler (Berg des Moses; türk. Musa Dağı). Der beste Weg führt zweifelsohne über Antakya (Antiochia) und Samandağ (Suediye), von Süden her, aber ich will versuchen, die alte Küstenstraße von Norden her zu nehmen und mich gewissermaßen von der Seite her zu nähern, von der die Armenier dieses Tals die Rettung erhofften und schließlich auch fanden – vom Meer.

Uluçınar ist ein schön gelegener Badeort an einer seichten Flussmündung zwischen Bambusfeldern und Nadelwäldern. Sauberer Badestrand und Touristik-Hotel, also nichts für meine Reisekasse. Ich setze den Weg zu Fuß nach Süden fort. Auf der staubigen Sandstraße läuft es sich nicht gut und es ist ohnehin kein Verkehr dort, so dass ich nicht auf Mitfahrgelegenheiten hoffen kann. Außerdem ist das Wetter nicht nur schön, sondern auch erträglich, und es ist die wahre Erholung, allein am Strand entlang zu laufen. Zur Mittagszeit brennt die Sonne jedoch wieder so stark, dass ich mir ein Tuch um den Kopf binden muss. Nun komme ich mir vor wie Kara Ben Nemsi, der Effendi aus Almanya, in Karl Mays Romanen.

Am Strand treffe ich einen Jungen. Das übliche ‚woher‘ und ‚wohin‘. Dann rät er mir vorsichtig zu sein. Die Leute hier in der Gegend seien arm und daher schlecht.

Die Küste ist steinig. Oft reichen die Uferfelsen bis ins Meer, aber ich habe keine Schwierigkeiten voranzukommen. Die Gipfel der Nur Dağları (des Amanos-Gebirges) liegen im Dunst, die Berge erscheinen massig und plump. Es gibt kaum Schatten und die Hitze beginnt mir wieder zu schaffen zu machen. Nach einiger Zeit gehe ich zurück zur Straße, die mir nun doch zum Vorankommen geeigneter erscheint als die Küste.

Bald hält ein Auto und nimmt mich an die zehn Kilometer weit mit zu einer gemauerten Wasserstelle, wo die Leute der Dörfer frisches Bergwasser holen. Ich komme dort ins Gespräch mit einem jüngeren Mann, dem Lehrer aus Karaçay. Er erklärt mir, dass es in seinem Dorf kein Wasser gibt. Er kommt deshalb täglich mit dem Motorrad hierher um Wasser zu holen. Ein Tourist ist hier auf dem Lande noch Seltenheit. Ein paar alte Männer, die an der Wasserstelle sitzen, stehen auf und reichen mir zum Willkommensgruß die Hand. Der Lehrer erklärt mir, dass der befahrbare Weg nur noch einige Kilometer weiterführe. Danach gäbe es, der Karte zu trotz, nur noch Waldpfade, auf denen schwer voranzukommen sei. Er selbst kenne den Weg nach Süden nicht, aber ich scheine Neugierde in ihm zu wecken. Er fährt mit mir auf seinem Motorrad weiter südwestwärts entlang der steilen Küste. Das Gebirge kommt der Küste immer näher und bald geht die Fahrt an mächtigen, bewaldeten Hängen vorbei, die direkt zum Meer abfallen. Wir fahren bis Hınzır Burnu, dem Kap, an dem die Küstenlinie nach Südosten umbiegt. Die Straße scheint sich in die Unendlichkeit fortzusetzen. Aber wer weiß? Der Lehrer scheint sich so sicher zu sein, dass ich mich überreden lasse, mit ihm zurückzufahren nach Karaçay, die Nacht dort zu verbringen und dann am Tage darauf über Antakya zum Musa Ler zu fahren.

In Karaçay angekommen, stellt er mich seiner Frau und seinem Sohn vor. Ich bekomme Essen und Tee serviert. Wir sprechen über dieses und jenes. Ich solle vorsichtig mit meinen Landkarten sein und die nicht so viel zeigen, da würden viele Leute misstrauisch. Er wüsste, dass es in Europa ganz normal sei genaue Karten zu haben, aber nicht in der Türkei. Da vermute man gleich verräterische Absichten.

Am Abend versammeln sich noch zwei weitere Familien im Hause. Wir sitzen auf dem Dach, trinken Tee und ich soll auf meiner Flöte spielen. Und dann: Fernsehen. Olympische Spiele in Montreal. Alle liegen oder sitzen auf ihren Matratzen und starren in den akkubetriebenen Fernseher. Licht gibt es nur aus der Gasstrumpflampe, Strom aus dem Akku, Wasser gar keines, aber Fernsehen!

Nach dem Frühstück bei diesen gastfreundlichen Leuten mache ich mich auf den Weg zurück nach Uluçınar, die ganze Strecke am Strand entlang. Ich genieße es so sehr, dass ich mich oftmals niedersetze und eine Zeitlang das Meer betrachte, ob es Schatten gibt oder nicht. Ich bin endlich einmal richtig allein, wie so selten in der Türkei! Kein Mensch kommt und fragt „Deutsch?", „What is your name?" und „Nereye gidiyorsun (wohin gehst Du)?". Und es wird mir erst jetzt richtig bewusst, dass ich hier nur noch einen Katzensprung vom Musa Ler entfernt bin, wo es den armenischen Bewohnern mehr oder weniger als den einzigen gelungen war, dem Schicksal, das ihnen zugedacht war, geschlossen zu entrinnen.

RÜCKBLICK:

Nicht weit von jenem Platz an der Küste liegt das Dorf Dörtyol, das bis zum Jahre 1915 überwiegend von Armenier bevölkert war. Sechs Jahre zuvor, als während des jungtürkischen Putsches viele Armenier die revolutionären Kräfte gegen den Sultan Abdul Hamid unterstützen, war es in Adana und einigen anderen kilikischen Orten nochmals zu Massakern an der armenischen Bevölkerung gekommen, denen etwa 30 000 Menschen zum Opfer fielen. Jene Art von Geschehen, wo man zuerst armenische Läden zerstört und plündert, dann die Händler aufhängt und wenn der Blutrausch erst richtig da ist, in die Wohnungen der von den Straßen Geflüchteten eindringt, die Frauen vor den Augen der Männer vergewaltigt, dann die Männer ersticht und schließlich die Kinder vor den Augen der Mütter, falls diese noch leben, aus dem Fenster wirft. Mehrmals in der Vergangenheit geübt, besonders seit Sultan Abdul Hamid kein Interesse gezeigt hatte, wegen derartiger Vorkommnisse auch nur eine Miene zu verziehen, also keine ungewollte Steigerung in eine Ekstase hinein. Man weiß bereits am Anfang, worauf es hinausgeht.

Das Dorf Dörtyol jedoch hatte sich in jenem Jahre erfolgreich gegen die aufgebrachten Türken zur Wehr gesetzt und war seinem Verhängnis entronnen. Als dann der jungtürkische Putsch gelungen war, waren erneute Vorgehen zunächst nicht ungestraft möglich – jedenfalls bis die neuen Machthaber sich sicher im Sattel zu sitzen glaubten. Einige Bewohner Dörtyols und der Nachbardörfer waren jedoch nach Zypern geflüchtet und hatten sich, als der Erste Weltkrieg begann, den Engländern angeschlossen. Zwei dieser Leute sollten nun im Februar 1915 gesehen worden sein, wie sie sich jeweils mehrere Tage in Dörtyol aufhielten. Die Behörden befürchteten sogleich eine Verschwörung mit den Briten.

Dazu kam, dass viele der Einwohner Dörtyols vom Militärdienst desertierten. Der Grund war wohl, dass die Familien ohne Geld waren, weil die Orangenernte, die Erwerbsquelle des Dorfes, wegen des begonnenen Krieges nicht verkauft werden konnte. Die Männer konnten die Familien nicht verlassen, natürlich aber aus dem gleichen Grunde auch die Loskaufsumme für den Militärdienst nicht aufbringen.

Zweimal während dieser Zeit kreuzte das britische Kriegsschiff ‚Doris‘ vor der kilikischen Küste und beide Male fielen den Briten kleinere Gruppen von türkischen Soldaten in die Hände, unter denen sich auch Armenier befanden. Was wäre leichter gefallen, als diese Missgeschicke dem Verrat durch die gehassten Armenier in die Schuhe zu schieben?

Man hatte keine Anhaltspunkte, einzelne Personen zu verhaften, keinen Beweis dafür, dass überhaupt Verrat existierte oder sich Gruppierungen mit antitürkischen Zielen bildeten. Die Behörden reagierten mit Razzien unter der christlichen Bevölkerung von Kilikien, dem Einziehen der Pässe, auch der Inlandspässe, der Konfiszierung aller fremdsprachlichen, besonders englischen, Dokumente und Bücher. Und schließlich, Anfang März, wurden die Männer Dörtyols eines Nachts verhaftet und unter strenger Aufsicht nach Aleppo (das heute syrische Halep) zum Straßenbau gebracht. Mehrere Männer, die zu fliehen versuchten, wurden erschossen.

Das war nicht das ersten Vorgehen gegen Armenier seit der Machtübernahme der ‚Ittihat‘, des jungtürkischen ‚Komitee für Einheit und Fortschritt‘, auch nicht das erste seit Kriegsausbruch; jedoch das erste, dessen Planung durch die türkischen Behörden offenkundig war. Vielleicht wirklich durch die Zwänge der Kriegssituation entschuldbar, vielleicht auch suchte man Vorwände der Weltöffentlichkeit gegenüber, die zu jener Zeit bereits geplante ‚Lösung der armenischen Frage‘ in Angriff zu nehmen, wie spätere Vorkommnisse vermuten lassen. [1]

*

Gegend Abend fahre ich nach Antakya. Im Fremdenverkehrsbüro treffe ich einen türkischen Studenten, dessen Hobby es ist sich um Touristen zu bemühen, Kontakte zu knüpfen und Adressen zu sammeln. Er hat ein ganzes Buch voller Adressen aus aller Welt, besonders natürlich Europa. Er nimmt mich auf einen Tee mit nach Hause, aber bedauert tausendmal, dass er mich nicht beherbergen könne, denn morgen fahre er auf eine lange Europareise, um alle seine Kontakte zu besuchen und auf diese Art Europa kennenzulernen. Zwei Jahre hat er dafür gearbeitet und nun endlich seinen Reisepass bekommen. Er bringt mich in eine preiswerte Herberge und auch wir tauschen Adressen aus.

Yoğunoluk, 1.8.1976

Als ich heute Morgen mit dem Dolmuş (Sammeltaxi) nach Samandağ fahre, sehe ich ihn endlich – den Berg des Moses – wie sein schroffer Südhang zur Straße hin abfällt. Samandağ hat praktisch nur eine Hauptstraße, die wie jede gewöhnliche türkische Geschäftsstraße aussieht: Weit ausladende Markisen; Obst, Kleider und Gewürzsäcke auf den Gehwegen. Kastenähnliche, viereckige Häuser in Weiß, Hellblau, Grün und Grau, wimmelnder Verkehr dazwischen. In einem Teehaus erkundige ich mich nach der Möglichkeit nach Hıdırbeg zu kommen. Dieser Name gehört einem der ehemaligen armenischen Dörfer am Musa Ler und ist der einzige Anhaltspunkt, den ich auf der Karte finde. Wer weiß, welche Namen die anderen Dörfer inzwischen führen? Mein Wissen stammt aus Franz Werfels Roman von 1933, ‚Die vierzig Tage des Musa Dagh‘, der den verzweifelten Kampf dieser Dörfer im Sommer 1915 so hautnah beschreibt. Ich finde einen Mann, der einen Taxifahrer aus Yoğunoluk kennt, der mich sicher billig dort hinauf fahre.

Yoğunoluk! Der Hauptort des armenischen Tales! Das Dorf sowohl wie sein Name existieren also noch. Mehrere Leute sitzen zunächst in der Taxe, die mir alles am Wegrand erklären. Das erste Dorf nach etwa vier Kilometern ist Vakıf. Auch dieser Name ist also unverändert. Ein Bauer, der neben mir sitzt, zeigt auf ein größeres, neueres Gebäude; es sei eine ‚ermeni kilisesi‘ (armenische Kirche). Daraufhin frage ich, ob es hier denn Armenier gäbe und er bejaht. Ich frage nicht weiter, da ich Bedenken habe, mein Interesse gleich zu zeigen. Weiter fahren wir über Hıdırbeg, Yoğunoluk, Hacı Habıblı nach Batıayaz (armen. Bitias). Letzteres hat nun allerdings den neuen Namen Teknepınar, und Hacı Habıblı heißt heute Eriklikuyu. Auch die anderen, abseits des Weges gelegenen Dörfer, existieren: das Obere und Untere Azir und Kapısuyu (Kebusiye). Bald bin ich mit dem Taxifahrer allein – ein verwegen aussehender, kleinerer Mann, dessen Art umherzuschauen und zu grinsen mich etwas zur Vorsicht ermahnt, der mir gegenüber jedoch sehr entgegenkommend ist. Das letzte Wegstück hinter Hacı Habıblı ist sehr schlecht, da es kaum noch benutzt wird. Die Bewohner von Teknepınar nehmen die neue Straße von Karaçay (nicht mit dem gleichnamigen Dorf zu verwechseln, in dem ich zwei Tage zuvor übernachtet habe).

In Teknepınar sitzen wir ein Weilchen und trinken ein Glas Cola. Ich nehme die Gelegenheit wahr, ihn weiter über die Dörfer der Gegend auszufragen. Aber nur in Vakıf leben Armenier, die meisten Dörfer sind türkisch bevölkert, während in einigen auch Araber wohnen. Einmal wundert er sich etwas misstrauisch über mein Interesse. Ich sage, ich hätte ein Buch über diese Gegend gelesen und würde sie nun selbst sehen wollen. Mein Chauffeur lädt mich ein, bei ihm in Yoğunoluk die Nacht zu verbringen. Ich willige dankbar ein.

Teknepınar, schon immer das reichste Dorf des Tales gewesen, scheint es auch heute zu sein, wohl begünstigt durch die neuere Straßenverbindung nach Karaçay an der Hauptstraße. Es gibt ein Touristik-Hotel, ein Restaurant, eine Polizeistation und neue Wohnhäuser. Als wir zurück durch Hacı Habıblı fahren, fällt der Kontrast erst richtig auf. Hier sind die Häuser wohl unverändert seit der Zeit, wo die Armenier sie verlassen mussten. Aus grob behauenen Steinen, mit Lehm verbunden, ziehen sich die niedrigen Bauten an der alten, steinigen Straße entlang.

Dann sind wir in Yoğunoluk. Es ist erst Mittagszeit. Ich bekomme Tee und Essen serviert und unterhalte mich mit einem jungen Mann, der uns im Hause entgegenkommt. Bald zeigt sich, dass er gern Flöte spielt und wir spielen uns gegenseitig Melodien vor. Später gebe ich ihm eine meiner beiden Flöten – es soll so eine Art Gastgeschenk sein, weil ich annehme er wohne im Hause. Das stellt sich jedoch bald als Täuschung heraus und der eigentliche Gastgeber scheint das etwas merkwürdig zu finden. Nun, ich hoffe, er hat das Missverständnis durchblickt. Zu meinem Trost stellt sich heraus, dass er gar nicht Flöte spielen kann.

Ich schaue mich ein wenig in Yoğunoluk um. Ich schätze, der Ort hat etwa fünfhundert Einwohner. Alles ist eng und dicht zusammengedrängt in dem bergigen Gelände.

Im Zentrum des Ortes steht, wie gewöhnlich, die Moschee. Errichtet auf dem Fundament der armenischen Kirche, deren Eingangssäulen noch stehen. Selbst armenische Inschriften sind noch vorhanden. An der Straße nach Hacı Habıblı stehen Mauerreste einer weiteren Kirche und auf dem Musa Ler soll sich eine weitere Kapelle befinden. In einem Haus an der Hauptstraße von Yoğunoluk ist ein alter Fensterbogen der armenischen Kirche vermauert, mit Ornamenten und Inschriften und der Jahreszahl ‚1893'. Zeugen der armenischen Vergangenheit dieses Ortes gibt es zur Genüge.

Am Abend kommen mehrere Familien zu Besuch und es gibt ein großes Gelage. Es wird mir nicht klar, ob das normal ist, oder ob mein Gastgeber mich zeigen will. Wir sitzen auf dem Teppich um die großen Pfannen und schieben die schmackhaften Gerichte mit Brotlappen in den Mund. Ich fühle mich wohl, alles geht natürlich und ungezwungen zu, die Leute lachen und erzählen, keiner fragt mich, warum ich gerade an diesem Ende der Welt gelandet bin und mich nach den kleinsten Dörfern erkundige, nach denen sich je ein Tourist erkundigt hat. Vielleicht wissen sie es auch.

Vakıf, 2.8.1976

Früh am nächsten Morgen will ich zum Musa Ler aufbrechen, als ein Junge, ein Verwandter meines Wirtes kommt und mir bedeutet, er wolle mich begleiten. Sicherheitshalber sage ich gleich, dass ich nicht vorhabe, ihn als Führer zu bezahlen oder ihm Bahşiş zu geben. Er winkt lächelnd ab. Zunächst zeigt er mir die zerfallene Bergkapelle, nur noch Mauerreste, ein paar Wasserlöcher. Dann will er mich für 150 Lira (20 Mark) zum Damlacık führen, wo ein Schiff stünde. Dieses Schiff hatten die Armenier des Tales, die sich auf dem Berg verschanzt hatten und von den Schiffen der Entente, die im Mittelmeer kreuzten, gerettet wurden, nach dem Kriege als Denkmal errichtet.

Es gelingt mir nicht, den Preis weiter als auf 100 Lira zu drücken, und das lässt mein Geldbeutel nicht zu. Ich habe noch sieben Reisewochen vor mir. Wegschicken lässt er sich aber auch nicht. Zum Schluss drücke ich ihm 20 Lira in die Hand um ihn loszuwerden. Er sieht enttäuscht und widerspenstig drein. Es kostet mich viel Mühe, ihm mit meinen wenigen Türkischkenntnissen klarzumachen, dass ich ihn erstens nicht gebeten hätte mitzukommen und ihm zweitens bereits in Yoğunoluk gesagt hätte, dass ich ihm kein Geld geben würde. Ich werde ärgerlich wegen dieser Art, den Leuten das Geld aus der Tasche ziehen zu wollen und habe den Verdacht, der Junge handle im Auftrag der Erwachsenen.

Widerwillig zieht er endlich ab. Ich laufe noch ein paar Stunden durch Täler und über Bergrücken, um mir das Land von oben anzusehen. Es ist windig und kühl. Unter mir streichen Wolken an den Berghängen entlang. Das Gelände ist schwer begehbar, überall Dornenbüsche und scharfkantiges, verkarstetes Kalkgestein. Die richtige Gegend um, wenn man sich auskennt, Angreifer abzuwehren. Ich treffe einen anderen kleinen Jungen, der sich mir anschließt. Er hat einen aus einer Melonenschale gebastelten Käfig mit einem Rebhuhnküken dabei. Zuerst bin ich mürrisch, weil ich wieder einen Trick vermute, Bahşiş von mir zu bekommen. Aber es geschieht nichts dergleichen. Der Junge ist nur neugierig und will mit mir reden. Ich tue es so gut ich kann. Nach einer Weile deutet er nach vorn auf einen Gipfel und sagt ,Damlacık'. Die Richtung, die ich eingeschlagen habe, ist also auch ohne Führer richtig gewesen. Aber der Damlacık liegt noch eine anstrengende Wegstunde von hier. Ich werde langsam müde in dem schwierigen Gelände und finde es zum Schluss nicht der Mühe wert, nur um ein aus Steinen gebautes Boot, das sicher schon weitgehend zerfallen ist, auf einer Bergkuppe zu sehen, noch zwei weitere Stunden hier oben zu verbringen. Vielleicht ein andermal. Ich kehre um nach Yoğunoluk, denn ich habe vor, heute noch nach Vakıf zu fahren.

RÜCKBLICK:

Seit sechs Wochen waren bereits die Elendszüge der deportierten Armenier auf dem Wege in die syrische Wüste. Die Spuren zogen sich südwärts oder südostwärts von Erzurum, Sivas, Elâzığ (Charberd), Trabzon (Trapezunt), Samsun, den Hafenstädten an der kilikischen Küste und vielen anderen Orten. In Bitlis, Muş, Malatya und Nusaybin waren Armenier und assyrische Christen von der muslimischen Bevölkerung niedergemetzelt worden. Neuerdings waren auch Aussiedlungsbefehle in Adıyaman und sogar Gaziantep (Aintab) eingetroffen. Das Verhängnis kam immer näher. Aber nur unklare Nachrichten drangen zu den Dörfern am Musa Ler vor – genug jedoch, um eine Ahnung des Schreckens zu verbreiten, der sich auf den Landstraßen und in den Orten Anatoliens und schließlich in den Konzentrationslagern der syrischen Wüste abspielte.

Da traf am 30. Juli 1915 der Regierungsbefehl in Antakya ein, dass die armenischen Dörfer am Musa Ler binnen sieben Tagen auf die Abreise vorbereitet zu sein hätten.

Da es aus diesen Dörfern eine große Anzahl Überlebende gab, ist es nicht notwendig, wie in vielen anderen Gegenden, den Ablauf der Geschehnisse aus irgendwelchen Dokumenten und Angaben aus muslimischen Bevölkerungskreisen (falls vorhanden) zu rekonstruieren. Es gibt genügend Berichte von Augenzeugen unter den Betroffenen selbst, und ich gebe hier die Worte des Seituner Pastors Dikran Andreasian wieder, der kurz zuvor, nach den Geschehnissen in Seitun, mit seiner Frau in sein Heimatdorf Yoğunoluk zurückkehren durfte:

„... Wir saßen die ganze Nacht auf und überlegten, was wir am besten tun könnten. Es schien hoffnungslos, der türkischen Regierung zu widerstehen, und doch schien es eine so furchtbare Aussicht, unsere Familien in die ferne Wüste zu schicken, die von fanatischen Araberstämmen bewohnt wird, dass die Frauen sowohl als auch die Männer dahin neigten, sich dem Befehl zu widersetzen und lieber den Zorn der Regierung auf sich zu laden. Indessen waren nicht alle dieser Ansicht. Pastor Harutjun Nochudian, der Pfarrer der protestantischen Kirche in Bitias, zum Beispiel kam zu der Überzeugung, dass es eine Torheit sein würde, Widerstand zu leisten und dass die Härte der Verbannung vielleicht irgendwie gemildert werden könnte. Er war dafür, nachzugeben. Fünfzig Familien seines eigenen Dorfes und eine beträchtliche Zahl aus dem Nachbardorf, die ihm zustimmten, trennten sich von uns und machten sich unter türkischer Bewachung nach Antiochia auf den Weg. Sie wurden in der Richtung auf den unteren Euphrat weitertransportiert. Wir haben alle Spur von ihnen verloren und hören vielleicht niemals wieder von ihnen.

Unsere Freunde, die amerikanischen Missionare, waren von uns abgeschnitten, 120 Meilen weit nach Norden in Aintab. Da alle Verbindungen mit der Außenwelt abgebrochen waren, sahen wir uns auf unsere eigene Hilfe angewiesen und es wurde klar, dass die Gnade Gottes unsere einzige Hoffnung war. Da wir wussten, dass es unmöglich sein würde, unsere Dörfer am Fuße der Berge zu verteidigen, entschlossen wir uns, uns auf die Höhen des Musa Daghs zurückzuziehen. Wir nahmen so viel als möglich Nahrungsmittel mit und so viel Gerät als möglich war zu tragen. Alle Schafe und Ziegenherden wurden auf den Berg hinaufgetrieben und jede Verteidigungswaffe wurde instand gesetzt. Wir fanden, dass wir 120 Büchsen und Gewehre hatten und vielleicht dreimal so viel alte Feuersteinschloßgewehre und Sattelpistolen. Die Hälfte unserer Männer blieb noch ohne Waffen. Es wurde uns schwer, unsere Häuser zu verlassen und von unseren Kirchen und Schulen Abschied zu nehmen. Am dritten Tage erreichten wir bei Eintritt der Nacht die Höhen des Berges. Beim Morgengrauen des nächsten Tages waren alle Hände an der Arbeit, um an den wichtigsten Stellen Gräben zu graben. Wo keine Erde war, um Gräben zu graben, wurden Felsen aufeinander gerollt und daraus Barrikaden gemacht, hinter welchen unsere Schützen verteilt wurden. Die Sonne ging herrlich auf und wir waren den ganzen Tag hart an der Arbeit, um unsere Stellungen gegen einen Angriff zu befestigen, den wir bald erwarten mussten.

Gegen Abend hatten wir eine allgemeine Zusammenkunft und wählten ein Verteidigungskomitee, dem die oberste Autorität für unsere sechs Gemeinden zuerkannt wurde. Einige begünstigten eine Wahl durch Händehochheben, andere aber meinten, dass dies eine Sache von so ungeheurer Wichtigkeit sei, dass die übliche Wahlmethode der Gemeinde durch geheime Wahl befolgt werden sollte. Schnell wurden Papierschnitzel gesammelt und die Wahl vorgenommen. Nachdem auf diese Weise ein Rat gebildet worden war, wurden sofort Pläne gemacht, um jeden Pass des Berges und jeden Zugang zum Lager zu verteidigen. Wächter, Boten und eine Reservetruppe von Schützen wurden gewählt und ihnen ihre Pflichten zugeteilt.

Der Regierungsbefehl war am 30. Juli gegeben worden. Die Frist von sieben Tagen war jetzt fast verstrichen und wir konnten feststellen, dass die Türken unsere Flucht entdeckt hatten. Die Ebene von Antiochia ist von Türken und Arabern bevölkert und immer liegt eine starke militärische Besatzung in den Kasernen von Antiochia.

Am 5. August begann denn auch der Angriff. Die Vorhut bestand aus zweihundert Regulären. Ihr Hauptmann rühmte sich, dass er den Berg an einem Tage säubern werde. Aber die Türken hatten mehrere Verluste und wurden an den Fuß des Berges zurückgeworfen. Als wir Vorbereitungen trafen, uns zu lagern und das Abendessen zu kochen, setzte ein strömender Regen ein, der die ganze Nacht andauerte. Darauf waren wir schlecht vorbereitet. Es war weder Zeit gewesen, Hütten aus Zweigen zu bauen, noch hatten wir irgendwelche Zelte aus wasserdichtem Stoff. Männer, Frauen und Kinder, im ganzen etwas über 5000, wurden bis auf die Haut nass. Viel von dem Brot, das wir mitgebracht hatten, wurde in eine Teigmasse verwandelt. Wir waren mehr besorgt, unser Pulver und unsere Büchsen trocken zu halten.

Als die Türken zu einem allgemeinen Angriff vorgingen, schleppten sie zwei Feldkanonen auf den Berg, welche nach einigen Experimenten sich einen Abschnitt sicherten und Verheerungen in unserem Lager anrichteten. Einer unserer Schützen, ein beherzter junger Bursche, kroch durch das Buschwerk hinunter und zwischen den Felsen entlang, bis er dem Bereich der Feldkanonen nahe war, die auf einer Felsenfläche aufgestellt waren. Nachdem er sich eine Barrikade von Zweigen gemacht hatte, wartete er auf eine gute Gelegenheit. Er war so nahe, dass er die Türken miteinander reden hören konnte, wenn sie die Kanonen luden. Als ein Kanonier in Sicht kam, streckte ihn der junge Mann mit dem ersten Schuss nieder. Mit fünf Kugeln tötete er vier weitere Kanoniere. Der Hauptmann warf voll Entsetzen seine Hände in die Höhe, und da er nicht fähig war, unseren Schützen zu entdecken, befahl er, dass die Kanonen nach einem gedeckten Platz geschleppt wurden. So wurden wir an jenem Tage und an mehreren späteren von schwerem Feuer bewahrt.

Aber die Türken zogen ihre Streitkräfte zu einem Hauptangriff zusammen. Sie hatten in viele mohammedanische Dörfer Botschaft geschickt, um die Leute zu den Waffen zu rufen. Armeebüchsen und viel Munition wurden aus dem Arsenal in Antiochia ausgegeben, bis der Haufe von 4000 Mohammedanern, die nach einem Massaker dürsteten, für uns ein furchtbarer Feind geworden war. Aber die Hauptmacht der Türken war die Truppe von etwa 3000 Regulären, die an Disziplin und an Beschwerlichkeiten gewöhnt waren.

Plötzlich eines Morgens meldeten unsere Späher unserm Hauptquartier, dass der Feind an jedem der Bergpässe erschienen sei.

Hier und da hatten die Türken schon die Hänge und die Bergrücken besetzt. Unsere Reservetruppe war unklugerweise, wie wir später merkten, in kleinen Gruppen nach diesen verschiedenen Punkten geschickt worden. Kaum waren unsere Kräfte so verteilt, als ein Massenangriff mit großer Gewalt eine Schlucht hinauf einsetzte. Das gesamte übrige Vorgehen waren Scheinangriffe gewesen, die nicht weiter verfolgt wurden. Mit der Zeit erkannten unsere Leute die Lage und berichteten von verschiedenen Punkten, dass die Türken die Späher erschossen und einen wichtigen Pass genommen hätten. Zu unserem Entsetzen sahen wir sie schon in vollem Besitz der Höhen, so dass sie unser Lager bedrohten. Verstärkungen rückten beständig den Berg herauf und als der Nachmittag herankam, sahen wir, dass wir weit in der Minderzahl waren. Wir merkten auch, dass die Schussweite der türkischen Büchsen unsern altmodischen Feuerwaffen weit überlegen war. Bei Sonnenuntergang hatte der Feind drei Kompanien durch das dichte Unterholz und den Wald hervor geschickt, bis auf 400 Ellen vor unsern Hütten. Eine tiefe, sumpfige Schlucht lag dazwischen und die Türken entschlossen sich, lieber da, wo sie standen, zu biwakieren, als in der Dunkelheit weiter vorzugehen.

Unsere Führer hielten in aller Eile Rat ab, flüsterten nur leise und erlaubten kein Licht im Lager. Jedermann wusste, dass die Lage kritisch war. Endlich wurde ein gewagter Plan angenommen. Im Dunkel der Nacht an die türkischen Stellungen heranzukriechen, sie einzukreisen, dann einen plötzlichen Feuerüberfall zu eröffnen und zum Nahkampf überzugehen. Wir wussten, dass alles verloren war, wenn dieser Plan scheiterte. Mit außerordentlicher Geschicklichkeit krochen unsere Männer durch die dunklen und feuchten Wälder. Hier machte unsere Vertrautheit mit jenen Schluchten und Dickichten es möglich, etwas auszuführen, was Fremde nicht hätten versuchen können. Der Kreis war tatsächlich geschlossen, als mit Blitzen und Krachen von allen Seiten unsere Männer zum Angriff übergingen und mit verzweifeltem Mute vorwärts stürmten.

Nach wenigen Augenblicken war es klar, dass Bestürzung und Schrecken das türkische Lager in die größte Verwirrung gebracht hatten. Die Truppen stürzten in der schwarzen Nacht hierhin und dorthin und stolperten über Felsspalten und Baumstämme. Offiziere schrien sich widersprechende Befehle zu und mühten sich vergeblich, ihre Leute zusammenzuhalten. Augenscheinlich glaubten sie es mit einem sehr gefährlichen Angriff zu tun zu haben, denn nach weniger als einer halben Stunde gab der türkische Oberst den Befehl zum Rückzug, und vor Morgengrauen waren die Wälder tatsächlich von Truppen frei. Mehr als 200 Türken waren gefallen und wir hatte einige Beute gemacht: sieben Mausergewehre, 2500 Pack Munition und einen Maulesel. Kein Anzeichen deutete auf einen Wiederbeginn des Kampfes, aber wir wussten, dass unser Feind nicht geschlagen war. Er war nur vertrieben. Während der nächsten Tage wurde die ganze mohammedanische Bevölkerung, viele Meilen im Umkreis, mobil gemacht, eine Horde von vielleicht 8000 Menschen. Mit dieser Masse konnten sie den Musa Dagh umzingeln und auf der Landseite belagern. Ihr Plan war, uns auszuhungern. Auf der Seeseite war kein Hafen, noch irgendeine Verbindung mit einem Seehafen möglich. Der Berg fiel steil zum Meere ab. Wir waren voll beschäftigt mit der Sorge für unsere Verwundeten und der Ausbesserung des Schadens, der in unserem Lager angerichtet war. Besondere Versammlungen wurden abgehalten, um Gott zu danken, dass er uns soweit bewahrt hatte, und um für unsere Familien und für unsere Kleinen zu beten.

Als wir entdeckten, dass unser Berg im Belagerungszustand war, begannen wir, unsere Nahrungsquellen abzuschätzen. Während der ersten Woche auf der Höhe waren das Brot, die Kartoffeln und der Käse, welche wir von zuhause mitgebracht hatten, zu Ende gegangen. Sehr wenige nur hatten Mehl und andere Feldfrüchte mitbringen können. Einen Monat etwa lebten wir von unseren Herden und schlachteten täglich eine Zahl Schafe und Ziegen. Die Ziegenmilch brauchten wir für die Kinder und die Kranken. Diese beständige Fleischnahrung bekam uns nicht, aber wir waren tief dankbar, dass wir so dem Hungertode entgingen. Ende August zählten wir sorgfältig die Herden und fanden, dass unser Vorrat, selbst bei reduzierter Fleischration, nicht länger als zwei weitere Wochen reichen würde. Von Anfang an hatten wir daran gedacht, ob wir nicht auf dem Seewege entkommen könnten.

Ehe wir durch die Belagerung eingeschlossen waren, hatten wir einen Läufer abgesandt, der die gefährliche Reise von 85 Meilen durch türkische Dörfer bis Aleppo, der Provinzhauptstadt, machen musste, mit einer Bitte an den amerikanischen Konsul Mr. Jackson, uns, wenn möglich, Hilfe von der See aus zu schicken. Aber es war durchaus nicht wahrscheinlich, dass unser Läufer Aleppo je erreichen würde. Da kam uns der Gedanke, dass möglicherweise ein Kriegsschiff der Verbündeten 35 Meilen nördlich im Hafen von Alexandrette liegen könnte. Einer unserer jungen Leute, der ein guter Schwimmer war, erklärte sich freiwillig bereit, durch die türkischen Linien zu kriechen und eine Botschaft mitzunehmen, die an der Innenseite seines Gürtels befestigt war. Es gelang ihm auch, die Hügel zu erreichen, von denen aus man den Hafen von Alexandrette überblicken konnte, aber als er sah, dass kein Kriegsschiff da war, kehrte er zurück. Sein Plan war gewesen, ins Meer hinaus zu schwimmen, das Kriegsschiff zu umkreisen und so den türkischen Wachtposten auf den Straßen, die in die Stadt führen, zu entgehen. Wir stellten dann dreifache Abschriften des folgenden Hilferufs her und bestimmten drei Schwimmer, welche ständig nach jedem vorüberfahrenden Schiff ausschauen und gegebenenfalls zu dem Schiff hinausschwimmen sollten.

,An irgendeinen englischen, amerikanischen, französischen, italienischen oder russischen Admiral, Kapitän oder Befehlshaber, den diese Petition erreichen mag.

Wir flehen im Namen Gottes und menschlicher Brüderlichkeit. Wir, die Bevölkerung von sechs armenischen Dörfern, im ganzen etwa 5000 Seelen, haben uns in den Teil des Musa Daghs, der Damladjik genannt wird, drei Stunden Wegs nordwestlich von Suediye an der Meeresküste, geflüchtet.

Wir haben hier Zuflucht gesucht vor türkischer Barbarei und Grausamkeit und vor allem vor der Schändung der Ehre unserer Frauen. Sir, Sie müssen gehört haben von der Vernichtungspolitik der Türken gegen unsere Nation. Unter dem Schein der Verschickung und dem Vorwand, einer Rebellion vorzubeugen, vertreiben sie unsere Leute aus ihren Häusern und berauben sie ihrer Gärten, Weinberge und aller ihrer Habe. Dieses grausame Programm ist schon mit der Stadt Zeitun und ihren 32 Dörfern, auch mit Albistan, Göksun, Yarpus, Gürün, Diarbekr, Adana, Tarsus, Mersina, Dörtjol, Hadjin usw. durchgeführt worden. Dieselbe Politik wird auf die anderthalb Millionen Armenier in verschiedenen Teilen der Türkei ausgedehnt.

Der Schreiber dieses war protestantischer Pfarrer in Zeitun vor wenigen Monaten und war Augenzeuge von vielen unsagbaren Grausamkeiten. Ich sah Familien von acht oder zehn Köpfen die Straßen entlang getrieben, barfüßige Kinder von sechs und sieben Jahren neben alten Großeltern hungern und dürsten. Ihre Füße geschwollen von der schwierigen Reise. Längs der Straße hörte man Schluchzen, Fluchen und Gebete. Unter dem Druck der Angst kamen Frauen in den Gebüschen an der Straßenseite nieder. Unmittelbar nachher wurden sie von den türkischen Wachen gezwungen, ihre Reise fortzusetzen, bis der gütige Tod ihrer Qual ein Ende bereitete.

Der Rest der Leute, welche stark genug waren, die Beschwerlichkeiten des Marsches zu ertragen, wurden unter den Peitschen der Gendarmen in die Steppen des Südens weitergetrieben. Einige starben vor Hunger. Andere wurden beraubt auf dem Wege. Andere wurden von der Malaria dahingerafft und mussten an den Straßen liegen bleiben. Als letzter Akt dieser entsetzlichen Tragödie massakrierten die Araber und Türken alle Männer und verteilten die Witwen und Frauen unter ihre Stämme.

Etwa vor 35 Tagen benachrichtigte uns die Regierung, dass unsere sechs Dörfer in die Verbannung gehen müssten. Wir zogen es vor, uns auf diesen Berg zu flüchten, statt uns diesem Befehl zu unterwerfen. Wir haben jetzt wenig Nahrung übrig und die Truppen belagern uns. Wir haben fünf heftige Kämpfe bestanden. Gott hat uns bisher geholfen, aber das nächste Mal werden wir eine viel größere Macht gegen uns haben. Sir, wir flehen Euch an im Namen Christi!

Bringt uns, wir bitten Euch, nach Cypern oder nach irgend einem anderen freien Lande. Unsere Leute sind nicht träge. Wir wollen unser Brot selbst verdienen, wenn wir beschäftigt werden. Wenn dies zu viel ist, um es uns zu gewähren, so nehmt wenigstens unsere Frauen, alten Leute und Kinder auf. Stattet uns mit genügend Waffen aus, mit Munition und Nahrung, und wir wollen uns mit aller Macht gegen die türkischen Streitkräfte verteidigen. Wir bitten Sie, wartet nicht, bis es zu spät ist!

Im Namen aller Christen hier.

2. September. Ihr untertäniger Diener Dikran Andreasian'

Aber Tage vergingen und nicht ein Segel war zu sehen. Der Krieg hatte die Küstenschifffahrt auf ein Minimum reduziert. Inzwischen hatten auf meinen Vorschlag unsere Frauen zwei große Flaggen zusammengenäht, auf deren eine ich in großen, deutlichen, englischen Druckbuchstaben schrieb: ‚Christen in Not, Hilfe!' Es war eine weiße Flagge mit bunten Buchstaben, hastig von unseren Frauen gestickt. Die andere, welche meine Schwester Iskuhi gemacht hatte, war auch weiß mit einem großen, roten Kreuz in der Mitte. Wir befestigten diese Flaggen an großen Bäumen und stellten eine Wache am Fuß aus, um den Horizont vom Morgen bis zum Abend abzusuchen. Einige Tage hatten wir Regen und an anderen schweren Nebel, was an unserer Küste ziemlich häufig ist.

Die Türken griffen uns wiederholt an und wir hatten einige schwere Kämpfe, aber niemals solche Nahkämpfe wie während des ersten Zusammenstoßes. Von einem günstigen Punkt aus konnten wir Felsstücke die steile Bergseite hinunterrollen mit furchtbarer Wirkung auf unsern Feind. Unser Pulver und unsere Kugeln verringerten sich und die Türken hatten augenscheinlich eine Ahnung von unserer Bedrängnis, denn sie begannen uns mit lautem Geschrei in unverschämter Weise zur Übergabe aufzufordern. Das waren ängstliche Tage und lange Nächte! Hier gebar meine Frau ihr erstes Kind, einen Sohn. Als wir zwei Tage später an die See hinunter flohen, litt sie sehr, aber ich trug sie und half ihr, soviel ich konnte. Gott sei Dank geht es ihr und unserm kleinen Sohn jetzt gut.

Eines Sonntagmorgens, am 36. Tage unserer Verteidigung, während ich mich eben auf eine kurze Predigt vorbereitete, um unsere Leute zu ermutigen und zu stärken, wurde ich aufgeschreckt durch einen Mann, der mit höchster Stimme schrie. Er raste durch unser Lager geradewegs auf meine Hütte zu. ‚Pastor! Pastor!' schrie er, ‚ein Kriegsschiff kommt und hat auf unsere Fahnen geantwortet! Gott sei Dank, unsere Gebete sind erhört! ... Wenn wir die Rote-Kreuz-Flagge schwingen, antwortet das Kriegsschiff mit Signalflaggen ... Sie sehen uns und kommen näher an die Küste!'

Das Schiff erwies sich als der französische Kreuzer ‚Guichin', ein

Schiff mit vier Schornsteinen. Während eines der Boote herabgelassen wurde, stürzten einige unserer jungen Leute zur Küste hinab und schwammen zu dem stattlichen Schiff, welches uns wie von Gott gesandt erschien. Mit klopfendem Herzen eilten wir hinunter zum Strand, und bald kam eine Einladung vom Kapitän, eine Gesandtschaft solle an Bord kommen und über die Lage berichten. Er schickte ein drahtloses Telegramm an den Admiral der Flotte und nach kurzer Zeit erschien das Flaggschiff ‚Sainte Jeanne d'Arc' am Horizont, von anderen französischen Kriegsschiffen gefolgt. Der Admiral sprach Worte des Trostes und der Aufmunterung zu uns und gab Befehl, dass jede Seele unserer Gemeinde an Bord der Schiffe genommen werden sollte.

Die Einschiffung dauerte einige Zeit und war außerordentlich schwierig, da die Küste so rau war. Wir mussten über improvisierte Flöße klettern, um durch die brüllende Brandung zu den Booten der Schiffe zu kommen. Vier französische und ein englischer Kreuzer nahmen uns an Bord und man sorgte sehr freundlich für uns.

Nach zwei Tagen, am 14. September, kamen wir in Port Said an und haben uns jetzt in einem dauernden Lager niedergelassen, welches die britischen Behörden für uns eingerichtet hatten..." [2]

Etwas über 4000 Menschen, darunter über 1500 Kinder und 1400 Frauen, wurden vom Musa Ler gerettet und nach Ägypten gebracht. Dieses Ereignis war es, das Franz Werfel zu seinem ergreifenden Roman ‚Die vierzig Tage des Musa Dagh' verarbeitet hat. Aber in Anatolien und in der syrischen Wüste gingen weiterhin Hunderttausende von Armeniern und anderen Christen dem Tode entgegen ...

*

Vakıf am Nachmittag. Der Taxifahrer, bei dem ich übernachtet habe, hat mich hierhergefahren, unwissend, wie groß mein Interesse an diesem Dorf ist und dass ich seine Dienste vielleicht nur bis hierher in Anspruch nehmen würde. Am liebsten wäre ich überhaupt die vier oder fünf Kilometer von Yoğunoluk aus gelaufen, aber der Mann, der mich so gastfreundlich aufgenommen hatte, erwartete selbstverständlich, dass er mich auch wieder zurückfahren durfte.

Vor der Kirche in Vakıf bitte ich ihn anzuhalten und ich steige aus.

An der Treppe zum Kirchhof sind einige Männer mit Betonarbeiten beschäftigt.

„Pari lujs", grüße ich auf gut Glück in armenischer Sprache. Und aus mehreren Mündern kommt die überraschte Antwort:

„Pari lujs!" Das ist der erste Höhepunkt des Tages, denn es sind die ersten Armenier, die ich auf meiner Reise gefunden habe. Ich frage, ob ich mir die Kirche ansehen darf und sie wird aufgeschlossen. Man entschuldigt sich, dass sie unaufgeräumt sei, denn man sei bei den Vorbereitungen für das Erntefest, dass in zwei Wochen stattfinden soll. Der Kirchenraum ist recht klein, aber sicherlich ausreichend für die Bevölkerung des Dorfes. Ich erfahre, dass es hier etwa 40 armenische Häuser gibt. Weiter unten im Dorf steht ein Lastwagen. Männer sitzen daneben. Irgendwie halte ich sie für Türken, die auf der Durchfahrt sind und Rast machen. Deshalb spreche ich sie auf Türkisch an. Ein junger Mann jedoch erwidert in ganz gutem Englisch:

„Sorry, we speak Armenian here."

Er scheint Wert darauf zu legen, denn zweifelsohne spricht er genauso gut türkisch wie armenisch. Um meinen Fehler gut zu machen, grüße ich auf Armenisch. Er bedeutet mir einen Moment zu warten, er würde mir einen Tee holen. Oder lieber Kaffee? Milch? Tee natürlich, bei diesem Wetter! So kommen wir ins Gespräch.

„Wo hast du deine armenischen Worte gelernt?"

„Ich habe armenische Freunde in Deutschland", antworte ich.

„Bist du schon länger hier am Musa Ler?"

„Ich bin erst gestern gekommen und habe die Nacht in Yoğunoluk verbracht."

„Wenn du länger bleiben willst, bist du willkommen. Du kannst bei uns übernachten."

Äußerst freundlich werde ich in der Familie aufgenommen. Mein Gastgeber führt mich im Dorf herum und zeigt mir die Orangenplantagen. Ich esse zum ersten Male im Leben Orangen frisch vom Baum.

„Wie kommt es, dass es hier am Musa Ler noch ein ganzes armenisches Dorf gibt, nachdem alle Armenier vertrieben wurden oder fliehen konnten?" frage ich.

„Einige kamen nach dem Krieg aus Ägypten zurück. Hatay war damals französisches Mandatsgebiet und die Franzosen hatten versprochen so lange zu bleiben, bis die Gefahr neuer Verfolgungen gebannt sei. Allerdings zogen sie sich 1938 zurück und das Gebiet fiel wieder an die Türkei."

Später stellt mich mein Gastgeber seinem Vater vor. Dieser streckt mir die Hände entgegen.

„Mein Haus ist dein Haus", sagt er, „und ich danke dir, dass du armenisch sprichst." (Obwohl mir sein Sohn das meiste ins Englische übersetzen muss.)

„Ich kann nur drei Worte", sage ich beschwichtigend. „Drei Worte, aber gut!" erwidert er und wir lachen.

Es ist anders als in türkischen Häusern, wo ich aufgenommen wurde. Die Gastfreundschaft ist gleich groß, daran besteht kein Zweifel. Es ist die Mentalität, die unterschiedlich ist. Sie ist mir verwandter, erinnert mich mehr an Europa, obwohl sie orientalischer Züge durchaus nicht entbehrt. Ich fühle mich mehr auf einer Ebene mit den Leuten. Obwohl ich für sie eine Abwechslung vom Alltag, also Mittelpunkt des Geschehens an diesem Abend bin, so komme ich mir nicht so fremd vor, nicht so anders, nicht so ungewiss schwebend irgendwo zwischen Achtung und Unverständnis.

„Wie kommt ihr mit den Türken hier aus?" frage ich meinen Gastgeber. „Gibt es heute noch Schwierigkeiten?"

Er schüttelt den Kopf.

„Hier im Dorf leben wir in Frieden mit ihnen. Sie akzeptieren uns und wir sie. Aber wenn wir nach Anatolien fahren, werfen sie mit Steinen nach uns."

„Und wie sieht die Zukunft aus? Ich meine, werden sie immer dulden, dass hier ein ganzes armenisches Dorf auf türkischem Boden besteht?" frage ich weiter.

Er spricht erst kurz mit seinem Vater, bevor er antwortete. Ich habe den Eindruck, er müsse sich zwischen einer aufrichtigen Antwort und vorsichtiger Ausdrucksform entscheiden und meint dann nur: „Niemand weiß es. Vielleicht werden sie etwas tun, vielleicht nicht."

„Kann man sich auf die Post verlassen? Oder lesen sie die Briefe?"

„Wenn wir türkisch schreiben, nicht. Wenn wir armenisch schreiben, kommt es vor, dass sie sie lesen. Am besten, du schreibst mir nach Istanbul, wo ich studiere. Dort ist es nicht gefährlich."

„Aber wie verträgt sich das miteinander, wenn du sagst, ihr lebt in Frieden mit ihnen?"

„Hier im Dorf leben wir in Frieden. Wenn ich nach Yoğunoluk oder in die anderen Nachbardörfer gehe, nennen sie mich ‚Gâvur‘ (abfällige Bezeichnung für ‚Ungläubige‘). Sagen sie es nicht zu dir auch?"

„Ich habe es nie gehört. Wahrscheinlich, weil ich Deutscher bin."

„Ja", bestätigt er. „Viele von ihnen waren in Deutschland und haben dort viel Geld verdient."

Wir sprechen noch über viele Dinge, essen zu Abend und trinken Tee. Jetzt in der Nacht, wo ich auf meinem Bett in dem luftigen Gäste-zimmer liege und gedämpftes Licht von irgendwo draußen auf die die Veranda fällt, klingen mir die Worte im Ohr, die ich am Abend vor meiner Abreise hörte: „Gott segne dich. Ich wünsche dir viel Glück." Bis jetzt habe ich es gehabt und ich zweifle nicht daran, dass diese Worte länger gelten werden.

[SPÄTERE ANMERKUNG: Vakıf oder Vakıflı Köyü ist auch heute noch das einzige armenische Dorf in der Türkei. Laut der armenischen Sei-te von Wikipedia (update 2017) wohnen dort noch 130 Einwohner; 35 der Häuser sind armenisch, eines ist türkisch und eines kurdisch. Bis Mitte der 2000er Jahre bewegte hohe Arbeitslosigkeit viele der Einwohner, besonders die jüngere Generation, nach Istanbul oder ins Ausland zu gehen. (Meinen Gastgeber hatte ich übrigens 1988 schon als Gastarbeiter in Berlin wiedergetroffen …). Man rechnet damit, dass etwa 500 ehemalige Einwohner von Vakıf in Istanbul le-ben; viele besuchen das Dorf in den Sommerferien, wo die Zahl der Anwesenden auf 300 steigen kann. Wegen der abnehmenden Bevöl-kerung wurde die Schule geschlossen und die Kinder müssen nach Samandağ in die Schule gehen.

Man setzte eine Zeitlang auf den Anbau von Bio-Orangen. Im Jahre 2004 erhielt das Dorf das einzige Zertifikat für organischen Anbau der EU in der Region. Bio-Orangen im Werte von einer halben Million Euro wurden exportiert, aber wegen zu kleiner Anbauflächen reich-ten die Erträge nicht aus.

Der ‚Verein für die Entwicklung von Vakıf‘ in Istanbul hat zum Ziel, im Dorf den Ökotourismus auszubauen, um eine ausreichen-de Lebensgrundlage für die Bevölkerung zu sichern und ehemalige Einwohner zur Rückkehr zu bewegen. Unterstützt wird das Projekt von der ‚Türkischen Stiftung zur Bekämpfung von Bodenerosion, zur

Aufforstung und zum Umweltschutz' und den lokalen Behörden. Im Jahre 2005 wurde das ehemalige Schulgebäude restauriert und in ein Bed and Breakfast verwandelt. Die traditionellen Steinhäuser wurden teilweise wieder aufgebaut. Ab 2011 wurde der Tourismus zu einer wichtigen Einnahmequelle.

Die Kirche Surp Asdvadzadzin, erbaut 1895, wurde zwischen 1994 und 1997 mit Unterstützung der türkischen Regierung restauriert. Ein neues Kirchengebäude wurde 2007 fertiggestellt und vom armenischen Patriarchen, Katholikos Karekin II, eingeweiht.

Während der Kämpfe im dicht benachbarten Teil Syriens mussten die Einwohner der überwiegend armenisch bevölkerten Stadt Kesab (Bevölkerung ca. 2500) im Jahre 2014 fliehen. Die meisten gingen nach Latakia, einige in den Libanon, einige wenige aber auch flohen über die türkische Grenze. 22 Personen wurden vorübergehend in Vakıf untergebracht, wo sie erstaunt waren, Armenier und Türken friedlich nebeneinander wohnen zu sehen. Das wurde von türkischen Behörden und Medien benutzt, um Gerüchten, dass Armenier in der Türkei weiterhin unterdrückt seien, entgegenzuwirken.]

*

Süleymanlı/Kahramanmaraş, 4.8.1976

Als ich mich am folgenden Morgen von den Leuten in Vakıf verabschiede, meint mein Gastgeber zu mir:

„Sprich zu so vielen Leuten wie möglich über uns und unser Dorf. Wir wünschen Touristen hier. Die Welt soll Bescheid wissen. So können wir am sichersten leben."

Ich verspreche zu tun, was ich kann. In das mir gereichte Gästebuch schreibe ich: ‚*Ich kam in die Türkei um das alte Armenien zu finden und hoffte, ich würde vielleicht noch ein oder zwei Armenier treffen. Nun habe ich ein ganzes Dorf gesehen, wo ich so freundlich aufgenommen wurde. Schat schnorhakal jem (vielen Dank).'*

Maraş – menschliche Oase auf einer ebenen Stelle inmitten der mit harten Sträuchern und Steinen übersäten, gelblich-roten Gebirgslandschaft. Hitzeglühend. Im Hintergrund flimmern die hohen Ketten des Taurusgebirges. Unter meinem Hotelfenster heftiges Straßengewimmel, gen Abend ruhiger werdend. Dann liegt der langgezogene Ruf des Muezzin aus dem Lautsprecher über der Stadt und der orangegelbe Mond steht tief am Himmel.

Heute Morgen fahre ich nach Süleymanlı, einem kleinen Ort im Taurusgebirge. Kurz vor der Abzweigung von der Göksun-Straße erreicht man eine steile Schlucht, die sich der Fluss gegraben hat. Drohende Felswände zu beiden Seiten. Von hier ab ist das Tal von einmaliger Schönheit. Malerisch umspielt der Fluss die ins Tal hineinragenden Felsblöcke. Liebliche, grüne Stellen in der Talsohle, die sich von der sonst trockenen Umgebung abheben.

Der Bus setzt mich an einer Straßenabzweigung einige Kilometer außerhalb des Ortes ab. Ich laufe den Rest des Weges, treffe unterwegs einen Bauern, der mit seinem Lastesel das gleiche Ziel hat. Die Berge sind schroff, zeigen die üblichen gelblich-roten Färbungen mit trocken-grünen Flecken dazwischen, einzelne Strauch- und Baumgruppen. Kaum eine schattige Stelle. Wir kommen an zwei eingemauerten Wasserstellen vorbei. Die dritte, eine antike Anlage, liegt schließlich im Ort selbst, neben der Schule. Süleymanlı, ein Ort von einigen Hundert Einwohnern, liegt im Schatten eines kleinen Wäldchens links und rechts unter den Hängen einer steilen Schlucht, eine malerische Lage. Irgendwo habe ich im Zusammenhang mit dem Ort den Ausdruck ‚Bergnest‘ gelesen und dieser Ausdruck ist genau der richtige. Über die Schlucht wird gerade eine neue Brücke gebaut. Ein einzelner Bauarbeiter ist daran zugange. Er lädt mich zum Tee ein und gibt mir dann auch gleich Mittagessen. Er ist aus Malatya, etwa 100 km von hier, und wohnt in einem kleinen Bauwagen. Er erzählt mir, dass hier zusammen mit den umliegenden Dörfern etwa 2000 Menschen wohnen.

Süleymanlı ist der türkische Name für Seitun. Und Seitun war der erste Ort, dessen armenische Bevölkerung 1915 deportiert wurde. Einer jener Orte, wo es Vorfälle gegeben hatte, die man mit genügend verdrehter Darstellung der Tatsachen als Vorwand für ein Vorgehen gegen die Armenier des Ortes und seiner Umgebung hinstellen konnte. Damals waren es etwa 10 000, die hier lebten.

RÜCKBLICK:

Die Geschehnisse in Seitun und Maraş zu Ende März und Anfang
April des Jahres 1915 sind nicht einfach zu rekonstruieren – das
heißt, die Ereignisse wohl, nicht aber deren genaue Reihenfolge und der kausale Zusammenhang von Ursachen und Wirkun-
gen. Türkische Darstellungen wie zum Beispiel Talâts Erklärung
gegenüber der damaligen Deutschen Botschaft in Istanbul sind
knapp, beschuldigen weite Kreise der armenischen Bevölkerung
der Auflehnung und ziehen sogar ,Einfluss von außen' (gemeint ist
vermutlich die von Russland aus tätige revolutionäre armenische
Partei ,Daschnakzutjun') mit ins Spiel. Um nicht anderweitig ein-
seitig zu sein, will ich auch keine alleinige armenische Darstellung
benutzen. Einen ausführlichen Bericht über die Ereignisse schrieb
hingegen der deutsche Konsul von Aleppo, Rößler, der sich während der kritischen Tage zum Schutze der deutschen Missions-
schwestern in Maraş aufhielt, an den deutschen Reichskanzler von
Bethmann Hollweg.

Deutschland wird als verbündete Macht der Türken im Ersten
Weltkrieg der Vorwurf der Mitschuld an der armenischen Tragödie gemacht. Ich will davon keinen Abstand nehmen – die Welt
hat später deutlich genug gesehen, wozu deutsche Politik fähig ist.
Aber eingehendes Quellenstudium zeigt genauso deutlich, dass
diese Schuld nicht auf der Ebene der deutschen Konsuln im Türkischen Reich zu finden war. In der (z.B. sowjetischen) Literatur zi-
tierte Quellen, die das Gegenteil belegen sollen, erweisen sich beim
Zurückgehen auf die Originalquellen oft als vollkommen aus dem
Zusammenhang genommene Abschnitte, deren Sinn im neuen Zusammenhang verdreht erscheint. Ich gebe daher Rößlers Bericht
wieder, der in sich selbst pro-armenisch genug ist, um Vorwürfen
politischer Tendenz standzuhalten, zumal wenn man sich im Klaren darüber ist, dass der Schreiber zum damaligen Zeitpunkt noch
keine Ahnung davon hatte, dass gleichzeitig in Istanbul das Schicksal der Armenier beschlossen wurde und Vorwände gegenüber der
ausländischen Diplomatie für das spätere Vorgehen willkommen
waren.

„Kaiserlich Deutsches Konsulat Aleppo, den 12. April 1915.

Die Unruhen, welche in Zeitun ausgebrochen sind, haben die Frage nahegelegt, ob sie von auswärts angezettelt seien. Keinerlei derartige Spuren aber habe ich während meiner Dienstreise nach Maraş vom 28. März bis 10. April entdecken können. Der Vorsitzende des Kriegsgerichts hat allerdings behauptet, fremder Einfluss sei vorhanden, hat mir aber keine Angaben darüber gemacht. Die an Ort und Stelle vorhandenen, aus den inneren Leiden der Türkei stammenden Keime genügen vielmehr vollkommen, die Unruhen zu erklären.

In der Nähe von Zeitun hatte sich ein Räuberunwesen unter den Armeniern unter einem gewissen Nazareth Tschausch entwickelt. Im Oktober v. Js. ist der Mutasarrıf (türk. Gouverneur) Haydar Paşa von Maraş dagegen vorgegangen. Er versprach den Bewohnern von Zeitun auf sein Wort, dass er denen, die ihm die Räuber auslieferten, nichts tun würde und erreichte damit tatsächlich die Auslieferung. Anstatt aber ein Gerichtsverfahren zu eröffnen und die Schuldigen hinzurichten, ließ er Nazareth Tschausch im Gefängnis zu Tode prügeln. 50 der mit ihm Gefangenen ließ er nach Osmaniye ins Gefängnis bringen, wo sie noch heute ohne Urteil sitzen, andere hat er laufen lassen, um nicht gleichzeitig gefangene mohammedanische Räuber strafen zu müssen. Dagegen hat er entgegen seiner feierlichen Zusage diejenigen Leute verhaften lassen, die ihm zur Ergreifung der Räuber führende Angaben gemacht hatten.

Mit Kriegsausbruch wurde von General Fahri Paşa entgegen dem Rat des Vali (türk. Provinzgouverneur) Celal Bey von Aleppo die in Zeitun liegende Kompagnie Soldaten fortgenommen und durch Gendarmen ersetzt, und zwar durch mohammedanische Gendarmen aus Maraş, die zum Teil die persönlichen Feinde der Bewohner von Zeitun waren. Ihnen waren die letzteren ausgeliefert.

Zeitun ist eine ausschließlich christliche Stadt. Mehrfach wurden die Männer misshandelt und die Frauen belästigt unter stillschweigender Duldung und Begünstigung durch den Gendarmeriehauptmann und den Kaymakam (türk. Landkreisvorsteher). Die gedrückte Bevölkerung von Zeitun wandte sich an den Mutasarrıf von Maraş mit der Bitte, die beiden Beamten abzurufen. Haydar Paşa war im November auf Vorschlag des Vali durch den Mutasarrıf Mumtaz Bey ersetzt worden, der als unparteiisch und besonnen gilt und bestrebt war, sich ein richtiges Bild von der Lage zu machen. Er verlangte Beweise für die Schuld der beiden Beamten. Beweise aber können die Bewohner nicht wagen gegen einen Beamten vorzubringen. Jeder Zeuge müsste früher oder später unnachsichtlich dafür büßen. So haben denn die Gendarmen weiter gehaust und eine erbitterte Stimmung geschaffen. Noch aus einer anderen Quelle wurden die Unruhen gespeist. Von den armenischen Soldaten in Maraş, die schlecht genährt und, soweit sie Zeitunlis waren, gequält und schlecht behandelt wurden, war ein Teil desertiert. Aus Gründen, die mit dem hiesigen Bezirk nichts zu tun haben, nahm die Regierung etwa Anfang März den christlichen Soldaten Uniform und Waffen. Da dies von den unwissenden Mannschaften als Vorspiel zu weitern, schweren Maßnahmen gegen die Christen betrachtet wurde, so desertierten weitere christliche Soldaten und vereinigten sich mit den in der Nähe von Zeitun hausenden Räubern. Als Gendarmen ausgesandt wurden, sie zu fangen, setzten sie sich zur Wehr und erschossen sechs von ihnen etwa am 9. März. Auch einen mohammedanischen Maultiertreiber, der nach Zeitun ging, haben sie ermordet. Die Bevölkerung von Zeitun, fürchtend, dass die Räuber auch Überfälle auf die Stadt ausführen könnten, baten um Schutz, der auch gewährt wurde. Als in den verschiedenen Stadtvierteln Gendarmeriepatrouillen gingen, wurde in dem Stadtviertel Yeni Dunya, in welchem Nazareth Tschausch seinerzeit seine Wohnung gehabt hatte, aus einem Hause heraus auf eine Patrouille geschossen. Anstatt aber dieses Haus zu umstellen und die Schuldigen zu fassen, zog es der Gendarmeriehauptmann, der vorher die Bevölkerung bedrückt hatte, vor, sich nicht mehr in die Stadt zu begeben, sondern in der Kaserne oberhalb der Stadt zu bleiben. Hierauf breitete sich die Bewegung aus. Die Räuber und Deserteure verschanzten sich in einem außerhalb der Stadt gelegenen, als Wallfahrtsort dienenden Kloster. Versuche, ihre Auslieferung durch die Stadtbewohner zu verlangen, scheiterten, weil die Leute kein Vertrauen mehr zu Regierungsversprechungen hatten. Hier rächte sich, dass Haydar Paşa im Oktober sein Wort gebrochen und die Ausliefernden bestraft hatte. (...) Daraufhin ließ der Platzkommandant das Kloster umstellen, aber mit ungenügender Truppenzahl. Wäre er militärisch richtig vorgegangen, so hätte er die ganze Räubergesellschaft gehabt. Er hätte nur Ankunft von Artillerie abzuwarten oder die Räuber auszuhungern brauchen. Stattdessen aber ließ er einen Angriff machen, wobei der Gendarmeriemajor aus Maraş auf das Haupttor des Klosters los ritt und nebst einigen Soldaten erschossen wurde. Die Räuber, deren Zahl vielleicht 150 gewesen sein mag, brachen unter Verlust einer Anzahl Toter und Verwundeter, die den Truppen in die Hände fielen, durch, gewannen die Stadt und von dort aus die Berge. Erwähnenswert ist, dass sie zweien ihrer Toten die Köpfe abgeschnitten haben, offenbar um ihre Identifizierung durch die Türken unmöglich zu machen. Das Kloster wurde nachträglich mit Artillerie zusammengeschossen. Die Ergreifung der Räuber in den Bergen wird schwierig sein. Mumtaz Bey, der inzwischen nach Zeitun geeilt war, setzte nunmehr den Gendarmeriehauptmann ab, weil er nach Beschießung der Patrouille nicht die richtigen Maßregeln getroffen hatte und den Kaymakam, weil er sich noch nach Ankunft des Mutasarrıf weigerte, von der Kaserne herab zur Erfüllung seiner Pflichten in die Stadt zu gehen.

Die Ereignisse von Zeitun gewinnen stets dadurch eine größere Bedeutung, dass sie eine Rückwirkung auf Maraş als die nächstgelegene größere Stadt ausüben. Diese zählt schätzungsweise 50-60 000 Einwohner, von denen 36 000 Muslime und 24 000 Christen sein mögen. Sie leben zum Teil von Industrie und Handel, zum größten Teil aber von landwirtschaftlicher Tätigkeit. (...) Obwohl der Boden fruchtbar ist und reichlich Wasser vorhanden, (...) ist die Bevölkerung doch arm und größtenteils dem äußersten Elend nahe, teils infolge der dauernden politischen Unruhen, teils infolge der überaus mangelhaften Verkehrsverhältnisse. Die Bevölkerung ist friedlich und denkt nicht an Auflehnung gegen die Regierung. Die Wirkung der Mobilmachung, weitgehende Requisitionen haben stark auf sie gedrückt und u.a. die Beförderungsmittel äußerst knapp gemacht. Der Wagen, mit dem ich aus Aleppo ankam, war der einzige in der ganzen Stadt. Im ganzen sind bis Ende März 2000 Pferde und Maultiere requiriert worden. Am 5. April wurden 500 Esel verlangt. Christliche Maultiertreiber sind gezwungen worden, vier Wochen lang hintereinander für militärische Zwecke unentgeltlich zu arbeiten, ohne Lohn und ohne Requisitionsschein (während man mohammedanische nach ein paar Tagen laufen ließ). Waren sie dann mit einem Schein entlassen, dass sie ihrer Pflicht genügt hätten, so wurden sie in manchen Fällen trotzdem an anderer Stelle wieder aufgegriffen.

Die Lage war bereits sehr gedrückt, als die Zeitun-Ereignisse kamen. Jetzt wurden auch der armenischen Zivilbevölkerung die Waffen weggenommen, und zwar mit Vorliebe durch nächtliche Haussuchungen. Soldaten schlugen die Christen, Frauen wurden unter dem Vorwand, dass sie nach Waffen durchsucht werden müssten, belästigt, Kinder wurden mit Steinen beworfen. Das Gerücht wurde ausgestreut, die christlichen Soldaten hätten ihren mohammedanischen Kameraden das Brot vergiftet; mohammedanische Frauen drohten offen, es würden wieder Metzeleien vorkommen: ein Mohammedaner bot einem christlichen Freunde sein Haus zum Schutz an. Einflussreiche Muslime beschlossen, ein Telegramm an die Zentralregierung zu schicken, dass Armenier die Moschee besetzt hätten. So töricht diese aufreizende Beschuldigung ist, so entspricht sie doch dem niedrigen Bildungsstande der dortigen Mohammedaner. Das Telegramm wurde erst dem Mutasarrıf nach Zeitun mitgeteilt, der die Absendung verhinderte und dem Kriegsgericht Anzeige erstattete, das aber gegen die Urheber nichts getan hat.

Während den Armeniern die Waffen abgenommen wurden, hatten die Muslime Gelegenheit, sich Pulver und Schrot zu kaufen. Die Bewohner des Dorfes Tekerek in der Nähe von Maraş schickten Nachricht dorthin, entweder sie müssten zum Islam übertreten, oder sie würden ihr Leben verlieren. Kurzum, die ganze Sachlage erschien der deutschen Mission in Maraş derart, dass bei einer weiteren Zuspitzung der Verhältnisse, insbesondere wenn die Kämpfe in Zeitun angedauert hätten und noch weiteres Blut mohammedanischer Soldaten geflossen wäre, zweifelhaft war, ob es der Regierung gelingen würde, das Volk in Maraş im Zaum zu halten, auch zweifelhaft, welche Strömung bei den Orts Behörden die Oberhand behalten würde, die besonnene des Mutasarrıfs oder eine schärfere, der einige Notabeln zugehören. (...)" [3a]

Rößler berichtete weiter über die beruhigende Wirkung, die sein

Besuch und der des amerikanischen Konsuls von Aleppo auf die Bevölkerung gehabt hätten; Leute seien nicht mehr auf der Straße geschlagen worden. Rößler legte in der Anlage eine Kopie eines Briefes des Dr. Shepard von der amerikanischen Mission in Aintab (Gaziantep) an dessen Konsul in Aleppo bei, der die Situation zu diesem Zeitpunkt folgendermaßen beurteilte:

„Ich war 48 Stunden lang in Maraş, von Dienstag bis Donnerstag (18. März) letzter Woche. Es besteht kein Zweifel daran, dass in Maraş über die Zeitun-Ereignisse ein Massaker angestachelt werden sollte. Es war soweit gekommen, dass man nach den Kurden in den Bergen ausgeschickt hatte; aber die Regierung schien das zu missbilligen und ich hatte den Eindruck, dass die Sache nun vereitelt ist, zumal das Verhalten der Führer und der großen Mehrzahl der Leute in Zeitun korrekt gewesen zu sein schien. Allerdings behauptet Miss Rohner nun, dass die Feindseligkeiten zwischen diesem Ort und der Regierung bedrohlich würden, in welchem Falle es schwierig sein wird, den muslimischen Mob in Maraş unter Kontrolle zu halten ..."[3b]

Rößler schrieb weiter:

„(...) Erst am 31. März wird der (...) Befehl von Cemal Paşa (dem Oberkommandierenden der 4. Armee in Syrien), der die Bevölkerung zur Ruhe ermahnt, bekanntgegeben. Er hat übrigens nicht zu verhindern vermocht, dass noch am 3. April ein vereinzelt in einem mohammedanischen Stadtviertel lebender Armenier zwangsweise zum Islam bekehrt worden ist, nachdem ihm eine Patrouille mit dem Kolben die Tür eingeschlagen hatte.

Inzwischen nimmt die Entwicklung der Zeitun-Angelegenheit ihren weiteren Verlauf, ohne bisher beendet worden zu sein. Die Regierung hat verlangt, dass sich alle Deserteure stellen. 450 aus Maraş und 125 aus Zeitun hatten sich bis Ende März gestellt und werden zum Teil in Strafkompagnien zu Arbeiten verwendet, zum Teil sehen sie noch ihrer Aburteilung durch das Kriegsgericht entgegen.

Übrigens richtet sich die Untersuchung durch das Kriegsgericht gegen alle angesehenen und wohlhabenden Armenier von Maraş, von denen viele ganz offenbar mit der Zeitun-Angelegenheit nicht das geringste zu tun gehabt haben, und obwohl diese nichts sehnlicher wünschen, als dass mit den Räubern ein Ende gemacht werde, damit Maraş endlich einmal Ruhe habe. (...)

(...) Die Aussicht aber, dass die Untersuchung durch das Kriegsgericht unparteiisch geführt wird, halte ich für gering. Sein ganzes Vorgehen erweckt den Eindruck, als ob es mangels einer zweckmäßigen Tätigkeit nur eine Scheintätigkeit ausübt und als ob es, weil es die wirklich Schuldigen nicht erreichen kann, die ganze armenische Bevölkerung als verdächtig ansieht und sich aus ihr zu Bereicherungszwecken die Führenden aussucht.

(...) Seit dem 5. April scheint eine Spaltung unter den leitenden mohammedanischen Kreisen in Maraş eingetreten zu sein. Die einen raten zum Frieden, die anderen wollen weiter hetzen.

(...) Nach meiner Rückkehr hat mir Celal Bey, Vali von Aleppo, mitgeteilt, dass an der russischen Grenze auf türkischem Gebiet einige von den Russen besetzte armenische Ortschaften russische Sympathien bekundet hätten, dass die Einwohner einiger armenischer Dörfer auf türkischem Gebiet von Mohammedanern niedergemacht worden seien, und dass bei der türkischen Regierung eine Strömung die Oberhand gewonnen zu haben scheint, welche die Armenier im Ganzen als verdächtig oder gar als feindlich anzusehen geneigt sei. Er betrachtet diese Wendung als ein Unglück für sein Vaterland und hat mich gebeten, seiner Exzellenz dem Kaiserlichen Botschafter anheimzustellen, dieser Richtung entgegenzuarbeiten.

Seiner Exzellenz dem Herrn Reichskanzler." [3c]

So sehr sich Rößler auch bemühte, sich ein objektives Bild von den Geschehnissen zu machen, die Informationen, die in Maraş für ihn erhältlich waren, waren unvollständig. Obwohl er keinerlei Absichten hatte nach Seitun zu gehen, da es dort keine deutschen Interessen zu schützen gab, vermuteten die Behörden, es sei seine Absicht und machten ihm von vornherein klar, dass das nicht erwünscht sei. Rößler legte das so aus, als würden die Türken vermuten, es könnte ihm als Vertrauensperson gelingen, die Armenier zur Übergabe der Räuber zu bewegen. Das wäre ihnen selbst nicht gelungen und würde daher ihren Stolz verletzen.

In Wirklichkeit war der Grund ein ganz anderer. Rößler sollte nicht sehen, was in Seitun wirklich geschah, nachdem der Angriff auf das Kloster fehlgeschlagen war. Hätte er es gewusst, wäre sein Urteil über den ‚bedächtigen' Mumtaz Bey weniger positiv ausgefallen. Pastor Dikran Andreasian, der später zusammen mit den Armeniern vom Musa Ler gerettet wurde, berichtete später:

„Früh im Frühjahr dieses Jahres (1915) begann die Regierung eine drohende Haltung gegenüber der Bewohnerschaft von Zeitun anzunehmen. Älteste und Notabeln der Stadt wurden vorgeladen und einem inquisitorischen Verfahren unter Anwendung der Bastonade unterzogen. Absurde und unmögliche Anklagen wurden erhoben, um Geld zu erpressen. Inzwischen wurden 4000 Soldaten regulärer Truppen in den Kasernen oberhalb der Stadt einquartiert. Ein Versuch, das armenische Kloster, in das sich Deserteure geflüchtet hatten, zu überrumpeln, kostete die Türken einige Verluste und verfehlte seinen Zweck. Die Besatzung des Klosters verteidigte sich, und selbst als sie von Feldartillerie angegriffen wurden, gelang es nicht, das Kloster zu nehmen.

Infolgedessen wurden 50 der angesehensten Männer von Zeitun in die Kaserne geladen ‚zu einer Konferenz mit dem Kommandeur'. Sie wurden sofort gefangen gesetzt, und ihre Familien wurden geholt. Jedermann wartete ängstlich auf die Rückkehr dieser Leute. Aber nach einiger Zeit erfuhr man, dass sie an einen unbestimmten Bestimmungsort fortgeschickt worden waren. Ein paar Tage später wurde eine andere und größere Gruppe von Familien in die Kaserne befohlen und mit Drohungen und Flüchen an einen anderen Verbannungsort fortgetrieben. Auf diese Weise wurden 300 oder 400 Familien fortgeschickt, auf abseitigen Wegen durch die Berge, die einen nordwestlich nach Konya zu, andere südöstlich in heiße und ungesunde Distrikte von Mesopotamien (Der-es-Zor). Tag für Tag sahen wir, wie die verschiedenen Viertel der Stadt von Einwohnern entblößt wurden, bis von den 10 000 Einwohnern der Stadt nur ein kleiner Rest übrig blieb. Neben meinen Pflichten als Pfarrer hatte ich gerade damals die Aufsicht über das Missions-Waisenhaus. Der Kommandeur ließ mich morgens holen und sagte mir, ich solle mich sofort zur Abreise bereithalten. ‚Ihre Frau muss auch gehen', sagte er, ‚und die Kinder vom Waisenhaus.' Wir trafen eilends unsere Vorbereitungen, denn wir durften nur wenig mit uns nehmen. Als wir fortzogen, sah ich mit trauerndem Herzen auf unsere Kirche, die leer und verlassen stand. Die letzte Schar von unseren Landsleuten strömte das Tal hinunter in die Verbannung. Ich hatte in früheren Zeiten Massakers gesehen, aber etwas Ähnliches hatte ich niemals vorher gesehen. Ein Massaker ist wenigstens schnell vorüber, aber die verlängerte Seelenqual einer solchen Deportation ist fast nicht zu ertragen." [4]

Aus dem Vergleich dieser Berichte wird klar, dass Rößlers Urteil, das Kriegsgericht in Maraş übe eine Scheintätigkeit aus, richtig war. Diese Scheintätigkeit bestand aber gerade darin, von den eigentlichen Geschehnissen abzulenken, ausländische Diplomaten hinzuhalten und dieses Ziel verfehlte es nicht. Die Deportation der armenischen Bevölkerung hatte begonnen, ohne dass es die Welt gemerkt hatte, und die von Celal Bey, des Vali von Aleppo, ‚befürchtete' Durchsetzung der harten Linie gegen die Armenier war längst geschehen. Celal Bey wurde zwei Monate später abgesetzt, als er begriff was geschah und sich den Maßnahmen in seinem Amtsgebiet wiedersetzen wollte. Ein gezieltes Netzwerk aus Information, Ablenkungsmanövern, Hinhaltungen, Beschwichtigungen und Versprechungen bekam die ausländischen Kreise immer gerade dorthin, wo die Türken sie haben wollten, um den nächsten Schlag ungestört ausführen zu können. Und es fiel Schlag auf Schlag.

*

Ich treffe einen Studenten aus Maraş, der mir anbietet, mich in seinem Auto zurück in die Stadt zu fahren. Als er erfährt, dass ich Deutscher bin, sagt er in sehr gebrochenen Englisch:

„I love Germany. I love Adolf Hitler."

„He was a murderer", antworte ich und wiederhole das letzte Wort sicherheitshalber auf Türkisch: „Katil!"

„Yes, I love." Und er lächelt wie ein unschuldiges Kind.

4. Am Rande der Syrischen Wüste

Adıyaman, 5.8.1976

Als der Bus sich Adıyaman nähert, ist zur Rechten der Blick in die weite, hügelige Ebene frei, die sich nach Syrien hinein erstreckt. Es ist noch keine Wüste hier, sondern Steppe, mit Flüssen, die das ganze Jahr hindurch Wasser führen. Die üblichen gelblich-roten Farben in der Landschaft. Die Schönheit des Landes erreicht einen Höhepunkt im Tal des Göksu-Flusses, das sich urplötzlich mit seiner grandiosen Weitläufigkeit vor einem ausbreitet. Flach ansteigende, aber dennoch hohe Bergmassive, mit isolierten Flecken in verschiedenen Grüntönen. Im Osten erhebt sich ein rötlich-brauner Tafelberg ohne jede Spur von Pflanzenwuchs, vorgelagert liegen flache Bergkuppen mit weißlichen Hängen. Nichts ist schroff, abgerundete, von Winderosion geprägte Formen herrschen vor. Ab und zu bewirtschaftete Flecken im Tal, hellgrüne, fast paradiesisch erscheinende Oasen in dem trocken-heißen Lande.

Adıyaman ist anders als die Städte, die ich bisher gesehen habe. Es ist weitläufig angelegt, breite Straßen, viel Platz. Nur ein sehr kleiner, alter Stadtkern ist erhalten, sonst ist alles durchsetzt mit modernen Bauten. Vereinzelt wachsen Bäume. Nach Süden schweift der Blick über die endlose Ebene, nach Norden zu auf den Südrand des Taurus-Gebirges.

Adıyaman, 8.8.1976

Fahrt zum Nemrut Dağı. Ich habe mich mit mehreren anderen Europäern zusammengeschlossen und wir haben einen Jeep mit Führer gemietet, der uns zu der Kultstätte Antiochus' I, des Königs von Kommagene aus dem 1. Jahrhundert vor unserer Zeitrechnung fährt. Wir verlassen die Stadt um 3 Uhr morgens, um an Ort und Stelle den Sonnenaufgang mitzuerleben. In über 2000 m Höhe, nahe dem Gipfel des Berges, mit einer prächtigen Aussicht über das Taurus-Gebirge im Norden und die Ebene des Euphrat im Süden. Mächtige Statuen, 8 m hoch, deren Köpfe neben den Körpern stehen, wie ein schlimmes Vorzeichen für das spätere Geschick der Menschen dieses Landes, das in so schmerzliche Erfüllung gegangen ist.

In Narince halten wir zum Tee trinken. Hier sehe ich zum ersten Mal auf der Reise Kurden mit Patronengurt und umgehängter Büchse in stolzer Haltung umhergehen. So sehr drängt sich hier der Eindruck auf, dass die Völker in diesem Lande kommen und gehen. Wenn jedes Volk, dessen Kinder hier geboren wurden und werden, das Land für sich beansprucht, dann kann es nur Streit und Krieg geben. Und gewinnen tut, wer am rücksichtslosesten, am hinterhältigsten und am brutalsten ist. Ist es jemals anders gewesen in der Geschichte, irgendwo auf der Erde? Gibt es irgendwo auf der Welt ein Beispiel dafür, dass die Friedliebenden gegen die Skrupellosen auf Dauer eine Chance haben?

RÜCKBLICK:

Während der zweiten Julihälfte und des Augusts 1915 kamen hier die Elendszüge der Deportierten vorüber. Nach Möglichkeit auf Wegen, wo man vor ausländischen Zeugen sicher war – trotzdem gibt es zahlreiche Berichte von amerikanischen und deutschen Missionsarbeitern, Mitarbeitern diplomatischer Vertretungen und anderen, vornehmlich wiedergegeben nach den Berichten derjenigen, die den nächsten Ort lebend erreichten und dort mit Ausländern in Berührung kamen. Die Berichte füllen Bücher. Es ist schwer, eine kleine Auswahl von Beispielen zu treffen, die einerseits die Tatsachen nicht beschönigen und andererseits nicht den Anschein erwecken, als hätte ich nur die brutalsten ausgewählt.

Nicht in allen Bezirken wurden die Armenier von Anfang an in gleicher Weise behandelt. Mehrere der lokalen Behörden versuchten, das Schicksal der Deportierten mild zu gestalten, indem sie ihnen die Mitnahme von Eseln, Wagen und aller gewünschten Gegenstände gestatteten. Aber in den meisten Fällen wurde ihnen sämtliches Hab und Gut nach einiger Zeit von Gendarmen, Räubern oder der ansässigen Bevölkerung der Distrikte, durch die sie zogen, abgenommen. Augenzeugen erzählten:

„Die Transporte bestanden nur aus Frauen, Greisen und Kindern. Rüstige, kräftige Männer fehlten. Diejenigen Trupps, die bereits eine Woche oder noch länger auf dem Marsche waren, machten einen erbärmlichen Eindruck. Viele von den Strapazen Übermüdete und Erkrankte hinkten mit und zogen Kinder mit sich (viele Säuglinge und schwangere Frauen). Bei Kindern, alten oder sonst schwachen Personen sah man meist wunde, dickgeschwollene, in Fetzen gewickelte Füße. Die meisten Transporte hatten ihre Habseligkeiten vor Urfa verkauft, um Transportesel in den Dörfern zu mieten (3 Medjidie pro Tag, das ist das Dreifache des gewöhnlichen Preises). Andere Haufen brachten noch einige Reisegegenstände und Hausgeräte mit nach Urfa, deren sie hier auf schreckliche Weise beraubt wurden, fast ohne Geld. In der Tscharschi verkauften selbst Soldaten Sachen dieser Transportierten. Die meisten Angekommenen wurden im Waisenhause untergebracht, wo sie für Nahrung selbst zu sorgen hatten. Militärposten hielten ringsum Wache. Ich bemerkte, wie ein gieriger Händler mit gekauften Kleidern über die Gartenmauer sprang und dem Posten das Bestechungsgeld offen in die Hand zählte.

Durch Trinkgeld, Kauf oder Freundschaft konnte man von den wandernden Massen Frauen, Mädchen und Kinder an sich nehmen. Später verbot die Behörde diesen Handel; dennoch kommen die Aneignungen vor. Ich sah selbst zwei Frauen von 16 und 30 Jahren, die von der Straße weg von Türken zu sich genommen wurden und die mir dann – als ich zu den Türken noch am selben Tage als Gast kam – erzählten, sie seien aus Adıyaman und bereits zehn Tage auf dem Wege. Die Gendarmen waren gut mit ihnen gewesen, schlugen eine räuberische Kurdenbande, die auf Weiberraub lauerte, zurück. In den Dörfern bekamen sie immer wieder Brot und Käse. Tagesmärsche dauerten sechs bis sieben Stunden, Rast hatten sie oft. Auf dem Wege von Adıyaman trafen sie nackte, ermordete Frauen, auch verstümmelte mit abgeschnittenen Brüsten. Zwei noch Lebende erzählten, sie seien vom Zuge zurückgeblieben, teils aus Krankheit, teils aus Fluchtabsicht, wobei sie dann von den Kurden geschändet und beraubt wurden.

Auf dem Transport gehen viele Personen zugrunde. In Urfa stürzte vor mir eine Frau nieder. Da der Polizist nicht zurückbleiben durfte, forderte er einige Umstehende auf, zur Polizei zu gehen, um dies zu melden, damit man die Kranke wegtrage. Am anderen Tage fand ich dieselbe Frau (30 Jahre alt) in einer anderen Straße vor dem Waisenhause im größten Sonnenlicht auf der Straße tot liegen. Ich trat hinzu, und sie zeigte bereits ein blaues Gesicht. Soldaten standen nebenan auf Posten, Polizei und Zivil belebten den Platz. Die Frau lag meiner Schätzung nach schon mehrere Stunden tot da. Erst meine Intervention beim Mutasarrıf veranlasste innerhalb einer halben Stunde die Abfuhr des Leichnams, jedoch mit einem Mistwagen. (...) Manche Züge humpeln schreiend vor Schmerz dahin. Sobald sie eines Menschen ansichtig werden, fallen viele dieser Unglücklichen auf die Knie und erbitten Hilfe und Rettung oder legen ihre Kinder zur Annahme vor. Auf diesen Märschen bei 56 Grad Celsius und bei Wassermangel erliegen viele der Erschöpfung. Wer zurückbleibt, ist dem Tode sicher." [5]

„Frauen mit kleinen Kindern im Arm, oder in den letzten Tagen der Schwangerschaft, wurden wie Vieh mit der Peitsche vorangetrieben. Ich erfuhr von drei verschiedenen Fällen, wo Frauen auf der Straße niederkamen, und weil ihr brutaler Antreiber sie weiter hetzte, verbluteten. Einige Frauen waren derartig am Grunde und hilflos, dass sie ihre Kinder neben der Straße liegen ließen." [6]

„Fünfundvierzig Männer und Frauen wurden eine kurze Strecke aus dem Dorf hinaus ins Tal geführt. Die Frauen wurden zuerst von den Offizieren der Gendarmerie beschimpft und beleidigt, und dann den Gendarmen zu deren Verfügung überlassen. Diesem Zeugen zufolge wurde ein Kind getötet, indem man ihm auf einem Felsen das Gehirn herausschlug. Die Männer wurden alle getötet, nicht ein einziger aus dieser Gruppe überlebte." [7]

„Nach einigen Stunden Entfernung von der Stadt wurde die Karawane (4000 bis 5000 Leute) von Banden räuberischer Stämme und einem Mob von türkischen Bauern, bewaffnet mit Büchsen, Äxten und Keulen, umzingelt. Die ersteren begannen ihre Opfer zu plündern, durchsuchten genau selbst die kleinsten Kinder. Die Gendarmen verkauften an die Bauern, was sie nicht mit sich tragen konnten. Nachdem sie sogar die Nahrungsmittel dieser Unglücklichen genommen hatten, metzelte man die Männer nieder, einschließlich zweier Priester, von denen einer neunzig Jahre alt war. Innerhalb von sechs oder sieben Tagen waren alle Männer über fünfzehn Jahre umgebracht. Das war der Anfang vom Ende. Leute zu Pferd hoben die Schleier der Frauen und nahmen die hübschen unter ihnen mit." [8]

Frauen aus jenem Zuge berichteten:

„(...) Sehr viele Frauen und Kinder wurden in die Berge verschleppt, darunter meine Schwester, deren einjähriges Kind man fortwarf. Ein Türke hob es auf und nahm es mit sich, ich weiß nicht wohin. Meine Mutter lief bis sie nicht weiterlaufen konnte, und fiel am Straßenrand auf einem Berge um. Wir fanden viele derjenigen entlang der Straße, die in den vorangegangenen Zügen gewesen waren; einige Frauen waren unter den Getöteten, mit ihren Männern und Söhnen. Wir kamen auch an einigen alten Leuten mit ihren Kindern vorbei, noch lebend, aber in bedauernswerter Verfassung; sie hatten geschrien bis ihre Stimmen versagten..."

„Wir durften des Nachts nicht in den Dörfern schlafen, sondern mussten draußen liegen. Im Schutze der Nacht wurden unbeschreibliche Taten von den Gendarmen, Räubern und Dörflern begangen. Viele von uns starben vor Hunger oder an Schlaganfällen. Andere blieben am Wege zurück, zu schwach um weiterzugehen..."

„Die schlimmsten und unvorstellbarsten Gräuel warteten jedoch an den Ufern des Euphrat auf uns. Die verstümmelten Körper von Frauen, Mädchen und kleinen Kindern ließen jeden erschauern. Die Räuber taten den Frauen und Kindern, die mit uns waren, alle möglichen Grausamkeiten an und deren Schreie drangen zum Himmel empor. Am Euphrat warfen die Gendarmen und Räuber alle übriggebliebenen Kinder unter fünfzehn Jahren in den Fluss. Auf diejenigen, welche schwimmen konnten, wurde geschossen, als sie mit dem Wasser rangen." [9]

*

Malatya, 10.8.1976

Malatya soll für mich eigentlich nur Umsteigebahnhof nach Diyarbakır sein, wo es eine armenische Gemeinde geben soll. Ich bin gestern Abend mit dem Bus angekommen und heute Morgen um 7 Uhr sollte laut telefonischer Auskunft vom Bahnhof ein Zug gehen. Als ich fast verschlafe und auf die letzte Minute den Bahnhof erreichte, weiß man dort nichts von einem Zug. Der letzte sei um Viertel vor fünf abgefahren. Der nächste führe um halb drei. Ich hätte nun einen Bus nehmen können, aber ich freue mich irgendwie einmal auf eine Bahnfahrt, und das besonders durch die Berggegend zwischen Euphrat und Tigris.

So gehe ich Frühstück essen und schaue mich ein wenig in Malatya um. Es ist eine neue Stadt, erst vor weniger als 140 Jahren angelegt. Sie sieht verhältnismäßig europäisch aus und ist ruhig – man hört kaum Autos hupen. Eine Weile ruhe ich mich in einem Park mit blühenden Blumen auf einer Bank im Schatten großer Bäume aus.

Später, als ich an einem Teehaus vorbeischlendere, rufen mich ein paar Kurden an ihren Tisch und ich muss jede Menge Tee mit ihnen trinken. Sie reden viel über Politik, loben die deutsche Sozialdemokratie, verurteilen sowohl Hitler als auch den türkischen Faschismus – ganz ungewohnte Klänge in der Türkei. Die meisten der Leute verabschieden sich nach einer Weile, nur einer von ihnen bleibt sitzen und ‚unterhält' sich mit mir mit Hilfe meines Wörterbuches über verschiedene Zeitungsartikel. Er spricht keinerlei europäische Sprachen und die Unterhaltung ist recht mühselig. Er bedeutet mir, dass die Christen in der Türkei, gleichviel ob armenische, assyrische oder arabische, seine Sympathie hätten, da sie das Schicksal der Unterdrückung mit den Kurden teilen. Wenn es einmal ein selbständiges Kurdistan gibt, dann werden sie nichts mehr zu fürchten haben. Er nennt mir auch eine Anzahl Orte in Ostanatolien, wo Christen leben. Ich habe bei dem Mann den Eindruck, als rede er nicht nur, sondern sei selbst nicht wenig aktiv in der kurdischen Freiheitsbewegung.

Die Zeiten ändern sich, denke ich. Früher, als sie selbst nichts zu fürchten hatten, metzelten sie die Armenier nieder, plünderten sie aus und entführten ihre Frauen und Kinder. Jetzt geht es ihnen selbst an den Kragen und sie suchen Verbündete. Wie die Jungtürken, die die Unterstützung der Christen in Anspruch nahmen, bis sie es geschafft hatten. Aber dann ... Ich sage nichts dergleichen. Der Mann ist mir sympathisch, wahrscheinlich meint er, was er sagt. Es würde sowieso nichts ändern, wenn nicht. Es gibt acht Millionen Kurden in der Türkei, aber nur ein paar Hunderttausend Angehörige christlicher Volksgruppen, und nur ein Bruchteil von denen lebt in den Landesteilen, die die Kurden für sich fordern.

Diyarbakır, 13.8.1976

Erst einmal fuhr der Zug nicht um halb drei – das war, wie sich herausstellte, nur ein Güterzug. Ich musste noch bis vier Uhr warten. Und dann brauchte er für die 250 km nach Diyarbakır geschlagene elf Stunden. Mit der türkischen Eisenbahn scheint es seit dem Osmanischen Reich nur noch bergab gegangen zu sein. Kein Wunder, da ja der Verkehr im allgemeinen auf die Straße verlagert worden ist und das um so heftiger. Die Fahrt aber war die Erfahrung wert.

Einmal der Landschaft wegen, die ich aus dem Eisenbahnfenster bei der langsamen Tuckerei intensiver in mich aufnehmen konnte, als es von der Straße und den Bussen aus geht. Der schönste Teil der Fahrt war entlang des Euphrat-Tales und dessen Überquerung. Die flachen, abgerundeten, wüstenartigen Bergformen, die sich zu dem breiten Tal hin neigen, die tief eingeschnittenen Erosionsrinnen in den Hängen, die lieblichen grünen Oasen entlang des Flusses, die malerischen Flussbiegungen.

Zum zweiten wegen des Gefühls der Bahnfahrt an sich. Es genügt zu sagen, dass es teilweise recht lange Tunnel gab, dass wir eine Dampflokomotive hatten und dass niemand daran dachte, in den Tunnels auch nur irgendwelche Fenster zu schließen. Ich war der Rauchvergiftung nahe.

Zum dritten und letzten wegen der Fahrgäste, eine ganz andere Kategorie als das Buspublikum. Die Busse sind billig für europäische Verhältnisse, aber die Bahn noch viel billiger (von Malatya nach Diyarbakır, 250 km, 19 Lira, das sind etwa 2,80 D-Mark). Da die Fahrt dreimal so lange dauert wie mit dem Bus, sind es nur die ärmeren Bevölkerungsschichten, die mit der Bahn fahren. In meinem Abteil saßen ein frommer, alter Mann, der zu den vorgeschriebenen Zeiten seinen Gebetsteppich ausbreitete und laut betete, aber sonst nicht sprach, und ein Bauer mit einer großen Anzahl gefüllter Säcke, deren Inhalt ich nicht sah. Im ganzen Wagen ging es sehr laut zu, Unterhaltungen, Lachen, Musik, Streit, bis in die Nacht hinein. Später jedoch wurde es ruhig, viele schliefen auf dem Boden oder auf einem Kleidungsstück, das sie über die blanken Holzbänke gelegt hatten. Ich wagte nicht zu schlafen – der Anblick einiger der Fahrgäste ließ mich befürchten, später ohne mein Gepäck aufzuwachen.

Um drei Uhr nachts bin ich in Diyarbakır. Ich lege mich als einziger

Anwesender im Warteraum schlafen, denn ich will um diese Zeit nicht auf die Suche nach einer Unterkunft gehen. Nach kurzer Zeit kommt der Bahnhofsvorsteher und führt mich in einen Nebenraum, wo ein Sofa steht, auf dem ich den Rest der Nacht gut schlafe. Dann gehe ich in die Stadt und suche mir eine Herberge.

Diyarbakır ist überwiegend kurdisch bevölkert, aber man sieht im Grunde ein Völkergemisch – Kurden, Araber, Türken – auf den Straßen. Die Altstadt liegt innerhalb der gut erhaltenen Stadtmauern, die Neustadt außerhalb im Norden und Westen. Im Süden und Osten vor der Stadtmauer fällt das Gelände ab zum Ufer des Tigris, von wo die Stadt wie eine mittelalterliche Festung erscheint. Das Flussufer ist bewachsen, kleine Wäldchen oder Pflanzungen; sonst wüste, öde Berglandschaft ringsumher.

Die Stadt ist äußerst interessant, aber ich möchte um Gottes Willen nicht hier wohnen! Obwohl – die meisten Leute sind freundlich, wenn man sie lächelnd grüßt, aber sehr reserviert, wenn man sie, in Gedanken versunken, nicht beachtet hat. Das gilt auch für die Kinder, die ganz entzückend sind, wenn man sich mit ihnen zu unterhalten versucht, aber Steine werfen, wenn man ohne Reaktion vorbeigeht. Wer kann sich aber schon mit tausend Kindern am Tag unterhalten? Zumal weder sie noch ich richtig Türkisch sprechen und sonst erst recht keine gemeinsame Sprache vorhanden ist! Es ist überhaupt eine sehr kinderreiche Stadt, habe ich den Eindruck; in den Teehäusern wird man fast nur von Kindern bedient. Außerdem fällt mir auf, dass die Leute hier alle Uhren nur zum Schmuck tragen. Ich habe selbst keine dabei und frage daher ab und zu nach der Uhrzeit – in Diyarbakır bekomme ich laufend die Antwort „meine Uhr geht nicht", als sei es ein Ausdruck dafür, dass man hier den Anschluss an die moderne Zeit verpasst hat.

RÜCKBLICK:

Telegramm
(Kaiserliches Konsulat Mossul)
Abgang aus Mossul, den 10. Juni 1915.
Ankunft in Pera [Konstantinopel], den 11. Juni 1915.
An Deutsche Botschaft, Konstantinopel.
614 aus Diarbekr hierher verbannte armenische Männer, Frauen

und Kinder sind auf der Floßreise sämtlich abgeschlachtet worden; die Keleks sind gestern hier leer angekommen; seit einigen Tagen treiben Leichen und menschliche Glieder im Fluss vorbei. Weitere Transporte armenischer ‚Ansiedler' sind hierher unterwegs, ihnen dürfte dasselbe Los bevorstehen.

Ich habe der hiesigen Regierung meinen tiefsten Abscheu über diese Verbrechen zum Ausdruck gebracht; der Wali sprach sein Bedauern darüber aus mit dem Bemerken, das allein der Wali von Diarbekr dafür verantwortlich sei.

Holstein. [10]

Telegramm
(Kaiserliches Konsulat Mossul)
Abgang aus Mossul, den 13. Juni 1915.
Ankunft in Pera, den 14. Juni 1915.
An Deutsche Botschaft, Konstantinopel.

Im Anschluss an mein Telegramm vom 10. Juni. Die Niedermetzelung der Armenier im Wilajet Diarbekr wird hier von Tag zu Tag mehr bekannt und erzeugt zunehmende Unruhe unter der Bevölkerung, die bei der unverständigen Gewissenlosigkeit und der Schwäche der hiesigen Regierung leicht unabsehbare Folgen haben kann. In den Bezirken von Mardin und Amadia haben sich die Zustände zu einer wahren Christenverfolgung ausgewachsen. Wir werden bald überall den hellsten Aufruhr haben, wenn die Zentralregierung ihr Programm der Christenverfolgung nicht ändert. Die Armeniermassakres müssen unbedingt aufhören.

Holstein. [11]

*

Ich suche die armenische Kirche, für deren Existenz ich zwei Anhaltspunkte habe. Ein Freund in Berlin hatte mir von einer christlichen Gemeinde in der Stadt erzählt, die er durch Zufall gefunden hatte, und mir die hohen Mauern und Gassen in der Umgebung beschrieben. Weiter hatten mir die Armenier in Vakıf erzählt, dass es eine armenische Gemeinde in Diyarbakır gäbe. Ich sollte mich einfach nach der ‚Kirche' erkundigen, ohne das Wort ‚armenisch' in den Mund zu nehmen.

Jedoch kommt mir ein Übersichtsplan der Stadt zu Hilfe, in dem zwei Kirchen verzeichnet sind. Die eine ist eine syrische Kirche, bei der anderen steht ‚Keldani (Church of Surp Giragos)'. ‚Keldani' bezieht sich auf die chaldäische Kirche, einen Zweig der syrischen Kirche, während ‚surp' armenisch ist und ‚heilig' bedeutet. Als ich die Stelle erreiche, stehe ich ratlos vor einer dicken, hohen Mauer, umgeben von schmalen, dunklen Gassen. Nur ab und zu finde ich eine kleine, eiserne Tür; verschlossen.

„Suchen Sie die Kirche?" spricht mich ein Türke an.

Ich bejahe und er führt mich durch die Gassen. Bald bleibt er stehen und ruft eine ältere Frau aus einem Haus gegenüber der Mauer, die schließlich eine der Eisentüren öffnet und uns hineinführt. Während ich mir die Nischen und Bilder anschaue, betet sie. Der Türke steht dabei und sagt nichts. Ich warte darauf, dass er geht, um frei sprechen zu können, aber nichts geschieht. Die beiden wenden sich bereits zum Gehen. Obwohl alles keinen armenischen Eindruck auf mich macht, trete ich an die Frau heran und frage leise in armenischer Sprache:

„Hajeren ge chosik? (Sprechen Sie armenisch?)"

„Hajeren? Khitsch me. (Armenisch? Ein wenig)"

Dann aber beeilt sie sich zu sagen, das hier sei nicht armenisch, sondern Keldani, katholisch! Weiter frage ich auf Armenisch, damit der Türke es nicht versteht, ob es in Diyarbakır Armenier gebe. Doch sie fällt ins Türkische zurück, sagt lächelnd etwas zu ihm und bedauert, nichts zu wissen. Als er jedoch einen Moment nicht zu uns schaut, legt sie ihren Finger auf den Mund, zuckt mit den Schultern und deutet flüchtig auf ihn. Ob ich die andere Seite sehen wolle, fragt sie dann. Ich habe in diesem Moment keine Ahnung, was sie damit meint, aber ich sage ja.

Draußen in der Gasse ruft sie jemanden herbei, den sie zu kennen scheint und der mich durch die Gassen führt, nachdem ich mich bei der Frau bedankt habe.

„Wohin?" ruft mir der Türke hinterher.

„Ich möchte mich noch ein wenig umschauen; und vielen Dank," rufe ich und lasse ihn zurück.

Mein neuer Begleiter führt mich zu einer anderen Tür, die aus einem schweren Eisengitter besteht, und pocht dagegen.

„Sind Sie auch Christ?" frage ich vorsichtig.

„Yok (nein)!" antwortet er mit zurückgeworfenem Kopf.

Er pocht weiter, bis ein alter Mann die Tür öffnet und gleich wieder verschwindet, nachdem er sie hinter uns geschlossen hat. Wir stehen auf einem großen Hof. Das Gebäude in der Mitte gleicht kaum einer Kirche. Rings um den Hof sind Häuser von innen gegen die Hofmauer gebaut, Frauen und Kinder sitzen davor. Männer sehe ich keine. Nun muss ich versuchen, meinen jetzigen Begleiter loszuwerden, um mit den Leuten hier allein zu sein. Aber diesmal habe ich Glück. Auf einer Steinbank unter dem Vordach der Kirche sitzt ein Mann und liest in einem Buch. Ich habe ihn erst jetzt gesehen. Mein Begleiter fragt mich, ob ich Deutscher sei. Ich bejahe. Er spricht kurz mit dem Mann auf der Bank und dieser redet mich daraufhin auf Deutsch an. Er studiert an der Universität in Diyarbakır, um Deutschlehrer zu werden. Als ich ihn frage, ob er armenisch spricht, versteht er zunächst nicht. Ich wiederhole meine Frage.

„Armenisch? Nein, aber diese Leute hier sprechen armenisch. Sind Sie Armenier?"

Diese Frage wundert mich schon lange nicht mehr. Aber ich weiß nun, dass ich hier richtig bin. Ich lasse mir aus seinem Buch vorlesen, um Zeit zu gewinnen. Es sind moderne, deutsche Kurzgeschichten. Schließlich wird es dem Türken, der noch dabeisteht und kein Wort versteht, zu langweilig. Er verabschiedet sich. Das habe ich gewollt.

Ich lobe die Aussprache des jungen Mannes. Er erzählt mir dann, dass er selbst zwar kein Armenier, aber auch Christ sei und hier auf seine armenischen Studienkameraden warte.

Bald kommen zwei junge Männer und setzen sich etwas abseits auf die Stufen eines der Häuser. Der Deutsch-Student erklärt, diese seien Armenier, und einer der beiden spricht mich auf Französisch an:

„Parlez-vous français?"

Ich bejahe. Der Deutsch-Student erklärt ihnen etwas auf Türkisch, das ich nicht verstehe, worauf die nächste Frage an mich lautet:

„Êtes-vous arménien?" Es scheint hier nicht denkbar zu sein, dass jemand, der nicht Armenier ist, dieses Wort in den Mund nimmt.

Die beiden sind Studenten an der Hochschule von Diyarbakır, aber stammen aus Istanbul. Von ihnen erfahre ich mehr über andere Orte, in denen es armenische Gemeinden gibt. Während der eine meint, es gäbe 30 bis 50 armenische Häuser in Diyarbakır, meint der andere, es seien mindestens hundert. Sie einigen sich schließlich auf hundert. Sie bestätigen mir, dass es in Anatolien an sich gefährlich für einen Armenier sei. Aber hier in Diyarbakır, betonen sie bezeichnenderweise, leben sie in Frieden mit den Türken und Kurden. Besonders die Kurden, hier in der Überzahl, seien ja selbst gegen die faschistische Regierung eingestellt und hätten, mit Ausnahmen natürlich, gute Beziehungen zu den Armeniern, die hier ohne Unterschied zu den anderen Bevölkerungsgruppen leben.

Aber die dicken Kirchhofsmauern, hinter denen sie zum Teil noch wie im Mittelalter versteckt wohnen, verraten mir, wie auch die Vorsicht der Keldani-Frau, dass es nicht ratsam wäre, etwas Schlechtes über die Bevölkerung von Diyarbakır zu sagen.

Ende des zweiten Weltkrieges, erzählen sie mir, wurde die Kirche für fünf Jahre verschlossen und in ein Militärdepot verwandelt. Die Fenster wurden zugemauert. Seitdem aber hätten sie keine Schwierigkeiten mehr mit den Behörden. Auf meine Frage, weshalb die Fenster größtenteils noch immer vermauert sind, meinte einer der beiden etwas verlegen, man hätte verboten, sie wieder zu öffnen.

Sie laden mich zum Essen ein und wir unterhalten uns noch eine Weile. Als wir uns später auf der Straße verabschieden, weil sie zur Universität gehen müssen, will ich bei einem Straßenverkäufer ein Glas Limonade trinken. Aber der Alte hinter der Kühlbox wendet sich entrüstet von mir ab und ruft:

„Geh weg, geh!!"

Eine Minute später laufen zwei Kinder vorbei, vielleicht 13-jährige. Der erste hebt abwehrend die Hände gegen mich und sagt:

„Christ, Christ!"

Ich lache sicherheitshalber und der zweite lacht zurück, was allerdings nicht wie eine höfliche Geste aussieht. Da mir dergleichen noch nie passiert ist, seit ich in der Türkei bin, steht für mich der Zusammenhang mit meinem Besuch bei den Armeniern fest. Sicher halten sie mich nun für einen, während sie mich sonst als Deutschen einstufen. Und ich denke daran, dass die Kirchenfenster noch vermauert sind, dass die Keldani-Frau nicht sprechen wollte, weil der Türke dabei war, und dass die Armenier gesagt haben, hier in Diyarbakır sei alles in Ordnung.

Weitere Begegnungen der einen oder anderen Art habe ich keine.

Die Kinder laufen wie üblich hinter mir her. Allerdings fragen sie nicht ‚what is your name?' und ähnliche aufgeschnappte Phrasen, sondern scheinen als einziges europäisches Wort ‚Okay' mitbekommen zu haben, das ich nun tausendmal am Tag zu hören bekomme. „Okay-okay; alman?, ingles?" Nun sitze ich in einem Teehaus, warte auf meinen Bus und schreibe diesen Bericht ins Tagebuch. Ein gutmütig aussehender, älterer Türke setzt sich zu mir und sagt in gebrochenem Deutsch: „Diese Stadt nicht gut. Andere besser. Viel auf Geld aufpassen! Kleines Geld bezahlen, großes andere Tasche. Nicht zeigen." Ich versichere ihm, dass ich das stets tue, und er verabschiedet sich lächelnd.

[SPÄTERE ANMERKUNG: Die armenische Gemeinde von Surp Giragos hat eine lange Geschichte. Die Kirche wurde 1371 erbaut und ist die größte armenische Kirche im Nahen Osten, mit sieben Altären und einer Fläche von 3200 Quadratmetern. Wie man heute aus geschichtlichen Quellen erfährt, wurde sie erst 1960 an die Armenische Gemeinde zurückgegeben. Als ich 1976 zu Besuch war, sah ich nur sehr kurz die verfallenen Kirchenräume des eigentlichen Gotteshauses. Während der Kurdenaufstände der späten 70er und der 80er Jahre verließen viele Armenier Diyarbakır. Nur bis 1980 wurden hier Gottesdienste abgehalten. Als Zeichen der Versöhnung wurde die Kirche später mit Geldern einer armenischen Stiftung aus Istanbul wiederhergestellt und 2011 neu eröffnet, sogar mit einem armenischen Museum. Sie hat täglich eine große Zahl von interessierten Besuchern. Heute gibt es nur noch eine sehr kleine Anzahl von Armeniern in der Stadt, laut der armenischen Seite von Wikipedia (update 2017) sind es 16 Familien.]

*

Hasankeyf, 13.8.1976

Es ist wieder ein Abend, der mir so wunderbar erscheint, weil er genauso ist, wie ich ihn vor Monaten erträumt habe. Vor mir der Fluss – Tigris – und von Ferne das Rauschen der Stromschnellen; schon fast im Schatten der Nacht das andere Ufer eine Felswand übersät mit

Höhlen, Resten von Wohnungen früherer Zeitalter. Die drei Bögen der neuen Brücke und dahinter die Silhouetten der Pfeiler einer alten – monströse Reste eines gewaltigen Bauwerkes und Zeugen einer ebenso mächtigen Vergangenheit.

Die Menschen sind ruhig, fast zurückhaltend, einige rufen mir „hoş geldin (willkommen)" entgegen. Kein Kind läuft einem hinterher und fragt nach allem möglichen oder wirft mit Steinen, wenn man des Antwortens müde ist. Arabische Gesichtszüge. Nur die Kaserne der Jandarma mit der roten Halbmondfahne erinnert daran, dass hier Türkei ist.

Fledermäuse schwirren zu Hunderten über meinem Kopf. Von Zeit zu Zeit schreit ein Esel im Dorf. Ein Mann kommt den Strand entlang und fragt nach einem Kind. Ich habe vorhin eines gesehen, das dem Ort zu lief, und sage es ihm. Rufend entfernt er sich wieder. Von Zeit zu Zeit höre ich ihn noch, während ich den im letzten Abendlicht silbern glänzenden Fluss betrachte. Wenige Lichter aus dem Dorf schimmern herüber und am anderen Ufer brennt ein Lagerfeuer. Nur Frieden scheint hier zu sein; warum ist es nicht immer so gewesen? Warum trieben immer wieder die entstellten Körper von Menschen in diesem Wasser flussab, vorbei an diesem Ort?

RÜCKBLICK:

Weiter kamen die Schreckensmeldungen aus Mossul weiter unten am Tigrisufer:

Telegramm
(Kaiserliches Konsulat Mossul)
Abgang aus Mossul, den 10. Juli 1915.
Ankunft in Pera, den 11. Juli 1915.
An Deutsche Botschaft, Konstantinopel.
Von dem zur Zeit hier anwesenden früheren Mutessarrif von Mardin wird mir folgendes mitgeteilt:

Der Wali von Diarbekr, Reschid Bey, wüte wie ein toller Bluthund unter der Christenheit seines Wilajets; vor kurzem habe er auch in Mardin 700 Christen (meistens Armenier), darunter den armenischen Bischof, in einer Nacht durch Gendarmerie, die dazu aus

Diyarbekr entsandt wurde, sammeln und in der Nähe der Stadt wie Hammel abschlachten lassen. Reschid Bey fahre fort in seiner Blutarbeit unter den Unschuldigen, deren Zahl heute über 2000 betrage. Ergreift die Regierung nicht sofort ganz energische Maßnahmen gegen Reschid Bey, so wird die muselmanische niedere Bevölkerung des hiesigen Wilajets gleichfalls Christenmetzeleien beginnen. Die Lage wird hier von Tag zu Tag drohender. Die Regierung sollte Reschid Bey sofort abberufen und damit dokumentieren, dass sie seine Schandtaten nicht billigt, das würde die allgemeine Erregung hier beschwichtigen.

Holstein. [12]

Telegramm
(Kaiserliches Konsulat Mossul)
Abgang aus Mossul, den 15. Juli 1915.
Ankunft in Pera, den 16. Juli 1915.
An Deutsche Botschaft, Konstantinopel.
Das chaldäische Dorf Feihschabur bei Djesireh [heute: Cizre] (Wilajet Diarbekr) ist vorigen Sonntag von muselmanischen Kurden überfallen und seine ausschließlich aus chaldäischen Christen bestehende Bevölkerung massakriert worden. Solange die Regierung nichts gegen den Wali von Diarbekr unternimmt, kann mit dem Aufhören der Massakres nicht gerechnet werden.

Holstein. [13]

Die Regierung hatte kein Interesse daran, etwas zu unternehmen. Die Deutsche Botschaft beschränkte sich auf Interventionen beim Innenministerium Talât Beys und erhielt ausweichende, beschwichtigende oder gar keine Antworten. Zwei allgemeine Protestnoten wegen des Vorgehens gegen die christliche Bevölkerung vom 4. Juli und 9. August wurden erst im Dezember beantwortet, nachdem die Ausmerzung praktisch abgeschlossen war, und diese Antwort enthielt nur eine Bemerkung, dass es sich um innere Angelegenheiten der Türkei handle, in die man sich gefälligst nicht einzumischen habe, und dass im Übrigen das Vorgehen der Regierung notwendig zur Verhinderung einer propagierten Umsturzbewegung sei.

Deutschland musste sich zu Recht den schwerwiegenden Vorwurf gefallen lassen, die Protestnoten einzig und allein als Versuch des eigenen Reinwaschens verfasst und ansonsten den Dingen ihren Lauf gelassen zu haben. Es ist nur zu gut dokumentiert, wie genau Botschaft und Außenministerium über die Vorgänge informiert waren. Deutschland war als Kriegsverbündeter und militärischer Ratgeber der Türkei praktisch die einzige ausländische Macht, die auf die Regierung Einfluss gehabt hätte. Aber in Deutschland wurden türkische Dementis gedruckt, während Veröffentlichungen über die Austreibungen und Gemetzel verboten waren, um nicht dem moralischen Druck auch noch der deutschen Bevölkerung ausgesetzt zu sein – man hatte schon genug damit zu tun, dem Ausland gegenüber die Unschuld zu beteuern. Und in Anatolien und Syrien, den Ostgebieten des Osmanischen Reiches, vollzog sich das Verhängnis weiter.

Ein deutscher Konsulatsbeauftragter berichtete über seine Reise entlang der Bagdad-Straße von Aleppo nach Der-es-Sor, einer der Endstationen der Deportationszüge:

„Auf der Reise nach Der-es-Zor gelangt man notwendigerweise in Fährten der ausgewiesenen Armenier. Schon Der Hafir zeigt die erste Spur: Früher ein Krämerladen, besitzt es jetzt deren drei, die einzig darauf ausgehen, die Zwangslage der Armenier durch hohe Preise auszubeuten. Diesem Unfug begegnet man bis Der-es-Zor. Da Tausende von Armeniern durch die Chans [han, Herberge] längs der Bagdad-Straße wandern, sind die spärlich eingerichteten Läden, die an Ware eigentlich fast gar nichts besitzen, sämtlich leer und der Verkäufer findet für hohe Preise hungrige Käufer. An den Lagerplätzen ist nur schlammreiches, durch Leichen, Mist und Fetzen verunreinigtes Euphratwasser zu haben. Für Zufuhr von Lebensmitteln ist bei den Transporten – obwohl Möglichkeit vorhanden wäre – nicht gesorgt. Wasserstellen mit abgestandenem, abgesetztem Wasser könnten ja ohne weiteres für den permanenten Durchzug errichtet werden. Die Verschickten müssen somit außer ihren Lasten, Kindern, Kranken und Leiden auch Lebensmittel und selbst Wasser für lange Märsche mit sich schleppen. An manchen Stellen fehlt jedes Brennmaterial. Weit und breit in der Runde suchen die spät abends eintreffenden Ankömmlinge mit ihren erschöpften Kräften die nur mühsam auszureißenden Süßholzwurzeln als Feuerungsmaterial zusammen. All die Rastplätze sind Monate hindurch von Massen von menschlichen Exkrementen, Abfällen, Fetzen und Mist in den abscheulichsten Zustand versetzt, der sich nicht ändern wird, als bis der letzte Trupp dahin sein dürfte. Die begangenen Wege längs des Flusses und der Bagdad-Straße weisen nacheinander die Merkmale der Wanderung auf: Zurückgelassene Wagen, von denen das Vieh einging; zerbrochene Wagen, Kleiderreste und Fetzen, die eben am Leibe nicht mehr zu haften vermögen. Tierleichen und Menschenleichen in allen Stadien der Zersetzung. Nur gut, die Natur mit ihren Aasfressern besorgt in sehr kurzer Zeit die Beseitigung dieser Kadaver. In Meskene fanden wir einen kleinen Trupp Zurückgebliebener, dabei ein sitzender Toter in Verwesung, eine sterbende Frau und zwei Kranke. Militär und Lasttiere füllten den Chan und dessen schmutzige Umgebung, und jedermann hatte andere Sorgen als diesen Unglücksflecken zu reinigen.

Abu Hreire am Euphrat, vor kurzem noch mit einem Chandschi [hancı, Herbergswirt] und einem Händler versehen, derzeit ein riesiger menschlicher Düngerhaufen, fünf Tierleichen, Mist, Fetzen, Millionen Fliegen, eine richtige Stätte des Todes, dann stundenweit nur Wüste. (...)

Hammâm besitzt zwei große Chans, verwüstet, drei große Lager von Armeniern: a) Schiffer mit sieben Holzbooten, b) Fahrer mit ihrem Wagenpack, c) Fußgänger in erbärmlichem Zustande mit den Resten ihres Habs und Gutes. Vor Morgengrauen brachen sie wieder auf. 800 bis 900 Personen aus Antiochien, Zeitun, der Gegend von Marasch, Killis, Susi. Der Weg zweigte nach drei Stunden hinter Hammâm von unserer Straße ab und näherte sich wahrscheinlich dem Flussufer, während die Straße über die Wüstenklippen hinweg führte.

Sabcha, die erste Ansiedlerstation. Früher einige hundert Einwohner, zählt derzeit 7000 Köpfe. Zwischen den felsigen Abstürzen der Wüste und dem Flusslaufe liegt der Ort, am Flussufer der alte Teil mit einigen Hausgärten, dem Bergrücken zu vergrößert sich nun die Niederlassung, in schnurgeraden, rechtwinklig angelegten Gassen; Tausende von Händen schaffen in regstem Eifer; lange Zeilen von Bruchsteinen lagern dort, über 100 neue Häuser stehen. (...) Die Behörde gibt den Baugrund und gestattet Steine zu brechen. Brot und Mehl wird in kaum genügendem Maße verabreicht, worüber Klagen wahrgenommen werden. Von den Ansiedlern ist eine Schmiede, ein Fleischverkauf, ein Klempner und zwei bis drei Krämerläden eingerichtet. Durch Krankheit gehen viele Armenier zugrunde [Flecktyphus]. Die Zeltlagerer, zum Selbstschutz getrieben, stoßen die Kranken – meist Frauen – aus dem Lager und übergeben sie der Natur. Ohne Nahrung, ohne Arzt, ohne Pflege, liegen sie wimmernd, um Brot bittend, bis ein gütiges Geschick sie sterben lässt. Gegenüber der Überfahrtsstelle zähle ich zwölf angeschwemmte Leichen, deren entsetzlicher Gestank keine einzige Seele zu einem Begräbnis aufzurütteln vermag. Nach Aussage des Gemeindevorstehers kommen noch viele Tausende von ‚Ansiedlern', d.h. wie der Herr wörtlich sagte: „Wir lassen sie kommen um das Land zu kultivieren." Flussauf- und abwärts ist allerdings für die Überlebenden ein fruchtbares Terrain. Ärztliche Hilfe ist dort unbedingt nötig.

Hauptsiedlungsplatz ist Der-es-Zor. Schon die Einfahrt zeigte sofort die Hauptbeschäftigung der Ansiedler: Tote begraben, stumpfes Hinbrüten, mühevolles, krankes, halbtotes Dahinschreiten. Der-es-Zor selbst ist eine nicht unschöne Stadt, mit schönen, breiten Straßen. Früher 14 000 Einwohner, derzeit 25-30 000. Für die riesige angestaute Menschenmenge ist keine organisatorische Regelung vorhanden. Keine genügende Menge von Nahrungsmitteln, eine Dampfmühle klappert unzureichend Tag und Nacht, Mangel an Brot und Gemüse wurde festgestellt. Drei Spitäler sind vollgepfropft mit über tausend Kranken. Ein Gemeindearzt, ein Regierungsarzt, die Apotheke fast leer. Der Gemeindearzt verließ eben die Stadt auf einige Tage für eine Dienstreise, die Sterblichkeit beträgt täglich 150-200 Köpfe. Nur so ist es möglich, dass immer noch Tausende von Ansiedlern zugeschafft werden können. Oberhalb und unterhalb der Stadt großes Zeltlager. Am linken Flussufer neben der Schiffsbrücke lagert in ortsüblichen Laubhütten eine Unmasse von Sterbenden. Sie sind die Vergessenen, deren einziger Befreier der Tod ist.

Kein sprachlicher Gedankenaustausch vermag auch nur annähernd die Wirklichkeit dieses menschlichen Elends zu schildern, so unbeschreiblich sind dort die Vorkommnisse. Und immer wieder ergänzt sich der Unglückshaufen. Nach Aussage von anderen Fußgängern liegen dann weiter weg Hunderte von weggeschleppten, unbeerdigten Leichen. Der diensttuende Gendarm antwortet mir: ‚Was soll man machen? Sie sterben alle von selbst.‘

Die Behörden reinigen täglich sorgfältig alle Winkel und Straßen, bauen neue Wohnviertel wie in Sabcha, verteilen Geld unter die Leute, sowie Brote und Mehl, und doch ist mit Ausnahmen der Tod dem Leben vorzuziehen. Wie in Sabcha, so ist auch in Der-es-Zor jede andere menschliche Niederlassung viele Stunden weit entfernt ... Wüstenrand.

Von den Arabern werden die Armenier mit Steinen beworfen, geschlagen, verspottet und ausgelacht, wie wir selbst Beispiele sahen. (...)

Während unseres Aufenthaltes verbot die Polizei mehreren Armeniern, sich an uns zu wenden und mit uns zu sprechen (dazu ist die Regierung da, nicht die Deutschen!). (...)

Aleppo, den 11. November 1915." [14]

*

Hasankeyf, 14.8. 1976

Die Nacht ist warm. Ich liege auf einem Bett auf dem Dach der Herberge und betrachte den phantastischen Sternenhimmel; die Milchstraße liegt plastisch, fast greifbar im Raum; der Eindruck wird nur leicht gemildert durch das Licht des abnehmenden Mondes tief am Osthimmel. Sternschnuppen huschen über den Himmel und bei der dritten fällt mir ein, dass ich mir eigentlich etwas wünschen könnte, und ich wünsche mir weiteren Erfolg auf der Reise. Dann fällt mir, zum zweiten Male seit meiner Abreise, das Bild ein, das ich noch immer bei mir trage, und ich nehme es hervor und schaue es an. Aber ich habe das Gefühl, ins Leere zu blicken. Ich hätte mir bei der Sternschnuppe lieber eine Antwort wünschen sollen, denke ich. Aber es kommt keine Sternschnuppe mehr.

Am Morgen erwache ich kurz nach Sonnenaufgang und die Gedanken der Nacht sind wie fortgewischt; machen einer wohlig-sonnigen

Stimmung Platz. Ich bin verabredet. Ein Gastarbeiter aus Paris ist hier auf Heimaturlaub. Ich habe ihn gestern Abend getroffen und er will mir heute die Gegend zeigen. Er hat mich davor gewarnt, nachts Taxe zu fahren oder Anhalter zu spielen. Es seien schon einmal zwei Deutsche auf diese Weise verschwunden. Bei Europäern vermute jeder viel Geld und man könne leicht an den Falschen geraten.

Hasankeyf war im Altertum schon eine große Stadt, ein römischer Bischofssitz auf vorgelagertem Posten an der persischen Grenze. Im neunten Jahrhundert sorgten die Araber für eine neue Blütezeit. Unzählige Behausungen wurden in die weichen Felsen hinein gebaut, ganze Täler und Schluchten sind heute noch übersät mit Eingängen zu Wohnräumen und Ruinen alter Gebäude. Auf einem steilen Berg neben dem Ort steht die Ruine einer alten Zitadelle aus dem 12. Jahrhundert, die man auf einem breit angelegten Weg erreichen kann. Aber wir werden gewarnt, sie würde von Hunden bewacht, die niemanden in die Nähe ließen. Wir versuchen trotzdem unser Glück, aber als wir den Weg emporsteigen, schon bevor wir um die letzte Kurve biegen, treten zwei riesige, grimmige, zähnefletschende Hirtenhunde aus der Einfahrt und stellen sich uns in den Weg. Wir treten lieber den Rückzug an.

Ich habe Glück mit meiner Weiterfahrt – mein neuer Bekannter hat etwas in Batman zu erledigen und will mich dort hinfahren. Batman liegt auf dem Wege in die Gegend des Van Gölü, eines der drei großen Seen des Armenischen Hochlandes, der mein nächstes Ziel ist. Ich hatte ursprünglich Pläne gehabt, südwärts über Cizre in den Irak zu fahren, am Tigris entlang über Mossul und dann in die Südostecke der Türkei. Aber ich habe die Nachricht, dass mein Visum genehmigt wurde, erst am Tage meiner Abreise bekommen, obwohl über zwei Monate zuvor beantragt, und da war nichts mehr zu machen.

[SPÄTERE ANMERKUNG: Wäre mir damals klar gewesen, dass es in der Gegend um Midyat und Cizre noch heute eine verhältnismäßig große Zahl christlicher Siedlungen gibt, darunter mehrere ganz oder teilweise armenische, so hätte ich mich von Hasankeyf aus natürlich zunächst südwärts auf den Weg gemacht.]

*

5. Im Herzen Westarmeniens

Bitlis, 14.8.1976

Eine abenteuerliche Fahrt bringt mich hinein in das Herz des einstigen Armeniens. Nachdem ich mich von dem liebenswerten Araber in Batman verabschiedet habe, scheint es fast hoffnungslos zu sein, weiter in Richtung Nordosten zu gelangen. Schließlich finde ich einen Lastwagenfahrer, der mich nach Malabadı mitnimmt, einem Dorf an der Straße zwischen Diyarbakır und Bitlis. Der Fahrer ist ein verwegener Typ, der wiederholt schräge Seitenblicke auf mich wirft, während er von alltäglichen Dingen schließlich auf mein Geld zu sprechen kommt und wissen will, ob ich viel bei mir trage. Ich habe inzwischen das richtige Grinsen für solche Fälle gelernt, das ich nun auflege. Zusammen mit der Bemerkung, ich führe per Anhalter, weil ich mir nichts anderes leisten könne, wirke ich wohl recht uninteressant für ihn und er wendet sich mit einem Grunzen wieder von mir ab und der Straße zu. Ich fühle zum wiederholten Male, wie gut es ist, dass ich keinerlei teure Dinge an mir habe: weder Uhr noch Kamera oder sonst irgendeinen Luxus – das Teuerste sind wohl meine Jeans, und die sind seit einem Monat täglich bei Backofentemperaturen getragen, aber nicht mehr gewaschen worden, und erzeugen nach und nach selbst bei noch so mittellosen Leuten keinen Neid mehr.

In Malabadı ist das Weiterkommen nicht einfacher. Kein Bus fährt. Ich frage nach einem Teehaus und man zeigt mir einen schattigen Platz hinter einem gewöhnlichen Privathaus, wo einige Männer sitzen und Tee trinken. Die übliche Konversation entfaltet sich, oder besser die hier im Osten übliche, denn es fehlen die Beteuerungen der deutsch-türkischen Freundschaft als Einleitung zu allen weiteren Gesprächen. Ein kräftiger, kurdisch aussehender Mann ergreift das Wort.

„Bist du Deutscher? Engländer? Franzose?"

„Deutscher."

„So, so. Wohin willst du?"

„Ich bin auf dem Wege nach Bitlis."

„Bitlis, ja, ja. Und dann zum Van Gölü, nicht wahr?"

„Wahrscheinlich."

„Schöne Gegend. Ein riesiger, blauer See. Wie ein Meer!"

Er rührt mit den Armen in der Luft herum um die Größe anzudeuten.

„Dort ist das Wetter besser. Nicht so heiß wie hier. Und Wind."

„Das habe ich langsam nötig."

„Ist's dir zu warm hier?" Er grinst.

„Sicher. In Deutschland wird's nie so warm."

Alle lachen. Pause. Der Wortführer schaut mich an, als lauere er auf etwas.

„Wie findest du die Türkei?" fragt er dann, aber ich merke, dass das nur eine Einleitung ist.

„Gefällt mir sehr," antworte ich abwartend.

„Und die Türken? Oder findest du die Kurden besser?"

Ich werde unsicher, da ich diese Leute noch nicht einstufen kann. Ich ziehe mich daher aus der Affäre:

„Ich habe noch nicht viele Kurden getroffen. Ich bin gerade aus dem Westen gekommen."

„Und die Türken?"

„Es gibt gute und schlechte."

Er lässt ein Grunzen hören und fährt dann fort:

„Viele schlechte, wenige gute. Alles Faschisten."

Nun weiß ich wenigstens, woran ich bin. Aber er lässt mich nichts erwidern und fragt gleich weiter:

„Bist du Faschist oder Kommunist?"

„Keines davon."

„Was denn? Liberal? Liberale sind Feiglinge."

„In der Türkei, sicher. Nicht in Deutschland," sage ich um die Situation zu retten.

„In der Türkei wäre ich sicher Kommunist."

Erneutes Grinsen. Er greift unter sein Hemd und knallt einen blankgeputzten Revolver auf den Tisch.

„Gibt's sowas in Deutschland?"

„Nur bei der Polizei," sage ich in der Annahme, dass ihn das erheitern würde.

Er schaut in der Runde herum. Überall Grinsen auf den wettergeprägten, braunen Gesichtern. Sein eigener Mund wird breiter und breiter. Er steckt den Revolver wieder ein.

„Nur bei der Polizei, hört ihr?" Und er schaut nochmals grinsend in der Runde herum, worauf alle in heiteres Lachen ausbrechen. Bald kommt ein Mann, den sie mir als Taxifahrer vorstellen. Ich handle einen Preis aus, für den er mich nach Baykan fährt. Die Straße dorthin verdankt die Bezeichnung ‚befestigt‘ auf der Straßenkarte anscheinend den Asphaltstreben, die noch stehen, und den Sand in den Schlaglöchern zusammenhalten. Aber die Landschaft ist wieder bezaubernd. Zunächst wird sie grüner: Felder, Weiden, Baumgruppen. Dann wird sie bergiger. Malerische Tuffgesteinslandschaft in allen Farben von rot bis gelb, violett und braun. Vom Wasser ausgewaschene Täler und Schluchten. Zweimal hält der Taxifahrer in einem Dorf an und lädt mich zum Tee ein.

Vor Baykan, einem kleinen Dorf, kommt die Straße von Siirt dazu und es gibt wieder ein wenig mehr Verkehr. Wieder finde ich einen Lastwagenfahrer, der mich nach Bitlis mitnimmt. Die Straße - teilweise asphaltiert, teilweise unbefestigt - steigt nun zur Hochebene des Van Gölü an. Sie ist oft steil, kurvenreich, und der schwere LKW kriecht mit 20 Stundenkilometern bergan, braucht fast drei Stunden bis Bitlis. Der Fahrer kann etwas deutsch, hat eine Zeitlang dort gearbeitet, bis er sich dann den LKW hat kaufen können.

Am Abend kommen wir in Bitlis an. Es ist bereits dunkel. Ich finde die einzige Herberge. Sie ist etwas zerlumpt, genau wie der Hancı – ein alter Mann mit faltigem, unrasiertem Gesicht unter einem großen Turban. Ein Mann von der Art, der man nicht mehr ansieht, ob Türke, Araber oder Kurde. Aber er ist zuvorkommend und freut sich über meine paar Worte türkisch. Jetzt sitze ich auf dem Bett und schreibe die Erlebnisse des Tages auf. Gerade kommt der Hancı auf dem Korridor entlang und schaut neugierig eine Weile durch das Fenster in der Tür, als hätte er noch nie einen Menschen schreiben sehen.

RÜCKBLICK:

Bitlis und die nahegelegene Stadt Muş waren neben Dörtyol, Seitun und mehreren anderen wie Van, Erzurum usw. Orte, in denen Zusammenstöße zwischen Armeniern und Muslimen (Türken sowohl als auch Kurden) zu Beginn des Krieges von den Behörden derart ausgelegt wurden, dass man sie als Begründung für das

Vorgehen gegen die armenische Nation verwenden konnte. Diese Vorkommnisse sind jedoch dokumentiert durch die Augenzeugenberichte von nicht nur Betroffenen, sondern auch Missionaren und Diplomaten, die der Pastor Dr. Johannes Lepsius in seinem ‚Bericht über die Lage des armenischen Volkes in der Türkei' 1916 zusammenfasste, dessen Veröffentlichung in Deutschland verboten wurde.

Neben den allgemeinen Maßnahmen, die Armenier zu entwaffnen und die Männer zu Bauarbeiten unter sklavenartigen Bedingungen einzuziehen – mit dem Erfolg, dass es zu zahlreichen Desertierungen kam – führte hier alteingesessener Rassenhass zu Überfällen, Plünderungen, Vergewaltigungen und willkürlichen Hinrichtungen von irgendwelchen Leuten, die zum Beispiel für das Desertieren anderer hinhalten mussten. Es kamen wie in Seitun Zusammenstöße vor, die aus Notwehr gegen die Drangsalierungen hervorgingen. Kamen bei diesen Zwischenfällen Muslime zu Schaden oder wurden gar getötet, schlug das in wiederum gesteigerte Hassgefühle gegen die Armenier aus und führte zu noch schärferer Provokation mit immer umfangreicheren Folgen.

Ende Juni 1915, missgestimmt durch seine Niederlage bei der Belagerung der Stadt Van, kam Cevdet Bey, der Vali von Van, mit seinen Truppen nach Bitlis und ließ die gesamte armenische Bevölkerung massakrieren. Die übriggebliebenen etwa 900 Frauen und Kinder wurden abtransportiert – der gesamte Transport, sagt man, sei im Tigris ertränkt worden.

Dann, Anfang Juli, ging Cevdet Bey nach Muş und veranstaltete dort eine ähnliche Abschlachtung. Von 75 000 Armeniern in Muş und seiner Umgebung konnten sich keine 10 000 in die Berge retten ... [15]

*

Tatvan, 15.8.1976

Heute Morgen bin ich zum ersten Male demonstrativ aufgestanden, als sich alle Leute im Teehaus um mich herum versammelt haben, obwohl ich mir einen Tisch ausgesucht hatte, der abseits stand. Wahrscheinlich hat niemand begriffen, warum.

Bitlis hat eine malerische Lage beiderseits an den Hängen eines schmalen Tals. Aber der Ort selbst hat nichts Malerisches an sich. Eine schmutzige Stadt, die einfach nur nach Stadt aussieht, ohne irgendeinen besonderen Eindruck zu hinterlassen. Tatvan dagegen ist schön. Ein geschmackvoll angelegter Ort am Ufer des Van-Sees, vor der Silhouette der gewaltigen Berge. Die Stadt legt sich um eine weite Bucht, ist großzügig bebaut. Die Leute haben recht gehabt; hier ist auch das Klima wieder erträglich. Auf der kurzen Fahrt hierher hat es übrigens Ärger gegeben. Als ich in Bitlis auf den Dolmuş-Stand zu ging, hielt ein Personenwagen vor mir an. Der Fahrer fragte, ob ich nach Tatvan wollte. Ich sagte ja, bedankte mich für das Angebot und stieg ein. Erst als wir unterwegs ein Taxi überholten und mein Fahrer triumphierend auf mich deutete und dem anderen „alman, alman!" zurief, begriff ich, wohin hier der Hase lief. Aber auf diesen hinterhältigen Trick wollte ich ihm den Erfolg nicht gönnen. Als ich ausstieg und mich dankend verabschiedete, rief er mir „para, para (Geld, Geld)!" hinterher. Worauf ich erwiderte, dass ich fürs private Mitfahren nichts zu bezahlen gedacht hatte. Nun gab es einen längeren Streit, wobei ich ihm klarmachte, dass an seinem Auto nichts auf ein Taxi hindeutete. Er erwiderte nur, es sei ein Taxi, sagte mehrfach „para, para!" und machte dabei eine Zählbewegung mit den Fingern. Ich wendete mich demonstrativ zum Gehen. Er kam mir hinterher und hielt mir einen Geldschein vor die Augen. Nun, ich wollte es nicht auf ernsthaften Ärger ankommen lassen und drückte ihm einen 5-Lira-Schein in die Hand, wobei ich sagte, dass mich ein Dolmuş (den ich ja gerade hatte nehmen wollen, als er mich aufgabelte) etwa so viel gekostet hätte. Missmutig zog er ab. Mittellosen Leuten Geld zu gönnen, ist eine Sache – aber die Auffassung zu bestätigen, wir Europäer hätten keinen Stolz und man könne mit uns alles machen, ist eine andere.

Ahlat, 16.8.1976

Ich habe wieder einen Platz gefunden, wo ich stundenlang sitzen kann, nur umherschauen und nachdenken. Die drei Bedingungen sind erfüllt: Schatten, Wasser und eine interessante Umgebung. Den Schatten spendet eine arabische Satteldachbrücke und das Wasser fließt in

Form eines Baches drunter hindurch. Grüne Ufer, Kavaks und andere, weidenartige Bäume. Der kleine Bach bietet, was der große Van-See nicht kann: Pflanzenwuchs, ein richtiges kleines Wäldchen. Denn der Van-See ist Salzwasser, sodahaltig, fühlt sich an wie Seifenlauge.

Drei Kilometer westlich des heutigen Ortes Ahlat liegt das alte Chelat, einst eine arabische Enklave zwischen armenischen Fürstentümern, später seldschukisch und dann osmanisch. Die Reste der seldschukischen Festung mit den zwei Moscheen darin, den Friedhof und das Mausoleum hatte ich gesehen und wollte mich gerade auf den Rückweg nach Tatvan machen, als ich dieses Tal sah, mit der Brücke und einigen anderen alten Gemäuern, die zum Teil sogar noch bewohnt sind.

Der Rückweg zum Ort ist nicht so einfach. Ein riesiger Hirtenhund läuft dort bei einem Haus herum, der mich auf dem Hinweg bereits kaum durchgelassen hat. Jetzt, auf dem Rückweg, komme ich wiederum kaum an ihm vorbei. Mehrfach geht er knurrend auf mich los. Ich nehme eine Handvoll Steine und halte ihn durch Steinwürfe von mir ab. Am Haus sind Leute, sehen meine Lage, aber bleiben gleichgültig. Ich habe jedoch Glück. Ein vorbeifahrendes Auto hält zwischen mir und dem Hund und der Fahrer öffnet mir die Tür. So gelange ich ohne zerrissene Hosenbeine (oder schlimmeres) zurück nach Ahlat.

Tatvan, 16.8.1976

Im Bus nach Ahlat hatte ich zwei junge türkische Lehrer kennengelernt, die dort zur Oberschule kommandiert waren und die mich zum Essen einluden. Am Abend treffe ich den einen von ihnen in Tatvan wieder. Er ist aufrichtig froh, sich mit mir unterhalten zu können. Er unterrichtet unter anderem Deutsch und will zum einen seine Unterrichtssprache praktizieren, zum anderen ist er sehr an der sozialen und politischen Situation in Deutschland interessiert und ich erzähle ihm darüber, so gut ich kann.

Heute fahre ich nach Van, eines meiner lang ersehnten Ziele auf dieser Reise, die mir die Verbindung von Vergangenheit und Gegenwart schaffen soll.

Van, 18.8.1976

Van, die heute kurdisch/türkische Stadt, steht in der Wiege des armenischen Volkes; nahe dem ‚Hajozh dsor', dem ‚Armenischen Tal', in dem sich der Legende nach der Stammvater des Volkes, Hajk, nach dem gescheiterten Turmbau zu Babel mit 300 Anhängern niederließ, nachdem er den babylonischen Despoten Belus geschlagen hatte. Nach ihm nennen sich die Armenier noch heute ‚Haj' und ihr Land ‚Hajastan'. Wolken sind von Zeit zu Zeit am Himmel, die Nächte sind wieder kühl. Ich steige in das Seifenwasser des Van Gölü, um meine Hosen am Körper zu waschen. Einen Süßwasserbach zum Spülen finde ich nicht, es muss eben dieses eine Mal ohne gehen.

Seit Istanbul habe ich nicht so viele Touristen gesehen, wie es sie hier gibt. Die meisten, die man trifft, sind Leute, die sich anständig aufführen. Nur ab und zu kommt eine Busladung anderer vorbei, auf der großen Straße von Erzurum herunter, Gruppen von Minirock- oder Shortsbekleideten mit umgehängten Kameras und Krokodildertaschen, ‚how nice' und ‚kiek doch mal' rufend, an den Teehäusern vorbeirennen, in denen kopfschüttelnde Alte mit Turban auf ihren Hockern sitzen und die Welt nicht mehr verstehen. Wer reist um zu sehen, ohne daran zu denken, wie er als Reisender gesehen wird, der nimmt, ohne geben zu wollen. Wie weltfremd müssen die in lange schwarze Kleider gehüllten muslimischen Frauen diese halbnackten Europäerinnen und Amerikanerinnen empfinden; welches Bild müssen die Leute hier von der westlichen Welt bekommen? Erwarten wir denn nicht auch, dass sie sich bei uns zuhause anpassen?

Zusammen mit drei anderen Deutschen in meinem Alter sehe ich mir Van Kalesi und Eski Şehir, die Burg und die Tote Stadt an. Die Tote Stadt sind die Ruinen des alten Van, dessen armenische Bevölkerung nach vierwöchiger Belagerung durch die türkische Armee von den Russen gerettet wurde. Die Russen hielten die Stadt bis 1917 besetzt, bis sie sie bei ihrem Abzug schließlich zerstörten. Das neue Van wurde erst lange nach dem Krieg im Jahre 1925 gegründet.

Die Straße von der Neustadt führt westwärts durch arme Bauernsiedlungen, wo uns Scharen von Kindern mit ihrem „Okay, okay!" hinterherrennen. Einem meiner Begleiter greifen sie sogar in die Tasche, um Zigaretten herauszuholen, die gar nicht drin sind.

Der schroffe Burgfelsen erhebt sich knappe 100 m über die Stadt.

Hunderte von Metern zieht sich die alte Burgmauer auf ihm entlang. Wenige Zugänge gibt es. Reste aus urartäischer, seldschukischer und osmanischer Zeit. Jemand ist auf die sicherlich lukrative Idee gekommen, hier Eintrittsgeld zu kassieren. Wir kommen jedoch zufällig von der Rückseite. Als uns der Kassierer sieht, schickt er seinen Jungen, um uns Eintrittskarten (selbstgeschnittene Zettel mit einer handgeschriebenen Nummer darauf) zu verkaufen. Wir lassen ihn abblitzen. Eintrittsgeld für die Reste einer zusammengeschossenen Stadt, aus der sie die armenischen Einwohner vor 60 Jahren umbringen wollten und mit der sie nichts weiter getan haben als ein muslimisches Minarett zu restaurieren?!

Lange sitzen wir dort oben auf der Burgmauer und schauen über die Reste des alten Van: Einige Moscheeruinen, Übrigbleibsel von Häusern, Fundamenten und die Grundmauern einer armenischen Kirche. Ein Gewirr von Hügeln und Mulden, ein seltsames Muster aus grauen Pfaden, die sich über grasüberwucherte Trümmerhaufen ziehen. Weiter hinten ist Sumpf, dann der weite, blaue See. Wir sprechen miteinander über das Land, das jeder aus seinem eigenen Blickwinkel kennengelernt hat, über seine Menschen – Kurden, die man aus den Bergen geholt hat, indem man ihnen den Lebensraum streitig gemacht hat und die nun in den Städten, ohne Arbeit, aufwachen und sich zu fragen beginnen, wohin sie eigentlich treiben. In Diyarbakır, so erfahre ich, ist für den kommenden Sonntag eine umfangreiche Demonstration gegen das Verbot kurdischer Sprache an den Schulen und dergleichen geplant. In Tatvan haben meine Begleiter mit Kurden gesprochen, die sich rühmten, kürzlich drei Türken umgelegt zu haben. Den Amerikanern, Franzosen und Engländern, die immer Menschenrechte predigen und dabei die türkische Armee mit Waffen beliefern, müsse man ebenfalls die Köpfe abschneiden. Deutsche gingen gerade noch an, wahrscheinlich, weil sie gerade mit Deutschen sprachen.

RÜCKBLICK:

Ende April 1915, einige Wochen nach den Ereignissen von Dörtyol und Seitun, kamen Gerüchte von einem Armenieraufstand in Van als Folge russischer Umtriebe auf. Es war von Straßenkämpfen die Rede, von zerstörten Telegraphenleitungen, abgerissenen

Verbindungen nach Persien. Es begann mit der Nachricht von 20 Toten. Die Zahl schnellte von Tag zu Tag in die Höhe, 400, 600, dann schließlich 4000. Armenier hätten Muslime niedergemetzelt, welche sich aber verteidigt hätten. 1000 getötete Muslime wären mit 3000 Armeniern gerächt worden. Später in Berlin, im Oktober, erklärte der türkische Botschafter, die Armenierrevolte von Van im Rücken des türkischen Kriegsvormarsches nach Aserbaidschan hätte 180 000 Muslime das Leben gekostet und ein Vorgehen gegen die Armenier wäre deshalb wohl verständlich und entschuldbar gewesen.

Enver Paşa muss die Wahrheit gewusst haben – der Vali von Van, Cevdet Bey, war sein Schwager. Trotzdem wurden diese Gerüchte ins Leben gerufen und die ausländischen Diplomaten glaubten sie. Damit hatte man einen erneuten und viel publikumswirksameren Grund für die geplanten Maßnahmen gegen die armenische Bevölkerung geschaffen. Das Volk auf den Straßen der türkischen Städte bekam Rachegelüste, vielerorts kam eine Stimmung wie vor den Massakern von 1895 auf.

In Wirklichkeit hat es in Van ganze 18 Tote Armenier gegeben, wenn auch eine größere Zahl Verletzte. Die wirkliche Zahl der getöteten Muslime ist nie ermittelt worden. Sie wurde von Augenzeugen auf ‚um einiges beträchtlicher‘ geschätzt, wenn auch von Hunderten oder gar Tausenden nicht die Rede sein konnte. Während ‚Ittihat‘ die Gerüchte von den verbrecherischen Armeniern, die die Türken niedermetzelten, ausstreute, wurden diese Armenier in ihrer eigenen Stadt von der türkischen Armee belagert und verteidigten sich hartnäckig gegen das ihnen zugedachte Schicksal.

Die Vorgeschichte dazu begann bei dem nordpersischen Winterfeldzug der Türken in den ersten Monaten des Ersten Weltkrieges. 20 000 reguläre Armeesoldaten und etwa 10 000 angeworbene Kurden verwüsteten weitgehend alle christlichen Dörfer, syrische und armenische, in Aserbaidschan, auf persischem Gebiet. Einigen Bewohnern gelang es nach Russland zu flüchten oder sich in den Schutz amerikanischer Missionen zu begeben, die meisten jedoch wurden niedergemacht. Nun, es war Krieg und die Türken gaben strategische Gründe für diesen Feldzug ins Nachbarland vor – die außerhalb der Türkei lebenden Armenier und anderen Christen wollten im Bunde mit den Entente-Mächten der Türkei in den Rücken fallen.

Die Christen in der Türkei jedoch hatten die Massaker unter Abdul Hamid noch keineswegs vergessen, hofften fortwährend auf die Erfüllung der Versprechungen ‚Ittihats‘, einen neuen türkischen Staat für das Wohlergehen aller aufzubauen, und hatten mit Revolten, die höchstens neue Massaker heraufbeschwört hätten, überhaupt nichts im Sinn.

Das wollte jedoch die Regierung nicht wahrhaben. Die Christen, mit den Armeniern als den zahlreichsten an der Spitze, waren nach wie vor ein Dorn im Auge und ein potentieller, innerer Feind im Falle des Einmarsches ausländischer Truppen. Und da sich nichts Verschwörerisches tat, das hätte bestraft werden können, musste es provoziert oder erfunden werden. Ein günstiger Ort dafür war das entlegene Van, wo es so gut wie keine Ausländer gab, die die Lügen aufgedeckt hätten.

Dann kam Cevdet Bey, der Vali von Van und Schwager Enver Paşas, zurück von dem nordpersischen Feldzug. Während er den armenischen Führern seines Heimatbezirkes versprach, den anhaltenden Plünderungen durch Kurden Einhalt zu gebieten, sagte er in einer Versammlung hochstehender, türkischer Persönlichkeiten:

„Wir haben mit den Armeniern und Syrern von Aserbaidschan reinen Tisch gemacht; wir müssen mit den Armeniern von Van das gleiche tun.“

Einige Wochen lang arbeitete Cevdet Bey mit den armenischen Führern Wramjan, Ischchan und Aram zusammen, um die Ordnung im Kreis Van wieder herzustellen.

Doch dann kam der 14. April und damit die Wende. In Schatach, einem überwiegend armenisch bevölkerten Dorf südlich von Van, wurde ein Armenier, der Mitglied der armenischen Partei Daschnakzutjun war, verhaftet. Es kam zu einem blutigen Zusammenstoß zwischen der Jandarma und einigen Armeniern, als diese ihren Volksgenossen befreien wollten. Ob dieser Vorfall bereits eine Provokation war oder nicht, sei dahingestellt – in jedem Falle wurde er von Cevdet Bey benutzt, seine Pläne, die er mit den Armeniern von Van hatte, zu verwirklichen. Er bat Ischchan, einen der drei armenischen Daschnakzutjun-Führer, zusammen mit drei anderen Armeniern, dem Polizeihauptmann und einigen tscherkessischen Soldaten nach Schatach zu gehen, um den Streit zu schlichten. Als sie auf halbem Wege im Dorfe Hertsch übernachteten, wurden die Armenier im Schlaf von den Tscherkessen umgebracht. Früh am nächsten Morgen wurde in Van Wramjan, der armenische Deputierte des Kreises, zum Vali gebeten, verhaftet und nach Diyarbakır abgeführt. Irgendwo zwischen Bitlis und Diyarbakır wurde er getötet. Der dritte der führenden Armenier, Aram, war zufällig nicht aufzufinden.

Zur gleichen Zeit, wie verabredet, begannen in Ardschesch (türkisch: Erciş) und den Dörfern des ‚Hajozh dsor‘ Massaker unter der armenischen Bevölkerung. Die etwa 30 000 Armenier von Van erfuhren das schnell und sie erfuhren ebenfalls, dass eine große Kavallerie-Einheit aus Erzurum angefordert war. Bisher war es den Führern der Daschnakzutjun gelungen, trotz der Aufgebrachtheit der Bewohner wegen der diskriminierenden Behandlung der Armenier bei der Mobilmachung zu Beginn des Krieges, die Ruhe zu bewahren, die Leute in Zaum zu halten und so eventuelle Massaker zu verhindern. Aber die neuen Nachrichten ließen das Schlimmste befürchten. Cevdet konnte man nicht trauen und weigerte sich, ihm die 3000 Mann, die er nun forderte, als Soldaten zur Verfügung zu stellen. Der Vali ließ die Kanonen und Maschinengewehre, die sich in der Stadt befanden, gegen die armenischen Viertel in Stellung bringen. Die Lage war äußerst gespannt.

Dann, am 20. April, war es wie immer eine verhältnismäßig kleine Begebenheit, die das Fass zum überlaufen brachte. Einige türkische Soldaten versuchten sich aus einer Gruppe armenischer Frauen, die in die Stadt kamen, eine herauszugreifen. Armenische Soldaten kamen der Frau zu Hilfe und die Frau konnte fliehen, während ein türkischer Soldat die Armenier erschoss.

Von nun an wurden die armenischen Viertel der inneren befestigten Stadt mit Barrikaden umstellt, die außerhalb wohnen-den Armenier im Innern zusammengebracht und ein ständiger Feuerregen fiel von der Zitadelle auf sie herab. Die Armenier hatten nur wenige Waffen und sehr begrenzte Munitionsvorräte, aber sie begannen Schießpulver herzustellen, Kugeln zu gießen und Schützenstellungen zu bauen. Häuser, die am Tage kaputtgeschossen wurden, wurden in der Nacht wieder aufgebaut. Die amerikanische Mission und das deutsche Waisenhaus füllten sich mit Hilfesuchenden und das amerikanische Hospital mit Verwundeten. Ein amerikanischer Missionar:

„An die Türken der Stadt schickten sie (die Armenier) ein Manifest, um ihnen kundzutun, dass sie nur mit einem einzigen Manne (dem Vali) Streit hätten und nicht mit ihren türkischen Nachbarn. Valis würden kommen und gehen, aber die beiden Rassen müssten fortfahren, miteinander zu leben, und sie hofften, dass, wenn Cevdet gegangen wäre, ihre Beziehungen zueinander wieder friedlich und freundlich sein würden. Die Türken antworteten in demselben Sinne und sagten, sie wären gezwungen, zu kämpfen. Tatsächlich wurde auch von mehreren vornehmen Türken ein Protest gegen diesen Kampf unterzeichnet, aber Cevdet ließ ihn völlig unbeachtet."

Während der Belagerungszeit schändeten und massakrierten Banden von Kurden die armenische Bevölkerung der Dörfer in der ganzen Umgebung. Einigen gelang es in die Stadt zu flüchten, teils mit schweren Verletzungen, und das amerikanische Missionshospital drohte aus den Nähten zu platzen. Aus Ardschesch kam ein Flüchtling, der sich dadurch gerettet hatte, dass er sich eine Nacht hindurch unter einem Haufen von Leichen versteckt hielt, nachdem der dortige Kaymakam bei Beginn der Unruhen die Männer des Ortes, ohne dass sie Schlimmes ahnten, hatte zusammenkommen und niedermähen lassen.

Die amerikanische Mission organisierte nach bestem Vermögen die Verpflegung der Hilfesuchenden, während ständig türkische Kugeln, die dem nahegelegenen Armenierviertel galten, über das Grundstück pfiffen. Cevdet ließ die Frauen und Kinder der Flüchtlinge vom Land zu Hunderten in die belagerten armenischen Stadtviertel treiben, wo sie die beginnende Hungersnot steigerten. Alle Versuche, Kontakte mit der Außenwelt zu knüpfen, schlugen fehl – weder die Nachrichten an die amerikanische Botschaft, noch Sendungen der Armenier an die russisch-armenischen freiwilligen Truppen an der Grenze erreichten ihr Ziel.

Knapp vier Wochen waren die armenischen Viertel von Van belagert gewesen, als Cevdet Bey plötzlich die Nachricht erhielt, die Russen seien auf dem Vormarsch nach Van. Während in großer Eile muslimische Frauen und Kinder auf Booten über den Van-See nach Westen evakuiert wurden, steigerten die Türken noch zwei Tage lang die Beschießung, um noch so viel Schaden wie möglich anzurichten. Nun wurden auch die amerikanische Mission und das deutsche Waisenhaus willentlich beschossen. Dann, am Abend des 16. Mai, sahen die erstaunten Armenier die türkischen Soldaten panikartig die Stadt verlassen. Daraufhin brannten die Armenier alle türkischen Stellungen und Kasernen nieder.

Am 18. Mai traf die erste Vorhut der russisch-armenischen Freiwilligen in Van ein, die von den Vorgängen nichts gewusst und auf Kämpfe mit türkischen Truppen gefasst waren. Am Tage darauf kam ein General mit Soldaten der russischen Armee. Mehrere Tage dauerte es noch, bis das russische Feldlazarett und die Proviantkolonnen die Stadt erreichten, die auf dem schnellen russischen Vormarsch weit zurückgeblieben waren. Dann begannen die Zustände in Van sich zu normalisieren. Aram, der die Verteidigung geleitet hatte, wurde zum Gouverneur ernannt und die Leute kehrten in ihre Häuser oder Heimatdörfer zurück. Östlich von Van gab es keine türkischen Truppen mehr. Inzwischen jedoch wütete Cevdet weiter unter der armenischen Bevölkerung von Bitlis und Muş ...
[16]

*

Van/ Achtamar, 19.8.1976

Von Gevaş, dem alten Wosdan, bringt ein Boot Touristen nach Achtamar (türk. Akdamar). Will man billig dorthin gelangen, muss man sich zu einer Gruppe zusammentun und den Preis für die Überfahrt teilen. Im Boot, einem halbüberdachten Motorboot, treffe ich ein deutsches Ehepaar in Begleitung zweier Richter aus Istanbul. Einer von ihnen spricht französisch, so führen wir die Unterhaltung in dieser Sprache. Da nicht einmal die Türken leugnen, dass Achtamar eine armenische Kirche ist und unsere Fahrt dem Besuch dieser Kirche gilt, nehme ich die Gelegenheit wahr, auch die Armenier ins Gespräch zu bringen.

„Gibt es heutzutage Probleme mit den Armeniern in der Türkei?"

frage ich, um das Gelände zu sondieren. Er hebt verneinend den Kopf. „Nicht im Geringsten. Das gehört der Geschichte an," antwortet er.

„Ich habe gehört, dass sie Schwierigkeiten haben ihre Sprache und Kultur zu pflegen."

„Nun, es gibt nur wenige, die übers Land verstreut leben, da sind sie notgedrungen isoliert. In Istanbul, wo die meisten von ihnen leben, haben sie sogar ihre eigenen Schulen."

„Ich weiß. Aber stimmt es nicht, dass sie dort zum Beispiel nur während der paar Stunden Armenisch-Unterricht in der Woche ihre Sprache sprechen dürfen?"

„Das ist lächerlich," erwidert er. „Wer hat Ihnen das erzählt? Die Türkei ist eine Demokratie. Wenn es in einzelnen Fällen Schwierigkeiten gibt, so liegt es an der örtlichen Bevölkerung, nicht an der Regierung."

Dieses Verantwortlichmachen der lokalen Umstände wurde 1915-1916 gegenüber Ausländern auch immer gebraucht, denke ich bei mir, nun ja, heute bringen sie sie wenigstens nicht mehr um. Es gibt so wenige, dass sie keine Gefahr mehr bilden. Aber die acht Millionen oder mehr Kurden? Der Richter kommt meinen Gedanken zuvor:

„Mit den Kurden gibt es allerdings Probleme," sagt er. „Es gibt Gruppen unter ihnen, die die Volksmassen gegen die Regierung aufwiegeln."

„Sie fühlen sich offenbar unterdrückt," sage ich.

„Es wird behauptet," erwidert er. „Aber das ist Verdrehung der Tatsachen. Es gibt wenig Arbeit im Osten, die Leute sind arm. Sie fordern, dass es ihnen genauso gut gehen soll wie uns im Westen. Aber wir haben nun mal wirtschaftliche Probleme und da leiden natürlich die entlegenen östlichen Gebiete am meisten. Das ist ganz natürlich. Das hat nichts mit Unterdrückung zu tun. Die Regierung tut, was sie kann."

„Vielleicht lässt man sie aber obendrein doch spüren, dass sie unerwünscht sind? Sie würden ja nicht gegen Sprachverbote demonstrieren, wenn es keine gäbe," gebe ich zu bedenken. Er weicht aus.

„Wir sind eine Demokratie," wiederholt er. „Es gibt bei uns keine solchen Verbote. Vielleicht hat es an irgendwelchen Schulen oder Orten Schwierigkeiten gegeben. Dann muss man die örtlichen Stellen dafür verantwortlich machen."

Die gleiche Taktik, die in den Quellen von 1915 immer wieder nachzuvollziehen ist. Probleme werden beschwichtigt, provokative

Vorkommnisse irgendwelchen lokalen Stellen zugeschrieben und die Verantwortung für die Protestbewegung den Gegnern in die Schuhe geschoben. Es sieht nicht rosig aus für die Zukunft der Kurden, denke ich bei mir. Irgendwann geht es von neuem los wie damals, das gleiche Spiel mit anderen Namen. Die Wortwahl deutet bereits darauf hin.

Achtamar ist eine idyllische Felseninsel, nur wenige Kilometer vom Südufer des Van Gölü entfernt. Weithin sichtbar steht die aus rötlichem Tuffgestein erbaute Kirche aus dem Beginn des 10. Jahrhunderts auf dem Felsen. Einst war sie Teil einer großen Palastanlage, von der sie jedoch als einziges Bauwerk übriggeblieben ist. Überlieferungen berichten, dass die reichhaltigen Reliefs entlang der Außenwände früher farbig und vergoldet waren, so dass der Widerschein der Sonne sie bereits aus weiter Entfernung wie eine zweite Lichtquelle erscheinen ließ.

Ich gehe mehrmals um die Kirche herum, bewundere die in den Tuffstein gehauenen Reliefs, Figuren des Alten Testaments und der Evangelien, die das ganze Bauwerk umspannen. Hier und da ist ein Stein beschädigt, fehlt ein Dachziegel. Gras und kleine Sträucher wachsen auf den Dächern, Buschwerk und Bäume umwuchern die Kirche und die Nebenbauwerke. Auf dem Kirchhof stehen Grabsteine, teils aufrecht, teils windschief oder umgestürzt. Die Inschriften sind noch gut leserlich, armenische Namen aus dem Waspurakan-Reich, vom Ende des ‚Goldenen Zeitalters‘.

Innen ist es recht dunkel und kühl. Boden und Wände sind flüchtig restauriert, Steine mit Inschriften als Ersatzsteine in Lücken eingesetzt und fügen sich gewissermaßen harmonisch in das Gesamtbild; jedenfalls für denjenigen Betrachter, der sie nicht lesen kann. Wer jedoch das armenische Alphabet kennt, merkt sogleich, dass es sich um Grabsteine vom Kirchhof handelt, die teils zudem noch auf dem Kopf stehen.

Als die anderen der Gruppe sich an den einzigen kleinen Sandstrand der Insel legen, gehe ich zu der Klippe, die nach Norden steil zum See abfällt. Tausende von Vögeln, meist Möwen, fliegen mit lautem Geschrei um den Felsen – seltsam, wo doch das Seifenwasser des Sees ihnen kaum Nahrung geben kann. Malerisch streckt sich das Ufer des Sees im Süden und über dem Nordufer fern am Horizont dominiert die Silhouette des mächtigen Vulkans Sipan die Reihe der Bergrücken.

Ich nehme nach langer Zeit einmal wieder meine Flöte zur Hand und spiele das Lied von Achtamar, dessen Worte ich immer noch nicht weiß, aber dessen Melodie hier irgendwo zuhause ist. Dann schreibe ich einen Brief an Tamara, ohne die zu kennen ich niemals hier sein würde ...

RÜCKBLICK:

Die Palast- und Klosteranlage von Achtamar war ein Aufenthaltsort der Könige des mittelalterlichen Armeniens, Sitz des Katholikos (armen. Patriarch) von 1116 bis 1895 und lange Zeit das kulturelle Zentrum der Armenier des Hochlandes. Die heutige Kirche wurde 1371 erbaut. Während des Völkermordes, im April 1915, wurden die Mönche getötet, die Kirche geplündert und die Gebäude zerstört. Von den ehemaligen Anlagen ist nur die Kirchenruine erhalten geblieben.

Im Jahre 1951 erließen die lokalen Behörden von Van den Befehl, die Kirchenruine abzureißen. Das Vorhaben wurde jedoch in letzter Minute durch die Intervention des Schriftstellers Yasar Kemal, der das architektonische Meisterstück und die historische Bedeutung erkannt hatte, verhindert. Nachdem das nationale Bildungsministerium über das Vorhaben informiert wurde, wurde der Abrissbefehl dauerhaft aufgehoben.

Nicht viele Orte in der Türkei erinnern heute noch an eine andere armenische Geschichte als die des osmanischen Reiches und der Massaker und Vertreibungen des Ersten Weltkrieges. Das kommt wohl daher, dass die meisten Stätten heutzutage türkische Namen führen.

Achtamar jedoch erinnert an die Blütezeit der armenischen Kultur, das ‚Goldene Zeitalter' der armenischen Baukunst, als aus den arabisch-byzantinischen Konflikten ein armenisches Königreich hervorging. Nachdem die Byzantiner Mitte des 9. Jahrhunderts nach Armenien vordrangen, wo die arabischen Kalifen herrschten, begann sich das Blatt der Geschichte für Armenien zu wenden. Das Kalifenreich, dass seit drei Jahrhunderten in Byzanz einen problematischen Nachbarn gehabt hatte, drohte zu zerfallen. Der gefangene armenische Führer Aschot Bagratuni ging einen Handel mit dem Kalifen ein, worauf alle aufständischen armenischen Gefangenen freigelassen wurden. Bagratuni hielt mit seinen armenischen Heerscharen die vorrückenden Byzantiner auf und kämpfte auch in den Kaukasusländern für das Kalifenreich. Im Jahre 885 akzeptierte der Kalif, dass sich Bagratuni zum König über ein autonomes Armenien ernannte und damit die Dynastie der ‚Bagratiden' gründete.

Golden war das Zeitalter allerdings nur für die oberen Schichten des Volkes und für Kunst und Literatur. Viele schriftliche Überlieferungen aus dieser Zeit sind erhalten. Bauwerke entstanden, Kirchen, Klöster, Paläste und ganze Städte. Das Land aber wurde von Feudalherren beherrscht und die Könige ließen bei Erhebungen gegen diese ganze Dörfer ausrotten. Auch die Grenzgebiete waren ständig in Unruhe und in der zweiten Hälfte des 10. Jahrhunderts begann das Reich zudem auch an inneren Streitigkeiten zu zerfallen. Das nutzten die Byzantiner erneut aus, gliederten sich einen armenischen Kleinstaat nach dem anderen an und siedelten die Bevölkerung nach Kleinarmenien, westlich des Euphrat, um. Mitte des 11. Jahrhunderts jedoch fielen die Seldschuken, und damit zum ersten Male ein türkisches Volk, aus Osten ein und eroberten die armenischen Länder. Zu Hunderttausenden flohen Armenier westwärts, wo ein neues Sammlungsgebiet mit dem Zentrum Sebaste (türk. Sivas) entstand und wo sich später, unterstützt durch die Kreuzfahrer, das Königreich Kleinarmenien bilden konnte.

1071 entschied die Schlacht von Manzikert (türk. Malazgirt) zwischen Seldschuken und Byzantinern die türkische Zukunft des armenischen Hochlandes, die bis auf den heutigen Tag anhält, unterbrochen nur durch die Mongoleneinfälle im 13. bis 15. Jahrhundert. [17]

*

[SPÄTERE ANMERKUNG: Fast 30 Jahre nach meinem Besuch, 2005, beschloss die türkische Regierung unter Ministerpräsident Erdoğan die Restaurierung der Kirche von Achtamar. Der Anlass war vermutlich das Bestreben der Regierung, sich im Zuge der Mitgliedschaftsverhandlungen mit der Europäischen Union armenierfreundlich zu zeigen und die Anklagen, weiterhin den Völkermord verleumden zu

wollen, zu verharmlosen.
Die Restaurierung, die bis Oktober 2006 durchgeführt wurde,
war umstritten. Sie kostete 1,4 Millionen US-Dollar und wurde vom
türkischen Kulturministerium finanziert. Kritiker behaupteten, sie
wäre eher in ein türkisches Museum verwandelt worden, als dass
sie als armenisches Gotteshaus wieder hergestellt wurde. Die Be-
nutzung des türkischen Namens ‚Akdamar' (übersetzt ‚weiße Ader')
statt dem armenischen Achtamar und die über der Insel wehende
türkische Flagge trügen eher zur Türkifizierung des Denkmals bei.
Außerdem gab es behördliche Schwierigkeiten, bei der Anbringung
des ursprünglichen Kreuzes auf der Kuppel, was erst Jahre nach der
Eröffnung erreicht wurde (offiziell wurden technische Hindernisse
dafür vorgegeben). Türkische Nationalisten demonstrierten vor dem
Kulturministerium gegen die Wiedereröffnung, die Anbringung des
Kreuzes und verleumdeten lauthals den Völkermord von 1915. Die
Behörden sahen sich wohl in einer Zwickmühle zwischen der geplan-
ten Geste den Armeniern und dem Ausland gegenüber einerseits und
den Nationalisten im eigenen Land andererseits.
Am 29. März 2007 fand die offizielle Eröffnung als Museum und
ohne das Kreuz auf der Kuppel statt. Es nahmen der Kulturminis-
ter, eine Regierungsdelegation aus Ankara, Botschafter mehrerer
Länder, eine Delegation der Republik Armenien und der armenische
Patriarch aus Istanbul sowie zahlreiche Journalisten teil. Im August
2010 wurde ein Solarenergie-Generator auf der Insel angebracht,
der Elektrizität für die Anlagen liefert. Am 19. September 2010 fand
dann zum ersten Mal wieder ein christlicher Gottesdienst in der Kir-
che statt. Seitdem wird jährlich eine Messe abgehalten. Am 2. Okto-
ber des gleichen Jahres wurde endlich auch das Kreuz auf der Kuppel
angebracht, nachdem es vom armenischen Patriarchat dorthin ge-
sandt wurde.]

*

Van/Toprakkale, 20.8.1976

Am Abend gehe ich zur Toprakkale, dem alten urartäischen Burgfelsen aus dem 8. Jahrhundert im Nordosten vor der Stadt. Auf dem
Weg dorthin habe ich wieder die Kinder am Hals: „Okay, turis! Money,

money! Alman? Ingles?" Ich habe heute keine Lust zu längeren Wortwechseln und antworte kurz entschlossen:

„Yok, selcuk (Nein, Seldschuke)."

Der Junge stutzt, steht mit offenem Mund da, aber kein Wort kommt angesichts dieser Verkörperung der vielgepriesenen Vorfahren seiner türkischen Kameraden heraus, die er sich wohl nicht so blond und blauäugig vorgestellt hat. Dann dreht er sich vorsichtig zu den anderen um, die ebenfalls die Verfolgung einstellen. Als die ersten Zweifel laut werden, verschwinde ich bereits um die Ecke und entferne mich aus der Stadt.

Eine Stunde vor Sonnenuntergang steige ich auf die Toprakkale (türk. ‚Erdfestung'). Eindrucksvoll ist die Rückseite (von der ich, wie gewöhnlich, komme), ein Pfad, der mich in eine große Felsenhöhle bringt. Von dort aus führt ein ins Gestein gehauener Gewölbegang etwa 15 m weiter in die Höhe und hinaus auf den Felsen. Kein Mensch ist hier zu dieser Stunde. Eine Felswand ist mit antifaschistischen Parolen vollgeschrieben. Über den ganzen Felsen verteilt sind Mauerreste und Tempelstufen. [Andere Funde, die hier gemacht wurden, befinden sich im Britischen Museum in London.]

Ich sitze auf dem höchsten Aussichtspunkt und blicke in die untergehende Sonne. Heute ist sie ein orangeroter Ball, als sie den Horizont hinter dem gegenüberliegenden Ufer des Van Gölü berührt. Der Himmel ist gelblich-rot, die Silhouetten der Landzungen, die sich, eine hinter der anderen, in den See erstrecken, treten scharf gegen das hell leuchtende Wasser hervor. Die vorderen sind rötlich, dahinter werden sie gelblich-grün, und die entferntesten liegen in violettem Dunst. Nie habe ich die Silhouette des Sipan so deutlich und scharf umrissen gesehen, selbst von Ahlat aus nicht. Fast verschwunden im Abendnebel im Südwesten liegt Achtamar. Unter mir Van, die Staubwolke der Innenstadt, wo einzelne Lichter zu leuchten beginnen, umgeben vom dunklen Grün der Gärten und Wäldchen. Der Ort wirkt groß, laut, zu dominierend für dieses wunderbare Land.

Dort am Sipan – waren nicht dort noch bis vor drei Jahrzehnten räuberische Kurdenstämme und machten das Land unsicher? Wie friedlich steht heute Abend der mächtige Vulkankegel gegen den nun rostbraunen Himmel! Die Sonne ist jetzt fort, aber ich muss sitzen bleiben und das Farbenspiel anschauen, das sich vor meinen Augen abspielt.

Es ist so wunderbar. Dieses Land war einmal Armenien, ist Türkei und will Kurdistan werden. Die Völker kommen und gehen. Wäre ich früher geboren, in einer anderen Zeit, so würde ich an solch einem Abend an einem armenischen Lagerfeuer sitzen und zusammen mit jenen über das Land spähen, auf jeden Laut lauschend, der eine anpirschende Räuberbande verraten könnte ... Aber wo sind sie? Hier ist ihre Zeit vorbei. Wie gerne würde ich zum Sevan-See fahren, in das sowjetische Armenien, um diese Vorstellung nur ein ganz wenig nachzuerleben.

Was ist es eigentlich, was mich so zu ihnen hinzieht? Tamara? Das Bild des Mädchens steht jetzt so leer vor mir, ohne irgendeine Bedeutung für mich oder für das Land, das vor mir und um mich ist und nachdem ich trotzdem unerfüllbare Sehnsucht verspüre. Sie hat mich hierher geführt, ins Herz des alten Armeniens, hat mich zurückgelassen und ist gegangen, als meine Sehnsucht von ihr auf das Land übergegangen war. So klar und eindeutig ist für mich der Zusammenhang heute Abend, keine versteckten Zweifel melden sich. Ich habe die letzte, vermisste Sternschnuppe in Hasankeyf nicht nötig gehabt.

Doch ich muss jetzt gehen, denn es wird dunkel. Noch einmal sehe ich den Felsen mit der alten, türkischen Zitadelle dort hinten. Die Stadtreste davor erahne ich nur. Deren Zeit ist jetzt auch vorbei. Hinter mir liegen die Täler, die in die kurdischen Berge führen, aus denen die Nacht vordringt. Niemand weiß, was in der Dunkelheit vorgehen wird ...

Dann plötzlich ertönt die Stimme des Muezzin aus der Stadt und reißt mich aus meinen Träumen in die Wirklichkeit zurück. Ich steige von der Toprakkale hinab und laufe die Bergstraße entlang der Stadt zu. Habe ich nicht oftmals gehört, es sei gefährlich, allein in den Bergen umherzulaufen? Sicher, hier ist schon fast der Stadtrand, aber es ist Nacht. Ich sehe den Weg nur schwer. Doch nachts sind alle Katzen grau – ich bin es auch. Mein Vertrauen auf die Vorsehung ist heute Abend so groß wie selten. Haben mich die hiesigen Geister heute Abend auf die Kale gerufen, um meinen Gedanken klare Formen zu geben, so werden sie auch für sicheren Rückzug gesorgt haben. Trotzdem lege ich lieber die Hand in der Tasche um den Messergriff, während ich weiter auf Van zu laufe.

Hakkâri, 24.8.1976

Vor drei Tagen bin ich mit dem Dolmuş nach Hoşap (türk. Güzelsu) gefahren, wo ich Aufenthalt mache, um mir die Burgruine anzusehen, eine im 14. Jahrhundert von Kurden umgebaute, ursprünglich armenische Festung. Hoşap ist ein winziger, kurdischer Ort, der um diesen Burgberg herum liegt. Die Leute haben hier sehr stolze Gebaren, sind freundlich, zurückhaltend, ruhig. Niemand läuft mir nach oder stellt unerwünschte Fragen. Ein Junge geht für mich den Wächter suchen und führt mich schließlich zu ihm. Ich gebe ihm Bahşiş. Er verzieht die ganze Zeit keine Miene, bis er mich dann schließlich, nach der Burgbesichtigung, eine halbe Stunde lang kennt. Da lächle ich plötzlich, als eine kleine Katze vorbeiläuft, und er wendet sich mir zu und lächelt auch.

Am Abend fahre ich weiter mit einem Lastwagen nach Başkale. Er braucht über drei Stunden für die Strecke von 40 km. Es geht durch enge, schroffe Täler und schließlich über einen Gebirgspass. In Başkale gibt es ein besseres Hotel, und eine der üblichen Herbergen, die ich zu benutzen pflege. Hier bin ich sofort willkommen, der Wirt spendiert mir sogar das Abendessen. Wahrscheinlich gehen Touristen zumeist in das andere Hotel. Dann holt er seine Saz und spielt türkische und kurdische Lieder. Später am Abend gehen wir zusammen in ein Teehaus, wo ein Fernseher mit Sportprogramm läuft und wo das ganze Dorf versammelt zu sein scheint.

Der nächste Tag bringt mich nach Hakkâri, mit einem gewöhnlichen, kleinen Bus. Die trockene Gebirgslandschaft ist wohl grandios, aber ich kann sie kaum beschreiben, da ich mich so unwohl fühle, dass ich gar keinen Sinn dafür habe. Es mag an einer Konserve liegen, die ich am Morgen gegessen habe und die wohl nicht mehr ganz so gut war, wie sie sein sollte. Abends im Hotel erhole ich mich langsam. Ich habe mich mit zwei anderen Deutschen, außer mir wahrscheinlich den einzigen Touristen im Ort, zusammengetan und wir haben ein Dreibettzimmer gemietet.

Hakkâri ist wieder eine Stadt, obwohl nur mit 11 000 Einwohnern, und hier rennen die Kinder einem wieder nach. Allerdings rufen sie gar nicht erst nicht „Okay, turis!", sondern es fliegen nur Steine. Diesmal sehe ich keine andere Möglichkeit, mich zu behaupten, als zurückzuwerfen. Das hat den gewünschten Effekt, sie sind überrascht und hören auf. Es scheint auch Eindruck bei den Erwachsenen zu machen; die meisten Ausländer trauen sich das wahrscheinlich nicht aus Angst, es gäbe dann auch noch Ärger mit ihnen. Aber im Gegenteil, nachdem ich das erste Mal eine Kinderhorde mit Steinwürfen verjagt habe (natürlich ohne sie zu treffen), sprechen mich einige Alte ganz freundlich an und versuchen sich mit mir zu unterhalten, bedeuten mir dann, dass ich willkommen bin. In diesen kurdischen Gegenden, besonders aber hier in Hakkâri, fällt auf, dass man auch von Frauen angesprochen wird. Sie sind unverschleiert und stehen oft grinsend und albernd an den Fenstern, wenn man vorbeigeht.

Am Tage darauf, gestern, wandern wir zu dritt in den Bergen umher. Wir fühlen uns irgendwie sicherer hier, als es in anderen Gegenden der Fall ist. Wahrscheinlich, weil die Bevölkerung hundertprozentig kurdisch ist und die Spannungen zwischen den Bevölkerungsschichten fehlen. Die Sonne setzt mir arg zu und ich muss mich am Nachmittag wieder ins Bett legen. Irgendetwas hat meine Verdauung nun vollkommen durcheinander gebracht und wer weiß, wie es sich entwickelt. Ich gebe meine Pläne, mich von hier aus nach Osten in den Iran durchzuschlagen, auf und beschließe, heute nach Van zurückzufahren, wo die Bedingungen im Falle längerer Krankheit günstiger sind als in den kurdischen Dörfern an der Grenze.

Van, 26.8.1976

Die Fahrt von Hakkâri nach Van ist – obwohl nur gute 200 km – eine Tagesreise. Der Linienbus ist voll besetzt; ich bekomme jedoch Platz im Postbus, der zufällig an diesem Tage fährt. Beim Einsteigen sehe ich, dass die Reifen kein Profil mehr haben und denke an den Zustand der Straße. Aber ein Ersatzreifen (mit noch weniger Profil) liegt ja im Mittelgang.

Die ersten 50 km – anderthalb Stunden – zeigen die grandioseste Landschaft, die man sich vorstellen kann. Die Serpentinenstraße führt durch gähnende Schluchten entlang der saftigen Täler des Büyük Zab, ist direkt in den steilen Hang gebaut. Hängebrücken aus Seilen und Holz führen über den reißenden Fluss zu den Bergweiden, den Yaylas. Wir überholen den Linienbus, der mit einer Reifenpanne haarscharf am Abhang steht. Kurze Zeit später haben wir selber eine. Da der Ersatzreifen einsatzbereit im Mittelgang des Busses hin und her rutscht, ist sie schnell behoben. Der Linienbus holt uns wieder schadenfroh ein.

Später erinnert die Landschaft bis Başkale, wo wir um die Mittagszeit sind, wieder an die Van-Seegegend. Wir machen eine Stunde Mittagspause, verbringen die heißeste Zeit im Schatten. Dann, eine halbe Stunde hinter Başkale, die nächste Reifenpanne. Der Fahrer ‚schleppt‘ den Bus noch bis zur nächsten Wasserstelle. Schatten spendet nur der Bus selbst und dort sitzen natürlich die Frauen. Unendlich lange Beratung, bis man schließlich beginnt, den Reifen zu flicken. Das dauert nochmals lange. Mehrfach halten wir vorbeifahrende Lastwagen an, aber keiner von ihnen hat einen Kompressor.

Da pumpen Fahrer und Postbote den Reifen von Hand auf. Der Rest der Fahrt verläuft ohne Zwischenfälle, obwohl sich beim Anblick des Fahrerwechsels bei 50 Stundenkilometern über dem gähnenden Abgrund, ohne jede Straßenbefestigung, mein Magen erneut umzudrehen beginnt.

Die meisten Europäer, die ich in Anatolien getroffen habe, haben erzählt, dass sie in der einen oder anderen Form eine Lebensmittelvergiftung durchgemacht haben. Und nun hat es auch mich gepackt und ich verbringe eine grausame Nacht in Van.

Erst als heute die Kühle des Abends einsetzt, mache ich mich noch einmal auf den Weg zur Toprakkale. Wie herrlich war doch der Sonnenuntergang dort beim letzten Mal!

Diesmal nehme ich jedoch den richtigen Weg, anstatt von der Rückseite zu kommen. Aber mir ist irgendwie unwohl dabei. Ein paar Wolken sind im Westen, die den Untergang der Sonne eigentlich verschönern, das Bergprofil am anderen Ufer eigentlich noch phantastischer erscheinen lassen müssten. Als ich jedoch dem Bergsattel zwischen der Kale und den Bergen im Norden näher komme, bemerke ich eine große Schar Raubvögel, die am Himmel kreist, aber den Ort laufend wechselt. Die Stille der Berge kommt mir heute merkwürdig vor.

Heute spüre ich hautnah, dass diese Ruhe nicht so ewig ist, wie es mir vor ein paar Tagen noch erschien; dass sie einen täuschen kann. Und ich höre die Stimme meines armenischen Gastgebers aus Vakıf: „In Anatolien ist es gefährlich, wenn Du allein in den Bergen bist.“ – Dann fällt mir mein arabischer Begleiter aus Hasankeyf ein: „Sei vorsichtig am Abend. Neulich sind zwei Deutsche hier verschwunden – in den Fluss geworfen, wegen Geld." Zuerst lege ich mein Messer wieder griffbereit in die Tasche, doch das unbedingte Gefühl, dass dort oben auf dem Bergsattel heute eine Schranke ist, die ich nicht überschreiten darf, wächst von Minute zu Minute, von Schritt zu Schritt. Schließlich mache ich kurzentschlossen kehrt. Man soll sein Schicksal nicht unnötig herausfordern.

Ich suche mir einen flachen Stein am Hang der Kale, von wo aus ich noch einmal den Sonnenuntergang verfolgen und außerdem jede Bewegung wahrnehmen kann, die sich ringsum tut. Die Vögel sind verschwunden. Wunderbar versinkt die Sonne zwischen den Wolken, aber ich kann es nicht mit der gleichen Sinnlichkeit in mich aufnehmen, wie beim letzten Mal. Heute bin ich nicht hierher bestellt, denke ich, heute liegt hier keine Botschaft für mich. Als die Sonne den Rand der Berge berührt, spiele ich auf der Flöte noch einmal das Lied von Achtamar, das einzige armenische, das ich kann. Heute klingt es wie ein Abschiedslied. Wie viele Färbungen diese Melodie doch hat! Aber die Berge regen sich nicht, bleiben stumm.

Doğubayazıt, 28.8.1976

Am Morgen nach dem zweiten Besuch auf der Toprakkale beginnt der Ramadan (türk. ramazan), der Fastenmonat. Ich bin nicht darauf vorbereitet. Plötzlich haben alle Teehäuser und Lokale geschlossen. In einem Laden, wo ich Brot kaufe, meint der Verkäufer, ich solle nicht vor heute Abend essen. Schließlich finde ich aber eine Pastahane (Konditorei), in der hinter vorgezogenen Rollladen eine Gruppe von Leuten steht und frühstückt. Ich geselle mich dazu.

Später am Vormittag nehme ich den Bus nach Ağrı. Entlang des Van Gölü, bis Patnos, ändert sich das Bild der Landschaft kaum. Überall offenes Land, spärlich bewachsene Hochebene. Dann geht es bald, wenn man sich Tutak nähert, hinab zum Flusstal des östlichen Euphrat. Es erinnert hier keineswegs an die majestätische Weite des Euphrattals weiter unten, nahe der syrischen Wüste. Hier gibt es nur sehr kleine, fast zierliche, grüne Schluchten, entlang derer die Straße sich nach Ağrı zieht.

Dann bin ich in Ağrı. Habe ich bisher in manchen Orten zu gewissen Tageszeiten ein ungutes Gefühl gehabt, so bin ich hier überhaupt nicht scharf darauf, mir die Stadt anzusehen. Sie ist nicht ein wenig schmutzig, wie es viele sind, sondern verkommen. Alles, die Straßen, Geschäfte, Häuser. Es sieht aus, als fühle sich hier niemand für irgendetwas verantwortlich. In anderen Orten gibt es vereinzelt Leute, die einem verdächtig vorkommen. Hier aber sieht einen jeder Dritte, an dem man vorbeiläuft, derart schief an, als ob er den Zustand der Brieftasche auf die Distanz abschätzen wolle. Mein Eindruck ist, als sei Ağrı der Sammelplatz aller aus den Bergen gekommener, oder auch vertriebener, Kurden, die weder Arbeit noch sonst eine akzeptable Beschäftigung gefunden haben. Ich will nichts Schlechtes behaupten – es mag auch hier jede Menge gute Menschen geben. Aber ich entferne mich trotzdem nicht weit vom Busbahnhof, um auch ja sicher zu gehen, dass ich keinen Bus oder Dolmuş verpasse, der in meine Richtung fährt.

Währenddessen erinnere ich mich daran, dass ich gelesen habe, in der Gegend zwischen hier und Erzurum sollen noch die wildesten Kurdenstämme der ganzen Türkei zu finden sein und man solle sich bloß nicht allein oder zu Wenigen auf die Landstraßen begeben – unter Umständen sei nicht einmal die Hauptstraße sicher. Mir fällt die Geschichte ein, die mir ein Freund vor meiner Abreise erzählte: Eine Familie aus Deutschland wurde in ihrem Auto auf der Straße gestoppt und aus dem Gebüsch kamen einige in schäbige Lumpen gekleidete Leute. Der Anführer verlangte die Auslieferung der Wertsachen. Der Familienvater machte den verhängnisvollen Fehler, eine Tränengaspistole zu ziehen und bekam auf der Stelle die Antwort aus einer schärferen Waffe zwischen die Rippen. Dann raubten sie den Wagen leer und verschwanden wieder im Gebüsch. Das soll noch nicht lange her sein.

Auch in der Zeit vor dem ersten Weltkrieg war diese Gegend eine derjenigen, in der die christlichen Bewohner am meisten unter Raubüberfällen von Kurdenstämmen zu leiden hatten, eine der Gegenden, in denen niemals richtige Ruhe herrschte, während es sonst im Osmanischen Reich, jedenfalls bis Abdul Hamid auf den Thron kam, verhältnismäßig ruhig zuging.

‚Ağrı‘ ist das türkische Wort für ‚Schmerz‘ oder ‚Leid‘.

Ich verlasse Ağrı mit dem ersten Dolmuş Richtung Osten. Der Weg folgt weiterhin dem Tal des östlichen Euphrat, bevor die Landschaft langsam wieder in eine Hochebene übergeht, über der sich weit im Osten der mächtige Vulkankegel des Ararat erhebt, des Massis der Armenier, ihrem Wahrzeichen, oder des türkischen Ağrı Dağı, dem Berg des Leidens.

Woher hat der Berg alle diese Namen, wenn nicht, weil Noahs Arche der Sage nach nach der Sintflut auf ihm landete, zu jener Zeit, als die Leiden der Menschheit begonnen haben sollen? Weil er der Mittelpunkt dieses Landes ist, in dem seit Jahrtausenden die Tränen geflossen sind, als sich die Völker um diesen Knotenpunkt zwischen Europa und Asien, Russland und Arabien gestritten haben?

Doğubayazıt kommt mir gegen Ağrı wie ein verschlafenes, friedliches Dorf vor. Vielleicht wegen der massiven Präsenz der türkischen Jandarma, hier, nahe der Grenze zum Iran? Ich gehe am Abend durch die Straßen, vorbei an einem Teehaus, als mich plötzlich ein Mann von der gegenüberliegenden Straßenseite aus anruft. Ich verstehe den Zusammenhang noch nicht, als er mir entgegenkommt und in möglichst deutlichem Türkisch sagt:

„Malatya – hatırlıyormusun (erinnerst du dich) – Malatya?"

Da erkenne ich in dem Manne den Kurden wieder, mit dem zusammen ich in Malatya im Teehaus solange gesprochen habe, während ich auf den Zug nach Diyarbakır wartete. Dann sagt er, er erkenne mich an meiner Tasche wieder – seit Üçhisar trage ich nämlich eine Tasche mit einer Frontseite aus Ziegenfell, die zwar türkisch ist, aber wohl, wie ich im Laufe der Zeit merkte, nur bei Touristen Absatz findet. Er lädt mich wiederum zum Tee ein und wir sprechen eine Weile miteinander, wieder mit Hilfe des Wörterbuches, aber diesmal geht es schon wesentlich fließender. Wir sprechen nicht viel über politische Dinge, sondern mehr allgemein. Aber auf meine Frage, warum er so viel in der Gegend herumreist, weicht er aus und meint nur, es sei seine Arbeit. Ich fühle meinen Verdacht bestätigt, dass er etwas mit der Kurdenbewegung zu tun hat. Beiläufig erwähnt er, dass er unter Umständen Arbeit in Kanada findet und vielleicht bald auswandert. Dass er sich in der Türkei unwohl fühlt, aus welchem Grunde auch immer, ist ihm nicht schwer anzumerken. Vielleicht, denke ich, muss er das Weite suchen, solange er's noch kann.

Heute Morgen bin ich wieder allein in den Bergen. Ich kann es nicht bleiben lassen. Allerdings habe ich dabei heute wieder ein gutes Gefühl und es scheint mich nicht zu täuschen. Ich sehe mir die Ruine der seldschukischen Burg an, die auf einem Felsvorsprung über der Ararat-Ebene steht, erbaut auf der Grundfeste einer urartäischen Festung von vor knapp dreitausend Jahren. Dann auf der anderen Flussseite den Işak Paşa Palast, eine Festung in einer Mischung aus seldschukischem und armenischem Stil, die späterhin von den Kurden als Raubritterburg benutzt wurde. Allein diese Mischungen deuten an, dass man sich hier in einer heiß umkämpften Gegend befindet.

Aber mindestens so eindrucksvoll sind für mich die schroffen, ja teils bizarren Formen der Tuffgesteinsberge, in allen Farbabstufungen zwischen gelb, rot und grün, zwischen denen sich der Weg entlang schlängelt. Und über allem thront – fast im Dunst der Ferne, aber man muss doch hoch zu ihm aufschauen – der Ararat, dessen Spitze noch dreieinhalb tausend Meter über der Hochebene schwebt. Weit am Hang hinunter reicht sein Schneemantel, und wo er sich in einzelne Schneefelder auflöst, treten die unzähligen Lavaströme als raues Relief hervor und ergießen sich in die weite Ebene.

Kars, 30.8.1976

Von Doğubayazıt nach Iğdır überquert die Straße die grasbewachsene Hochebene des Ararat, unterbrochen nur von einzelnen Lavaströmen, die leichte, langgezogene Erhöhungen bilden. Wenn man sich Iğdır nähert, übersäen Schutt, Geröll und vulkanische Bomben den Erdboden. Und über allem steht weiterhin der majestätische Berg. Wie gewaltig seine Ausmaße sind, merkt man spätestens, wenn man eine halbe Stunde an ihm vorbeigefahren ist, ohne dass sich die Perspektive nennenswert geändert hat.

Hinter Iğdır, einem hübschen, kleinen Städtchen, nähert sich die Straße dem Araxes, dem Fluss, der für das östliche Armenien ist, was Euphrat und Tigris für das westliche sind. ‚Kho Massis horow, kho Arakhs morow ... (Mit deinem Vater Ararat, mit deiner Mutter Araxes ...)‘ heißt eine Zeile in einem bekannten armenischen Lied. Das Land wird grün, Wiesen und Weiden, Bäume, kleine Wäldchen, idyllische Flüsschen, bebaute Äcker lösen die kargen Gebirgsgegenden und Hochebenen des Van-Seegebiets ab. Aber die Straße hält einen respektablen Abstand vom Fluss, denn er bildet die Grenze zur Sowjetunion, genauer gesagt der Armenischen Sowjetrepublik. Und diese Grenze ist absolut dicht.

Kars – der erste Ort, in dem der kurdische Bevölkerungseinfluss deutlich zurückgeht. Wer es nicht an den Gesichtern und den Straßenszenen merkt, der merkt es am Verhalten der Einwohner dem Fremden gegenüber. Er wird wieder angesprochen, wohin er ginge, wie er heiße, oder auch nur angegafft – spricht er mit einem Einheimischen, so sammeln sich gleich fünfzehn um ihn. Die Kinder dafür werfen nicht mehr mit Steinen, schreien einem kein ‚Okay, turis!' mehr ins Ohr, betteln nur noch verhältnismäßig zaghaft um das eine oder andere.

Im Zentrum von Kars steht eine alte, armenische Kirche der typischen Bauart, die an Achtamar und viele andere Bauwerke aus dem Goldenen Zeitalter erinnert. Sie ist zu einer Art Stadtmuseum umfunktioniert. Mit keinem Wort ist irgendwo etwas über ihre armenische Herkunft erwähnt. Aber über dem Torbogen ruht deutlich ein Relief, zwei Adler, die ein Schriftornament mit den Schnäbeln halten, auf dem in armenischen Lettern ein Gedenkspruch geschrieben ist.

RÜCKBLICK:

Lange schon hatte es an der russisch-türkischen Grenze gebrodelt, aus mehreren Ursachen.

Einerseits waren die Russen im Zuge ihrer panslawistischen Bewegung dabei, ihre Grenzen soweit wie möglich in alle Himmelsrichtungen vorzuschieben, und nahmen 1827 den nordöstlichen Teil des armenischen Bevölkerungsraumes um Jerewan ein. 1877 nahmen sie den Türken die Gebiete um Kars, Ardahan und Batum fort, womit unter anderem ein weiterer Teil Armeniens unter russische Herrschaft geriet. Die Angliederung an Russland brachte jedoch nicht die ersehnte nationale Freiheit. Anstelle dessen wurden armenische Führer ins Exil verbannt und die armenische Kirche unter die Bevormundung des russischen Zaren gestellt. Kritische oder patriotische Schriftsteller und Dichter wurden eingekerkert.

Andererseits verlief die Grenze mitten durch den armenischen Bevölkerungsraum. Auf der russischen Seite waren die Nationalbewegungen sowohl in kultureller als auch in politischer Hinsicht wesentlich stärker und die russischen Armenier waren bestrebt, das nationale Bewusstsein auch unter ihren im Osmanischen Reich lebenden Landsleuten zu wecken.

Widerstand in organisierter Form entstand 1885 durch die Gründung der sozialdemokratischen Hentschak-Partei, die ein sowohl von Russland als auch vom Osmanischen Reich unabhängiges Armenien forderte. Die später, 1890, entstehende gemäßigtere Daschnakzutjun-Partei übernahm jedoch bald die führende Rolle der armenischen Nationalbewegung in Russland. Es wurde zunächst zur Befreiung Armeniens von der türkischen Unterdrückung aufgerufen und bewaffnete Kommandos unter dem Widerstandsführer Andranik überfielen türkische Grenzposten und Behörden in Grenznähe. Mitunter wurden auch türkische Dörfer überfallen. Diese Ereignisse und etwaige unter türkischen Armeniern lautgewordenen Sympathien für die Daschnaken waren Sultan Abdul Hamids klägliche Begründung für das Blutbad an 300 000 Armeniern in den Jahren 1895-96. Diese Vorkommnisse stachelten den Zorn der Daschnaken natürlich aufs Äußerste an, während die im Osmanischen Reich lebenden Armenier entmutigt lieber Drangsalierungen ertrugen, als durch irgendwelche Aktionen neue Massaker heraufbeschwören wollten.

Anfang des Jahrhunderts begannen die Daschnaken auch gegen die russische Vorherrschaft zu protestieren, was zu Aktionen und Gegenaktionen zwischen den Revolutionären unter den Armeniern und dem russischen Vizekönig für Transkaukasien, Fürst Galitzin, führte. Als Folge der radikalen Forderungen der Daschnaken distanzierte sich die armenische Kirche von der Bewegung. 1905 kam es zu erbitterten Kämpfen zwischen armenischen und aserbaidschanischen Nationalisten. Sowohl Aserbaidschaner und Türken, zwei sehr nahestehende Volksgruppen, und Armenier fielen zu Hunderten. Gerüchte wurden laut, dass Galitzin selbst die Muslime zu Pogromen an Armeniern angestachelt hätte. Die Zustände wurden grauenhaft, bis Ende 1905 Galitzin von der russischen Regierung abgesetzt wurde. Sein Nachfolger, Woronzow-Daschkow, verstand es, durch eine liberalere Verfassung für Transkaukasien die armenischen Oberschichten zu besänftigen und von den radikalen Gruppen zu trennen. Letztere wurden durch Terror unterdrückt. Das hatte zumindest den Erfolg, dass bis zu Ausbruch des Krieges 1914 einigermaßen Ruhe herrschte.

In dieser Zeit lief im Osmanischen Reich die jungtürkische Revolution ab, unterstützt unter anderem von den dort lebenden Armeniern. Die türkischen Anhänger der Daschnakzutjun sprachen mit den Jungtürken eine friedliche und konstruktive Zusammenarbeit zur Lösung der Rassenkonflikte im Osmanischen Reich ab. Die armenische Bevölkerung des Reichs hatte sich die ganze Zeit hindurch, vielleicht von Ausnahmen abgesehen, von dem radikalen, gegen die Türken gerichteten Vorgehen der russischen Daschnaken distanziert, und die neuen Versprechungen der Jungtürken trugen das ihre zu einer friedlicheren Stimmung bei.

Doch dann brachte der Beginn des Ersten Weltkrieges die entscheidende Wende. Schon vor Kriegseintritt der Türkei begannen sowohl der Katholikos, das armenische Kirchenoberhaupt, als auch die Daschnaken erneut die Besetzung Westarmeniens durch Russland zu fordern. Der türkische Winterfeldzug in Aserbaidschan, bei dem auf persischem Boden die christlichen Dörfer dem Erdboden gleich gemacht wurden, wurde von den russischen Truppen zuletzt zurückgeschlagen. Türkische Armenier liefen zu den Russen über, während aber die große Zahl der in der Türkei verbleibenden Armenier noch die Massaker von 1895 in guter Erinnerung hatte und keinerlei Bedürfnis nach Aufstandsbewegungen spürten. [18]

Trotz allem war die potentielle Gefahr, bei einem eventuellen Vormarsch der Russen die Armenier als inneren Feind im Rücken zu haben, Grund genug für die Türken, die vom Katholikos geforderte ,Lösung der armenischen Frage' auf ihre eigene Art durchzuführen ...

*

Ardahan, 30.8.1976

Flachbergiges Hochland mit Wiesen und Weiden, die ersten Kiefernwäldchen in den Tälern und an Bergflanken, schlechte Sandstraßen. Wolken kommen auf. Die Leute im Bus nach Ardahan schauen gespannt in den dunkler werdenden Himmel, dessen Färbung bald in ein zusammenhängendes Grau übergeht. Die ersten Regentropfen fallen gegen die Fensterscheiben. Der Schaffner reißt die Tür auf, lehnt sich mit wohligem Seufzen im Fahren aus dem Bus und lässt das erfrischende Nass in sein Gesicht sprühen. Bald regnet es in Strömen. Für mich zum ersten Mal seit sechs Wochen, für die Leute hier vielleicht seit mehreren Monaten.

Ich habe Kars verlassen, ohne Ani gesehen zu haben. Ani, die Ruinen der alten Hauptstadt des Bagratidenreichs, die heute in der Sperrzone entlang der sowjetischen Grenze liegt und in die man nur mit einer Militärgenehmigung gelangt. Im allgemeinen wird diese nur Touristengruppen mit Führern erteilt. Aber es war gerade keine Tour geplant, der ich mich hätte anschließen können, und ein derartiges Unternehmen auf eigene Faust lässt mein Geldbeutel nicht zu.

Ardahan – eher ein großes Dorf als eine kleine Stadt. Am meisten angetan bin ich vom Wechsel des Wetters und der Landschaft. Grüne Weiden, Wolken, Feuchtigkeit. Es ist kühl. Die Bauern auf den Höfen am Ortsrand tragen Schaftstiefel und warme Jacken. Der Spätsommer hat begonnen, hier am Pontusgebirge.

Näher als Kars und Ardahan komme ich der neuen Heimat der Armenier nicht auf dieser Reise. Und gerade hier scheint es hoffnungslos, nach ihnen suchen zu wollen. Hier, im russischen Grenzgebiet, wo die Türken bei ihrem Kaukasusfeldzug 1918 auch den letzten Armenier vertrieben, nachdem sie den Brest-Litowsker Friedensvertrag gebrochen hatten.

RÜCKBLICK:

Es war nicht genug, dass Westarmenien seiner armenischen Bewohner beraubt wurde, dass die christlichen Einwohner der Städte und Dörfer des Osmanischen Reiches mit staatlicher Planung niedergemetzelt oder auf noch langwierigere Weise in den Tod geschickt wurden. Auch Ostarmenien sollte nicht verschont bleiben.

1917, nachdem die Armenier Transkaukasiens ohnmächtig die Vernichtung ihrer Landsleute im Osmanischen Reich mit angesehen hatten, geschah in Russland die Oktoberrevolution. Die Kaukasusarmee zerfiel, die Generale waren zum Waffenstillstand gezwungen. Den Türken war das recht, da sie zu dieser Zeit ihre

Kräfte in Mesopotamien in vollem Umfang brauchten. Der russische Bürgerkrieg weitete sich auch nach Transkaukasien aus, wo ihn die Daschnaken im April 1918 zu harten Vergeltungsschlägen gegen die Aserbaidschaner benutzen, die Tausende von Opfern forderten und nicht weniger den Charakter von Massakern trugen, als das, was zuvor ihnen selbst angetan worden war. Gleichzeitig hatten die Armenier begonnen, geleitet von ihrem im Oktober 1917 gewählten Nationalrat, eine eigene Armee aufzubauen. Der Friede von Brest-Litowsk, erzwungen von den Mittelmächten, gab den Türken Kars, Ardahan und Batum zurück. Armenier flüchteten zu Hunderttausenden ins Jerewan-Gebiet, unter den Zurückgebliebenen wiederholten sich die Massaker, trotz Talâts internationaler Garantie, dass derartiges nicht wieder geschehen sollte. Die türkische Kaukasusarmee beschränkte sich nicht auf die ihnen wieder zugefallenen Gebiete, sondern nutzte die Schwäche des durch den Bürgerkrieg gelähmten Russland aus, um weiter in die Kaukasusländer vorzudringen.

Sie fanden Ostarmenien vor als ein Land, das überwiegend aus durch den Bürgerkrieg geschwächten Einwohnern und mittellosen, aus ihren Heimatländern vertriebenen Flüchtlingen, in der Mehrzahl Frauen, Kindern und Alten bestand. Dennoch errang die armenische Armee den Sieg gegen die vordringenden Türken in der erbitterten Abwehrschlacht von Sardarapat am 24. Mai 1918 und erklärte darauf am 28. Mai die Unabhängigkeit. Sie sah sich jedoch nicht in der Lage, weiteres zu erreichen und unterzeichnete am 4. Juni einen Friedensvertrag mit den Türken.

Tausende von armenischen Flüchtlingen, denen es nicht gelungen war, das nun armenische Staatsgebiet zu erreichen, wurden in Georgien und Aserbaidschan niedergemetzelt. In Armenien selbst herrschte Hungersnot. Im Kaukasus wilderte die türkische Armee weiter, und als Abschluss ihrer Vorstellung gab sie bei ihrem Einmarsch in Baku der aserbaidschanischen Bevölkerung drei Tage lang (15.-17. September) Zeit, die christlichen, meist armenischen Einwohner auszuplündern und zu massakrieren. Zwanzig- bis dreißigtausend mussten noch in diesen Tagen sterben.

Im Oktober musste sich Armenien nochmals gegen einen Angriff der Georgier zur Wehr setzen und diese Verteidigung geschah mit derartiger Verbittertheit, dass sie nur durch eine Intervention der Engländer und Franzosen am Sieg gehindert wurden. Nach der Kapitulation der Türken im November jedoch erklärten die Armenier ihren Anspruch auf die Gebiete Kars und Ardahan. Der Friedensvertrag von Sèvres vom 10. August 1920 zwang die Türken zur Anerkennung eines armenischen Nationalstaates und der armenischen Gebietsansprüche. Noch einmal schöpften die Armenier, soweit es sie noch gab, nationale Hoffnungen. Aber bereits im Oktober des gleichen Jahres trat Mustafa Kemal Paşa, der spätere Atatürk (,Vater der Türken'), ein ehemaliger Mitstreiter der Jungtürken, aus der zerfallenen osmanischen Regierung hervor und vereinte das zerschlagene Reich zu neuen Taten. Er erklärte den Volkskrieg gegen Griechen, Armenier, Briten und Franzosen. Gleichzeitig marschierte die Rote Armee in den transkaukasischen Gebieten ein. Die Armenier kämpften an zwei Fronten. Im November musste das gelähmte Land einen Waffenstillstand unterzeichnen und die Waffen abgeben. Der Frieden von Alexandropol (2. Dezember) gab den Türken die westarmenischen Gebiete zurück und schloss Ostarmenien der Sowjetmacht an. Dann zogen Kemals Truppen weiter gegen die Griechen im Westen ... [18]

*

6. Heimkehr

Trabzon, 4.9.1976

Trabzon (das alte Trapezunt) ist sozusagen der Ort meiner Umkehr. Hier kuriere ich meine Lebensmittelvergiftung aus und erhole mich ganz allgemein ein wenig von den vergangenen Wochen im ‚wilden Innern' der Türkei, bevor ich wieder westwärts fahre. Denn Trabzon ist eine Großstadt mit – in der Innenstadt wenigstens – fast europäischem Charakter, wo Touristen an der Tagesordnung sind und die Kontaktfreudigkeit der Einwohner nicht die Grenze zu dem überschreitet, was Mitteleuropäer als Aufdringlichkeit empfinden.

Die Fahrt in Transitbussen von Ardahan durch den Pontos, über Artvin zum Schwarzen Meer war anstrengend; es ging stundenlang mehr oder weniger in Serpentinen entlang schroffer Täler und Schluchten und über Pässe. Aber der wohltuende Unterschied zu den Wochen zuvor lag darin, dass üppige, saftig-grüne Vegetation am Wegrand stand, Berge und Täler bewaldet und die Atmosphäre wieder erfrischend waren. Mein Bedarf an Regen wurde auch mehr als gedeckt – zwischen Ardahan und Hopa regnete es praktisch in einem fort.

In Trabzon treffe ich mehrfach andere Reisende, mit denen ich ein Stündchen am Tage oder einen Abend verbringe und Erfahrungen austausche. Ich treffe ein Pärchen aus Berlin, bewaffnet mit Tränengas in einer Sprayflasche – um zu vermeiden, dass man beim Ziehen einer Tränengaspistole zufällig mit einer richtigen erschossen wird. Sicher nicht dumm. Ich treffe auch einen anderen Deutschen, der aufs Geratewohl durch die Türkei, den Iran und Afghanistan will, insgesamt nur fünf Wochen Zeit, dafür aber keinerlei Kenntnis der Verhältnisse hat. Aber man weiß ja nie, wem das Glück hold ist ...

Hier in Trabzon fühle ich, dass mein erster Anlauf, Westarmenien kennenzulernen, einen gewissen Abschluss gefunden hat. Ich kaufe kurzentschlossen eine Flugkarte nach Ankara, wo ich Yalcın, einen türkischen Studienkameraden, der auf Heimaturlaub ist, treffen will.

Ankara, 6.9.1976

Esenboğa, der Flughafen von Ankara, liegt 30 km außerhalb der Hauptstadt. Im Bus zur Stadt merke ich bereits, dass ich hier den europäischen Charakter der Innenstadt von Trabzon in großem Maßstab vor mir habe. Überall sind Esslokale geöffnet und es gibt trotz des Ramadan auch am Tage genug zu essen.

Ich suche sofort Yalcıns Wohnung und finde sie ohne Schwierigkeiten. Eine junge Frau, einige Jahre älter als ich, öffnet die Tür.

„Ben Almanyada Yalcının arkadaşıyım (ich bin ein Freund von Yalcın aus Deutschland)," stelle ich mich vor.

Sie reißt die Augen weit auf und lacht mir entgegen:

„Hoş geldin, ben Yalcının kızkardeşıyım (willkommen, ich bin Yalcıns Schwester)," sagt sie und bedeutet mir einzutreten.

Ich trete in die Wohnstube, die erste, die ich in all den Wochen betrete, die fast einer heimatlichen gleicht, nur etwas farbenfroher eingerichtet. Alle Großstädte gleichen sich an, denke ich.

Die Schwester stellt mich den Eltern und einem Onkel vor, alle drücken mir mit aufrichtiger, freudiger Überraschung die Hand und heißen mich ebenfalls willkommen. Leider sei Yalcın nicht zuhause, er sei für zwei Wochen fortgereist, werde aber gerade diesen Abend zurückerwartet. Sofort gehen die Frauen in die Küche, um Essen zu bereiten, während die Männer sich mit mir unterhalten. Der Onkel spricht etwas deutsch, was die Sache einfacher macht. Dann kommen die leckersten Dinge auf den Tisch – ich solle nur zugreifen, sie selber würden erst nach Sonnenuntergang essen. Ich solle aber nicht glauben, ich würde ihnen Umstände bereiten, Yalcın kümmere sich auch nicht um den Ramadan und würde essen, wann es ihm passe. Und so hätten sie gleich auch Essen für ihn, wenn er käme.

Den ganzen Tag lang kümmert sich die Familie um mich, ich erzähle von meiner Reise (ohne jedoch meine armenischen Beweggründe zu erwähnen, um nicht zu riskieren, dass Schatten auf die freundlichen Gesichter fallen könnten), erzähle von Berlin, von Yalcıns und meinem gemeinsamen Geologiestudium. Der Badeofen wird für mich angeheizt und ich nehme eine warme (!) Dusche, die mir wie die erste im Leben vorkommt.

Spät am Abend kommt Yalcın, für den es eine ebenso große Überraschung ist, mich hier zu finden. Nun fließt auch die allgemeine Unterhaltung, denn Yalcın kann natürlich fließend Deutsch und löst alle zuvor aufgekommenen Verständnisprobleme. Wir verabreden, dass ich den Tag darauf in Ankara bleiben und mir die Stadt zeigen lassen soll, und dass wir uns am 14.9. in Istanbul wiedertreffen wollen, um mit seinem Auto zusammen zurück nach Berlin zu fahren. Yalcın muss spätestens an diesem Tage sein Heimatland verlassen und nach Deutschland zurückkehren, da sonst laut Bestimmung des Kulturkonsulats sein Pass ungültig würde. Er verstünde es selbst nicht, es sei nichts als bürokratische Willkür, aber er müsse sich wohl oder übel daran halten.

Dann besorgt mir Yalcıns Vater ein schönes, ruhiges Hotelzimmer gleich in der Nähe. Nicht, dass sie mich nicht im Hause haben wollen, sondern weil sie Angst haben, ich würde gestört, wenn sie um drei Uhr aufstünden, um Essen zu bereiten und zu essen, bevor die Sonne aufginge ...

Am Tage darauf fährt mich Yalcın in der Stadt herum. Ankaras Innenstadt ist geprägt von Geschäftsvierteln, großen Verwaltungsgebäuden, breiten Straßen. Das Stadtgebiet ist hügelig. In den Außenbezirken sieht man häufig über große Teile der Stadt. Eine Weile gehen wir im Genclıkparkı, einer Parkanlage mit einem See, Cafés und Restaurants, umher. Der Park wird eingerahmt von vier großen Straßen, der Istanbul Caddesi, dem Cumhuriyet Bulvarı (Boulevard der Republik), dem Atatürk Bulvarı und dem Talâtpaşa Bulvarı.

„Nun, hast du Armenier gefunden, in Anatolien?" fragt Yalcın, als wir nebeneinander hergehen. Yalcın ist der einzige Türke, den ich schon vor meiner Reise in meine Pläne eingeweiht habe.

„Ja, ein paar schon," antworte ich, „aber nicht viele. Ihr scheint nicht sehr viele übriggelassen zu haben," fahre ich fort, halb spaßig, halb ernst.

Er antwortet nicht. Was soll er auch sagen? Wir haben schon vor langem über dieses Thema gesprochen. Ich bin der erste gewesen, der ihm davon erzählt hat. Und Yalcın hat seine Jandarma erlebt, wie sie bei Straßenschlachten zwischen konservativen und sozialdemokratischen Jugendgruppen Partei nimmt, die Rechten schützt und die ‚Kommunisten' zusammenschlägt und inhaftiert. Er wohnt mitten zwischen Universitätsgebäuden und Studentenwohnheimen und nicht selten hat er es mit ansehen müssen.

„Jeder, der den Mund aufmacht, ist automatisch Kommunist," sagt er. „Die Auseinandersetzungen finden in erster Linie zwischen Studenten statt. Es gibt Studentenlokale, in denen man besser die Schnauze hält. Sonst kommt man gerade noch um die nächste Straßenecke ... Die Leute vom Konya-Studentenheim gehören zu den schlimmsten. Aus Konya kommen die fanatischsten unter den Faschisten."

Ich denke an meinen gastfreundlichen Imam-Schüler in Konya, der mich mit seinem verächtlichen *„Ermeni fena, çok fena (Armenier sind schlecht, sehr schlecht)"* lieber das Buch über armenische Friedhöfe aus der Hand legen ließ, das ich mir gerade anschaute.

Dann biegen wir wieder in den Talâtpaşa Bulvarı ein, um am Hauptbahnhof vorbei zu den Busgaragen zu gehen, wo ich mich nach den Abfahrzeiten erkundigen will.

Istanbul, 14.9.1976

Nur wenige Aufenthalte habe ich auf dem Weg nach Istanbul gemacht; genauer gesagt drei: Pamukkale (das ,Baumwollschloss'), wie die berühmten Kalksinterterrassen bei Denizli genannt werden, Çanakkale an den Dardanellen und noch einmal Bursa. Ich bin nach zwei Monaten in der Türkei ein wenig müde geworden, Dinge anzuschauen, nur um etwas neues kennenzulernen, irgendwie gesättigt von neuen Eindrücken.

Pamukkale, so schön es als Naturerscheinung ist, so sehr ist es Touristenattraktion; und nicht nur für Europäer und Amerikaner. Als ich abseits der Ruinen des alten, griechischen Hierapolis in einem Wäldchen einen schattigen Platz gefunden habe, wo ich einen Moment allein war, kommt ein Auto mit einer vielköpfigen türkischen Familie, die zehn Schritte von mir entfernt ihre Decken ausbreiten und, begleitet von ungedämpftem und unaufhaltsamem Palaver, ein ausgiebiges Picknick beginnen. Ich bin merklich wieder im Westen – unvorstellbar, eine Familie aus Bitlis beim Picknick neben einer armenischen Klosterruine!

Çanakkale ist wieder so gut wie Europa, in jeder Beziehung. In der Pastahane läuft Rockmusik, während ich meinen Spezi trinke, und es kommt mir nicht einmal lächerlich vor. Abends in einem Hafencafé setzen sich drei Frauen, eine ältere und zwei junge, und ein kleines

Mädchen an den Nachbartisch. Nach einer Weile kommt das Mädchen zu mir herüber und meint, ich solle der einen der jungen Frauen Zigaretten anbieten, oder irgendetwas anderes. Ich lasse mich auf dieses Abenteuer lieber nicht ein.

In Bursa nehme ich gleich Kurs auf meinen Tack-tack-Menschen, fest entschlossen, den Preis für alles im Voraus abzusprechen. Aber mich erwartet eine freudige Überraschung. Ich bekomme sofort Tee und Pfirsiche angeboten, mit der Beteuerung, es würde nichts kosten. Er und seine Frau scheinen so angetan davon, dass jemand zum zweiten Male zu ihnen kommt, dass sie sich lange mit mir über meine Reise unterhalten, meine inzwischen erworbenen Türkischkenntnisse loben und einen ausgesprochen billigen Preis für ein gutes Abendessen nehmen. Am nächsten Morgen verlasse ich mit dem Mann die Herberge, als er zur Arbeit geht. Er setzt mich in einem Teehaus ab und sagt dem Wirt, die Rechnung ginge an ihn!

Und nun bin ich seit vier Tagen wieder in Istanbul; wohne in meinem alten Hotel nahe der Blauen Moschee und lasse das orientalische Leben an mir vorbeirauschen. Es nervt ein wenig, nach wie vor, denn ich bin kein Mensch der Hektik. Ich laufe im Großen Basar umher, kaufe ein paar Mitbringsel für meine Familie und mich selbst und konzentriere mich dann ein wenig auf die anderen Teile der Stadt, außerhalb Eminönüs, des Zentrums mit seinem wilden und unruhigen Treiben.

Einen der Tage verbringe ich in Fener und Balat, einem Gewirr von Sträßchen, krumm, schief, bergauf und bergab, Wäscheleinen von Haus zu Haus hoch über den Gassen gespannt. Ich finde bulgarische, griechische und jüdische Gemeinden mit Kirchen und Friedhöfen. Bei Leuten, die auf den Friedhöfen arbeiten, erkundige ich mich nach armenischen Gemeinden, aber niemand kann oder will mir Auskunft geben. Auch das Telefonbuch schweigt unter ‚Ermeni ...‘.

Einen anderen Tag bin ich in Beyoğlu, dem modernen Teil der Stadt nördlich des Goldenen Horns. Moderne Geschäftsstraßen, Kinos, die Oper, Bankenviertel und Verwaltungsgebäude. Aber auf den Straßen der gleiche chaotische Verkehr wie in Stambul, dem alten Konstantinopel, dem südlichen Teil der Stadt. In Şişli finde ich endlich einen armenischen Friedhof mit mehreren kleinen Kapellen. Die Leute dort sind von meinen Armenisch-Brocken entzückt, aber selbst sie geben keine Auskunft über andere armenische Einrichtungen; sie wüssten von nichts. Nur eine armenische Mädchenschule finde ich noch, ohne jedoch hineinzugehen.

Es ist ein Ding der Unmöglichkeit, dass die Angehörigen der christlichen Minderheiten nicht voneinander wissen, und dass selbst Armenier ihre armenischen Nachbargemeinden nicht kennen. Die Schweigsamkeit bezeugt wohl, dass sie Grund zu mangelndem Vertrauen haben, Grund, nicht zuzugeben, dass sie mit den anderen Kontakt haben. Vielleicht haben viele von ihnen wirklich keine Verbindung mit den anderen, um nicht den Eindruck von nationalen Verschwörungen zu erwecken? Warum soll sonst hier, wo es die meisten Armenier in der ganzen Türkei gibt, eine derartige Vorsicht herrschen? Die letzten rassistischen Gewalttaten, die hier in Istanbul vorkamen, sind erst gute zwanzig Jahre her, fällt mir ein; damals waren es besonders Griechen, die im Zuge der Zypern-Auseinandersetzungen zu leiden hatten. Aber man machte wohl nicht die großen Unterschiede; orthodoxe Christen waren orthodoxe Christen. Und sind es vielleicht noch immer. Besser man tut, als ob man die anderen nicht kennt.

Und dann das allabendliche Schauspiel an der Blauen Moschee, dass ich bereits viermal gesehen habe, denn ich erlebe es notgedrungen vom Hotelfenster aus mit. Einen Abend auf Deutsch, den nächsten auf Türkisch, dann englisch und heute schließlich französisch. In allen Farben wechselnd wird die beeindruckende Moschee mit ihren sechs Minaretten angestrahlt und poetische, bezaubernde Worte, in guter Tonqualität aus überdimensionalen Lautsprechern, schildern die Geschichte Istanbuls und der Moschee; ein ergreifendes Erlebnis, und wer es nicht anders weiß, ist versucht, an die glorreiche Vergangenheit des Türkentums und des Islams in dieser Ecke der Welt zu glauben.

RÜCKBLICK:

Was nicht verlesen wird, ist das Telegramm Talât Paşas, eines unter vielen:

„Es ist ihnen bereits mitgeteilt worden, dass die Regierung auf Befehl des Cemiyet beschlossen hat, alle Armenier, die in der Türkei wohnen, gänzlich auszurotten. Diejenigen, die sich diesem Befehl und diesem Beschluss widersetzen, verlieren ihre Staatsangehörigkeit. Ohne Rücksicht auf Frauen, Kinder und Kranke, so tragisch die Mittel der Ausrottung auch sein mögen, ist, ohne auf die Gefühle des Gewissens zu hören, ihrem Dasein ein Ende zu machen.

15. September 1915. Minister des Innern. Talât." [19]

Talât wurde am 15. März 1921, nach Ende des Krieges, in Berlin von einem Armenier erschossen. Der Täter wurde gefasst und freigesprochen. Aber an dem Boulevard in der türkischen Hauptstadt Ankara, der am Hauptbahnhof beginnt, prangt Talâts Name bis zum heutigen Tage.

Wie viel Türken gibt es eigentlich, bei denen so etwas Gefühle hervorruft, wie es das in uns tun würde, wenn der Kurfürstendamm in Berlin den Namen Hitler-Allee trüge?

*

Berlin, 30.9.1976

Seit fast zwei Wochen bin ich wieder in Berlin. Oft habe ich mir in dieser Zeit Gedanken gemacht über das Erlebte und habe die Erwartungen, mit denen ich die Reise begann, damit verglichen.

Ich hätte mehr erleben können, hätte mit noch intensiverer Vorbereitung im Voraus Kontakte knüpfen, mir Orte beschreiben lassen und noch besser Sprachen lernen können. Aber es wäre nicht das gleiche gewesen. So habe ich die Türkei aus der Perspektive des wenig eingeweihten Fremden kennengelernt, habe Vorbehalte, Spannungen, Ängste und nicht verarbeitete Gegensätze aus der Geschichte gespürt, die überall auf den aufmerksamen Beobachter lauern. Der Eindruck wäre ein anderer gewesen, ein mehr im Voraus absehbarer, wäre ich mit Adressen in der Tasche gekommen, hätte ich die Armenier nicht suchen müssen, hätte ich bereits zu viele Details gewusst. Jenes kann ich nachholen, aber das Erlebte wäre mir nicht vergönnt gewesen.

Bereits am Abend vor meiner Abreise aus Berlin war mir, hervorgerufen durch die Begegnung am Kurfürstendamm, klar geworden, dass ich einen guten Engel über mir hatte. Und der schwebte dort irgendwie die ganze Zeit, half mir, sicher und selbstbewusst aufzutreten, in kritischen Situationen die Ruhe zu bewahren und alles zum Besten zu kehren und warnte mich, wo unsichtbare Gefahren drohen konnten.

Ich weiß nicht, was beim zweiten Male hinter der Toprakkale bei Van geschehen wäre, was, wenn ich in Ağrı übernachtet hätte, was, wenn ich beim Mitfahren im Lastwagen nach Malabadı oder zu anderen Gelegenheiten die Beherrschung verloren hätte.

Auf der Reise habe ich gelernt, andere Maßstäbe zu setzen. Für mich selbst, meine Lebensphilosophie – und vielleicht auch für andere, die mir nahestehen, oder die meine Aufzeichnungen lesen. Ich habe gelernt, wie belanglos vieles von dem ist, was in Europa so wichtig erscheinen kann. Wer nie im Entferntesten die Erfahrung gemacht hat oder sich auch nur eine Vorstellung davon machen kann, wie ein Leben nahe dem Existenzminimum und unter ständiger Bedrohung durch sowohl Mitmenschen als auch durch die Obrigkeit aussieht, der ist freilich in der Lage, sich wegen einem Prozent mehr oder weniger Lohnerhöhung den Kopf heiß zu machen. Der bringt es freilich fertig, sich wegen eines Streits mit einem Nachbarn über den Lärm, den der Rasenmäher macht oder einer Beule im Auto schlaflose Nächte zu bereiten.

Es sind mir auch macht- und wirtschaftspolitische Zusammenhänge klargeworden, die sonst zwar theoretisch erkennbar, aber doch zu fern liegen, um wirklich mit allem Nachdruck ins Bewusstsein zu dringen; Zusammenhänge zwischen Reden, Taten, Absichten und Folgen. Wie beispielsweise, wenn ein westeuropäischer oder amerikanischer Staatsminister öffentlich über Menschenrechtsverletzungen in den Warschauer-Pakt-Staaten wettert, bevor er in sein Amtszimmer zurückkehrt und die nächste Waffenlieferung an den NATO-Partner Türkei unterschreibt.

Ich habe begriffen, dass das nicht nur in Kaiserreichen, Diktaturen und anderen totalitären Regimen gilt, sondern ein übergeordnetes, ungeschriebenes Gesetz der Politik ist, das zu allen Zeiten gegolten hat und noch immer gilt, heute, im Zeitalter der Republiken und Demokratien: der Verrat am Gewissen zum Zweck der Macht und die impertinenten Beteuerungen der eigenen Unschuld und der Schuld der anderen gegenüber den gutgläubigen, unmündigen Massen. Und das Blut von Unschuldigen ist immer geflossen und wird weiter fließen ...

Der Berg Ararat, der Massis, der Ağrı Dağı, der Berg des Leidens hat es Jahrtausende lang mit angesehen. Und gibt es vielleicht nur irgendein noch so kleines Anzeichen dafür, dass sich bis jetzt, mitten in der zweiten Hälfte des zwanzigsten Jahrhunderts, irgendetwas daran geändert hat?

Ով ուզում է ճշմարտությիւնը խոսել
պէտք է մի թամբած ձի պատրաստ ունենա:

Wer die Wahrheit sagen will,
muss ein gesatteltes Pferd bereit halten·

(armenische Weisheit)

ISKUHI (AUFARBEITUNG)

Es ist Mitte September 1987. Vor einigen Tagen hat der Herbst begonnen. Die Bäume haben, zuerst kaum merklich, die ersten gelben und roten Blätter bekommen und nun, fast über Nacht, sind die Ebereschen zu roten, die Birken und Aspen zu gelben Flammen im Dunkelgrün des nordischen Fichtenwaldes geworden. Es wird zunehmend kühler von Tag zu Tag. Vor kurzem noch konnte ich die Sonne des Spätsommers fühlen, als ich durch den Wald ging. Die ersten Nordlichter zuckten in klaren Nächten über den Himmel. Aber jetzt ist der Himmel grau. Nebel und Sprühregen hüllen alles ein. Die Jahreszeit hat gewechselt.

Elf Jahre ist es her, dass ich durch Westarmenien reiste. Seitdem bin ich nicht wieder dort gewesen. Lange habe ich danach mit meinen armenischen Bekannten Kontakt gehalten, bis ich aus Berlin fortging um mir hier im Norden mein Zuhause einzurichten. Jedoch hat mich Armenien nie ganz losgelassen. In all den vergangenen Jahren stand in meinem Bewusstsein etwas zwischen den Zeilen geschrieben, das immer wieder die Obstgärten vom Musa Ler oder die Dämmerstunden am Van-See in Erinnerung rief. All die Berge, Gletscher, Fjorde und Wälder, die nun die Szenerie meiner beruflichen Tätigkeit bilden, haben die Grassteppen, Flussoasen und Vulkane des Armenischen Hochlandes nicht verblassen lassen. Und während die Welt sich plötzlich neu besinnt, alte Verbrechen aufspürt und alte Schuld anklagt und während Armenien weiter dahinstirbt, sitze ich am Kaminfeuer und schreibe die Geschichte von Iskuhi.

Iskuhi hat es nicht wirklich gegeben. Oder, besser gesagt, es hat sie – und ihre männlichen Vertreter – hundertmal gegeben. Vielleicht tausendmal. Von jeder dieser Iskuhis kenne ich nur einen kurzen Lebensabschnitt, eine Episode. Ich schreibe sie alle zusammen, so als ob es eine einzige Iskuhi wäre, in der sich alle diese Episoden vereinen. Diese eine steht für alle und viele Armenier werden sich vielleicht in ihr wiedererkennen. Und deswegen hat es sie eigentlich doch gegeben.

1. Verstreut in alle Winde

Die Luft war mild und feucht. Die Sonne schien, aber es hatte mehrfach geregnet. Auch jetzt wieder zogen dunkle Wolken am Horizont auf. Blütenduft aus den Gärten mischte sich in die vom verdunstenden Regenwasser feuchte Luft. Der Lärm spielender Kinder, die die Pausen zwischen den Schauern zum Einkriege spielen nutzten, das Bellen eines Hundes, der anscheinend glaubte, das Spiel gelte ihm ... ich fühlte mich viele Jahre zurückversetzt in die Zeit, als ich in dieser Stadt gelebt hatte.

Ich war auf einem meiner immer seltener werdenden Zwischenaufenthalte in Berlin. Harald, ein alter Freund von mir, den ich angerufen hatte, hatte gerade ein Gartenfest geplant. Es passe großartig, meinte er, da würde ich dann gleich noch ein paar andere alte Bekannte treffen. Nun, ich war gespannt, guter Laune, und ich freute mich auf das Beisammensein. Es war ein Jahr vergangen, seit wir uns zuletzt gesehen hatten.

Harald öffnete die Gartentür.

„Na, alter Junge, du scheinst den Eisbären wohl nicht geschmeckt zu haben," empfing er mich. Er spielte auf meinen Forschungsaufenthalt in der Arktis an, von dem ich gerade zurückgekommen war. Wir gingen ins Haus und ich legte den mitgebrachten Wein in den Kühlschrank. In der Küche waren zwei weitere Bekannte von mir und wir sprachen eine Weile miteinander. Dann schien Harald etwas einzufallen, an das er bisher nicht gedacht hatte:

„Sag mal, warst du das nicht, der mal in Armenien war? Oder was mit Armeniern zu tun hatte?"

„Ja, da wirst du schon mich meinen," antwortete ich.

„Dann haben wir heute eine Überraschung für dich. Gerhard, ein Kollege von mir, ist mit seiner Frau hier. Die haben eine Armenierin bei sich zu Besuch und die haben sie hierher mitgenommen."

Ja, das war tatsächlich eine Überraschung. Ich hatte längere Zeit keinen Kontakt mehr mit Armeniern gehabt und alte Zeiten kamen mir in Erinnerung.

„Woher kommt sie?" fragte ich.

„Weiß nicht, Türkei oder so, glaube ich. Spricht jedenfalls Englisch."

Die Aussicht darauf, etwas neues über die Situation der Armenier in der Türkei zu erfahren, ließ meine Spannung steigen. Leicht aufgeregt legte ich mir einige Begrüßungsfloskeln auf Armenisch zurecht, die schon fast in Vergessenheit geraten waren. Zwar klingt es arrogant, jemanden zum Beispiel auf Französisch zu begrüßen, wenn man die Sprache kaum beherrscht, aber mit Sprachen wie Armenisch ist das etwas anderes. Es zeigt, dass man – im Gegensatz zu den meisten Menschen – der Existenz dieses Volkes bereits eine gewisse Aufmerksamkeit gewidmet hat.

Wir gingen hinaus in den Garten. Ein gutes Dutzend Leute stand oder lag auf dem Rasen umher. Harald stellte mich vor und erklärte mir, wer die einzelnen von ihnen waren. Aber eine Armenierin war nicht dabei. Dann führte mich Harald zu einem Tisch auf der überdachten Veranda, der mit verschiedenen Kuchen, Thermosflaschen mit Kaffee und Tee und einigen Stapeln Tellern und Tassen gedeckt war und bat mich, mich selbst zu bedienen.

In diesem Augenblick trat sie aus dem Haus. Ihre dunklen Brauen, die sich in weitem Rund über den großen Augen wölbten, die hohen, leicht betonten Backenknochen, die dem sonst rundlichen Gesicht die typische Prägung gaben, ließen keinen Zweifel übrig. Sie war in meinem Alter, trug schulterlanges, fast schwarzes Haar und ein europäisches Sommerkleid.

Ich war mir nicht im klaren darüber, ob sie besonders hübsch war, oder ob es das Armenische an ihr war, das mich ansprach.

„Hier ist sie ja," meinte Harald. „We have got a new guest," sagte er dann zu ihr gewandt und stellte mich vor.

„But, sorry, I forgot your name ..."

„Iskuhi." Sie reichte mir die Hand und lächelte.

„Parew," grüßte ich auf Armenisch. Ein kurzes Zucken ging über ihr Gesicht. Dann wurden ihre Augen noch größer als sie schon von Natur aus waren und das Lächeln verstärkte sich etwas.

„Hajeren ge chosikh? (Sprechen Sie Armenisch?)" fragte sie erstaunt und zweifelnd zugleich.

So lernte ich Iskuhi kennen. Sie war türkische Staatsbürgerin, war bereits wegen ihrer Tätigkeit gegen die Verfolgung von Armeniern verhaftet worden. Als sie keine Möglichkeit mehr sah, in der Türkei für ihre Sache zu arbeiten, hatte sie das Land aus Furcht vor weiteren Repressalien verlassen. Sie war nach Berlin gekommen, weil sie hier armenische Bekannte wusste. Sie hatte einige Wochen bei einer Freundin aus Istanbul gewohnt, die schon seit längerer Zeit als Gastarbeiterin bei einer Berliner Tageszeitung arbeitete. Aber dort war es zu eng für einen Dauergast. Schließlich hatte sie Kontakt zur armenischen Kolonie in Berlin aufgenommen, wo sie auf einem Filmabend Gerhard und Angelika getroffen hatte. Gerhard hatte als Examensarbeit für sein Politologiestudium eine Analyse der Friedensverträge des Ersten Weltkrieges geschrieben und war dadurch auf die armenische Problematik gestoßen. Iskuhi wurde schnell mit den beiden bekannt. Gerhard und Angelika hatten ein geräumiges Haus und kurz darauf war sie bei ihnen eingezogen.

Ich glaube, Harald und meine anderen Freunde hatten mich für diesen Nachmittag bald aufgegeben. Sie saßen zunächst bei uns am Gartentisch, aber nach einiger Zeit stellte ich in einer Gesprächspause fest, dass sie sich zu einem anderen Tisch gesellt hatten und mit den anderen das Abendessen diskutierten.

„Hast du einen Asylantrag gestellt, als du nach Berlin kamst?" fragte ich.

Wir sprachen englisch miteinander, wo es keinen Unterschied zwischen ‚Du' und ‚Sie' gibt. Jetzt, wo ich unsere Gespräche in deutscher Sprache niederschreibe, ist mir Iskuhi so vertraut geworden, dass es mir vollkommen fremd vorkäme, würde ich in der Übersetzung das ‚Sie' verwenden.

„Nein, ich glaube auch nicht, dass ich es tun werde", antwortete sie. „Ich habe Armenier kennengelernt, die monatelang in Asylheimen saßen, ohne arbeiten zu dürfen, und warteten und warteten. Manche warten weit über ein Jahr, mit ständig sinkender Hoffnung und steigender Angst, nach Istanbul oder Ankara zurückgeschickt zu werden, wo sie dann natürlich gleich von der Jandarma in Empfang genommen würden. Aber dazu bin ich mir zu schade."

„Aber eine gewöhnliche Aufenthaltsgenehmigung bekommst du doch wohl auch nicht so einfach?"

„Nein, ich bin sozusagen Tourist. Offiziell jedenfalls. Ich habe eigentlich auch gar nicht vor, noch lange hier zu bleiben. Berlin bot sich als erster Schritt an. Hier habe ich Bekannte und von hier aus kann ich mir leichter den Weg nach Armenien öffnen als von Istanbul aus, wo sie mich ständig beobachten."

„Du willst also nach Sowjet-Armenien gehen?"

„Ich glaube schon. Ich habe mein Leben lang unter Fremden gelebt, wo man nicht sein darf, wer man ist. Ich sehne mich danach, gleiche unter gleichen zu sein, in meiner Sprache zu leben ... Es ist nicht die Sowjetunion, in die ich will, es ist Armenien."

„Aber du kannst nicht nach Armenien gehen, ohne die Vorsilbe ‚Sowjet-' in Kauf zu nehmen."

„Ich nehme sie halt mit in Kauf. In der Sowjetunion hat eine Zeit des Umbruchs angefangen. Ich glaube an die Zukunft dort."

Der Himmel war wieder dunkler geworden und der nächste Regenschauer kündigte sich mit den ersten Tropfen an. Wir gingen unter das Dach auf die Veranda.

„Na, da hast du ja deinen Gesprächspartner gefunden", grinste Harald. „Da bist du nach einem ganzen Jahr mal wieder im Lande und dann wird man dich sofort an die erstbeste Armenierin los."

„An so was müsst ihr euch bei mir gewöhnen", gab ich zurück. „Du hättest uns beide eben nicht gleichzeitig einladen dürfen."

Der Regen prasselte nun richtig los und es sah aus, als würde der Rest der Gartenfeier ins Wasser fallen.

„Wir machen's uns drinnen gemütlich", rief Harald und wir folgten ihm ins Haus.

Ich fühlte mich meinen Freunden verpflichtet und gesellte mich wieder zu ihnen, in der Hoffnung, später mehr mit Iskuhi sprechen zu können. Ich wollte erfahren, was sie erlebt hatte, wollte über die aktuellen Zustände hören und was alles in den letzten Jahren vorgefallen war.

Wenig später, als ich auf der Veranda nach dem Wetter Ausschau hielt, kam sie mir nach und fragte:

„Hast du nicht vorhin gesagt, du hast schon immer über Armenien schreiben wollen, aber hättest nicht genügend aktuellen Stoff?"

„Sowas ähnliches habe ich vielleicht gesagt."

„Du kannst ihn von mir bekommen", sagte sie. „Ich will alles tun, was uns nur irgendwie weiterhilft. Armenien ist nur ein Fleck auf der Landkarte, um den sich niemand kümmert. Man muss schreiben, sprechen, rufen, die Leute anschreien ... sonst nimmt keiner Notiz von uns. Wir leben in Gemeinden oder als Einzelne über die Welt verstreut. Was uns zusammenhält, ein Volk sein lässt, ist der Glaube daran, dass wir es irgendwann einmal wieder erreichen werden, wir selbst zu sein – in einem Land, das uns gehört."

„Du solltest in die USA gehen", meinte ich. „In Kalifornien gibt es große armenische Gemeinden. Dort findest du sicher Anschluss. Und dort kannst du schreiben, was du willst. In Amerika darf man alles schreiben. Aber in Jerewan verbieten sie dir den Mund."

Ich war mir selbst nicht klar darüber, warum ich ihr davon abraten wollte, nach Sowjet-Armenien zu gehen. Es geschah ganz instinktiv, dass ich Argumente suchte, die gegen ihr Vorhaben sprachen. Ich war keinesfalls davon überzeugt, dass Amerika der richtige Ort für Iskuhi sein würde, genauso wenig, wie ich es von Sowjet-Armenien war. Ich glaube eher, es ist eine Angewohnheit von mir, in Zweifelsfragen immer den entgegengesetzten Standpunkt des Gesprächspartners zu vertreten, um alle Seiten einer Frage zur Geltung zu bringen.

„Den Mund verbieten sie einem überall, sobald die Gefahr besteht, dass man mit dem Reden was erreicht," antwortete Iskuhi. „Das ist auf der ganzen Welt so und beschränkt sich nicht auf Armenier, nicht auf die Sowjetunion oder die Türkei. In Amerika sind die Menschen so mit Informationen überfüttert, dass sowieso keiner mehr hinhört. Deshalb kann man ruhig jeden reden lassen. In der Sowjetunion hungern die Menschen nach Informationen. Dort findet man Gehör, wenn man nur so geschickt vorgeht, dass einem niemand etwas anhaben kann."

„Und in der Türkei?" fragte ich, eine Anspielung auf ihre Flucht vor politischer Verfolgung machend.

„In der Türkei haben alle Angst; die, die reden und die, die zuhören." Sie machte eine Pause. „In der Türkei ist man an der Wahrheit nicht interessiert, weil der, der sie weiß – das heißt, wer zugehört hat ohne den Erzähler anzuklagen – sich bereits des Volksverrats schuldig gemacht hat."

„Du meinst, die Wahrheit über die Armenier?"

„Das ist nur eine Sache unter vielen. In der Türkei ist vor dem Gesetz schuldig, wer ,Propaganda treibt, die die Nationalgefühle zerstört oder schwächt'. Das wird gegen jeden ausgelegt, der auf irgend einen dunklen Punkt in der türkischen Geschichte oder Politik aufmerksam macht und sei es nur gegenüber einem Bekannten, der einem gerade nicht ganz freundlich gesonnen ist. Das bedeutet Gefängnis, und Gefängnis in der Türkei ist oft gleichbedeutend mit Folter." [20]

„Also ist es aus Angst, dass man die diktierte Wahrheit übernimmt?"

„Bei vielen Leuten schon. Aber es gibt auch jede Menge Türken, und vielleicht sind das die meisten, die einfach glauben, was ihnen erzählt wird, so wie man halt glaubt, was einen die Eltern und die Schule lehren. Diese Leute halten natürlich die Wahrheit für Lüge und sind daher leicht gegen jeden aufzubringen, der sie verbreitet."

„Und solche Leute machen Karriere und bestimmen die türkische Politik," ergänzte ich. „Und solche Leute lassen wohl auch türkische Armenier wie dich im Ausland beobachten und üben Repressalien auf deren Familien in der Türkei aus?"

„Ich habe keine Familie mehr in der Türkei," antwortete sie. „Mich kann niemand erpressen."

„Aber ist das für viele nicht der Grund, sich hier in Deutschland unter türkischen Gastarbeitern zu verstecken, sich keiner armenischen Vereinigung anzuschließen oder gar über die Sache zu berichten?"

„Für viele ist das natürlich ein Grund. Wer will schon, dass seinen Kindern in Istanbul verweigert wird, eine armenische Schule zu besuchen, oder noch Schlimmeres. Wir haben aber auch im allgemeinen kein sehr großes Vertrauen in Deutschland."

„Unsere alte Kriegsbrüderschaft mit den Türken?"

„Nicht nur das. Es gibt über zwei Millionen Türken in Deutschland und wir wissen, dass ihr Deutschen genug Schwierigkeiten damit habt, als dass euch Dinge willkommen wären, die das deutsch-türkische Verhältnis noch zusätzlich belasten. Und wenn dann doch mal Stimmen laut werden, die Aufklärung fordern, dann fahren ein paar Politiker nach Ankara, fragen den Ministerpräsidenten, was es mit den Armeniern auf sich hat, kommen zurück und geben die dummdreisten Lügen zum Besten, die man ihnen dort aufgetischt hat. – Jedenfalls würde auch ich, wie gesagt, in Deutschland lieber ein Gastarbeiterdasein führen, als einen Asylantrag stellen. Ich kenne Armenier, die nach langer Wartezeit schließlich abgewiesen wurden. Und das mit der Begründung, man sähe zwar ein, dass Armenier in Anatolien verfolgt würden, aber sie könnten ja nach Istanbul gehen, denn dort seien sie sicher."

„Man versucht natürlich, soviel Asylbewerber wie möglich abzuwimmeln, weil jährlich Tausende kommen."

Ein etwas feindlicher Blick traf mich und mir tat meine voreilige Art, immer Gegenargumente anzuführen, schon leid.

„Ich bin in Istanbul nicht mehr sicher! Und das nur, weil ich ab und zu die Wahrheit erzählt habe. Ich würde auch vor einem deutschen Asylrichter nicht sicher sein, denn er könnte mich zurückschicken, und dann würden sie mich gleich weiter nach Bitlis verfrachten, oder in einen anderen Kerker, weil mein Asylantrag von den Türken als Staatsverleumdung ausgelegt würde. Wenn ich Asyl suche, dann tue ich es, wo ich mit Hilfe rechnen kann, aber nicht, wo man mit meiner Notsituation spielt, um die Beziehungen zur Türkei nicht zu belasten."

Obwohl in Iskuhis Worten viel Bitterkeit lag, sprach sie ruhig und gelassen. Fast, als hätte sie sich die Worte zurechtgelegt. Vielleicht hatte sie wirklich schon in Gedanken geschrieben, was sie auf Papier nicht hatte schreiben dürfen.

„Ja", sagte sie nach einer erneuten Pause, „ich werde dir eine Menge erzählen, das du für die Deutschen aufschreiben kannst. Und dann gehe ich nach Jerewan."

ANMERKUNG: Von ungefähr sieben Millionen Armeniern lebt heute über die Hälfte außerhalb ihres Heimatlandes, in der Diaspora. Die meisten von ihnen sind Nachkommen derjenigen, die vor dem Genozid flüchten konnten. Aber anderthalb Millionen leben in den Sowjetrepubliken Aserbaidschan, Georgien und Russland. Innerhalb des Nahen Ostens verteilen sich um die 750 000 Armenier vorwiegend auf die Länder (der Anzahl nach) Iran, Libanon, Syrien, Irak, Israel und Zypern, wenn man von der Restbevölkerung in der Türkei (1980: etwa 50 000), die sich zunehmend dezimiert, absieht. In Europa ist Frankreich lange Zeit bevorzugtes Auswanderungsland gewesen, wo heute über 300 000 leben, während es in vielen anderen europäischen Ländern (Griechenland, Bulgarien, Großbritannien, Deutschland, Schweden) kleinere Gemeinden gibt. Schließlich sind die USA und Canada mit zusammen nahezu einer Million zu nennen und selbst in Australien leben um die 50 000 Armenier. Heute ist nicht nur die Türkei Herkunftsland armenischer Flüchtlinge, sondern die jüngeren Geschehnisse im Nahen Osten bewirken, dass auch eine große Zahl von Armeniern aus dem Libanon und dem Iran in westliche Länder oder nach Sowjet-Armenien auswandern. [21]

2. Die Pforte zum Okzident

Die Begegnung mit Iskuhi hatte meine Gedanken in Fahrt gebracht. Nach vielen Jahren, in denen ich an ganz andere Dinge zu denken hatte, stand Armenien mit seinem Schicksal plötzlich wieder vor mir. Das Band, das mich damals mit Armenien verbunden hatte, war auf einmal wieder geknüpft und dieses Band war Iskuhi, war die Sehnsucht, die aus ihren großen, dunklen Augen sprach.

Wir trafen uns zwei Tage darauf in einer von Berlins unzähligen Pizzerias. Ich war zuerst dort und während ich wartete, fiel mir einer der Abende vor elf Jahren ein, kurz bevor ich damals in die Türkei fuhr. Da war ich mit einer Freundin in einer solchen Pizzeria gewesen und hatte ihr über Armenien erzählt. Ich war sehr jung und das ganze hatte einen starken Beigeschmack von orientalischem Abenteuer gehabt. Jetzt saß ich hier und wartete auf eine Armenierin, für die alles traurige Realität war – die jeden Morgen mit der Angst erwacht war, die Jandarma könnte vor der Tür stehen und sie im nächsten Augenblick wieder verhaften.

Iskuhi kam fast zur verabredeten Zeit. Sie grüßte auf Armenisch und ich erwiderte ihren Gruß. Dann kam ein ganzer armenischer Wortschwall auf mich zu, während sie sich an den Tisch setzte. Ich überlegte noch, wie ich aus den paar Worten, die ich vom ersten Satz verstand, einen Sinn machen sollte, während sie bereits beim fünften war. Schließlich musste sie über mein verdutztes Gesicht lachen.

„Es wird Zeit, dass du armenisch lernst", sagte sie dann, wieder auf Englisch. „Wenn du über Armenier schreiben willst, ist es wichtig, die armenische Kultur zu kennen. Und Kultur beginnt mit der Sprache."

Ein ironischer Ausdruck Lag auf ihrem Gesicht.

„Ich bin mir vollends im Klaren darüber", antwortete ich. „Aber bitte denk daran, dass es etwa acht Jahre her ist, dass ich zum letzten Mal mit einem Armenier gesprochen habe, und dich habe ich erst vor zwei Tagen kennengelernt, also ..."

„Schon gut", unterbrach sie mich lächelnd. „Ich genieße es, in der Öffentlichkeit armenisch zu sprechen, ohne dass mir von allen Seiten finstere Blicke entgegengeworfen werden. Nur schade, dass es niemand versteht."

Wir bestellten Tsatsiki und gebackene Auberginen, um der Atmosphäre einen leichten armenischen Anstrich zu geben, obwohl die Speisekarte wohl eher auf griechischen, als auf armenischen Einfluss zurückzuführen war. Als Iskuhi das erwähnte, fiel mir mein Besuch auf dem griechischen Friedhof in Istanbul ein und die schweigenden, teils abgewandten Gesichter der Arbeiter, als ich nach einem armenischen Friedhof fragte. Ich erzählte es Iskuhi.

„Das musst du verstehen", meinte sie darauf. „Natürlich wissen die Griechen, wo die armenischen Gemeinden sind und jeder weiß, dass sie es wissen. Aber sie haben Angst, dass du weiter fragst und ihnen irgendetwas entfährt, das sie besser nicht wissen sollten. Man traut Niemandem. Du hättest im Auftrag irgendeiner Behörde dort sein können, die herausbekommen will, ob irgendwelche Kontakte zwischen den christlichen Gemeinden existieren, die man als verschwörerisch deuten könnte. Solche Dinge kommen öfter vor."

„Würden sie da einen 20-jährigen, ausländischen Studenten schicken, der kaum türkisch kann?"

„Natürlich. Die sind am unauffälligsten. Solche Spitzel geben sich am liebsten als harmlose Touristen aus."

Wir bekamen unsere griechisch-armenischen Auberginen und den Wein, den wir dazu bestellt hatten.

„Griechen und Armenier haben ein ähnliches Los in Istanbul", fuhr Iskuhi fort. „Und mit ihnen die anderen christlichen Minderheiten. Wir müssen zusammen leiden, aber dürfen nicht zusammen weinen."

Sie hob ihr Glas und wir stießen an. Ich überlegte nach deutscher Gewohnheit, ob ich irgendetwas Schlaues sagen sollte, auf was wir anstießen. Aber ich hielt mich zurück – es war ohnehin klar, weshalb wir zusammensaßen und was wir uns wünschten.

„Das erste, was geschah", begann Iskuhi, „was ich mit meinem eigenen Leben in Verbindung bringe, war der Überfall auf die christlichen Viertel von Istanbul im September 1955. Ich war damals gerade geboren und kann mich natürlich an nichts erinnern. Aber meine Mutter erzählte oft davon; es waren wohl die schrecklichsten Stunden, die sie in ihrem Leben durchmachte. Es war während der Zypernkrise, als viele Türken eine antigriechische Demonstration abhielten. Währenddessen kam plötzlich die Nachricht, dass ein Bombenattentat auf Atatürks Geburtshaus in Thessaloniki verübt worden sei, eine Nachricht, die, wie alle vermuteten, absichtlich gerade zu diesem Zeitpunkt verbreitet wurde, um die bereits angestachelte Menschenmasse noch mehr aufzuhetzen. Meine Mutter hörte Motorenlärm und wildes Geschrei auf der Straße und sah aus dem Fenster, wie Gruppen von Türken mit Hacken und Schaufeln von Lastwagen sprangen, über griechische und armenische Geschäfte herfielen, alles zerschlugen und die Läden auszuplündern begannen. Sie brüllten ‚Christenhunde‘ und ‚Ungläubige Schweinefresser‘. Meine Mutter stand, mit mir auf dem Arm, wortlos da und starrte aus dem Fenster. Es war meine Großmutter, die die Lage sofort erfasste. Sie hatte die Jahre ab 1915 miterlebt. ‚Du lieber Gott!‘ rief sie zu meiner Mutter. ‚Jetzt geht es wieder los. Wir müssen fort, schnell!‘ Sie ergriff ein Küchenmesser, das sie im Ärmel versteckte, und zog uns hinter sich her, durch den Hinterausgang, über eine kleine Gasse, wo niemand war, zu einem Nachbarhaus. Unser Haus hatte keinen Keller. Aber im Nachbarhaus hatten sie einen Kellerraum mit einer Eisentür. Es waren im Ganzen fünf Familien, die sich dort versteckten. – Die Zerstörungen und Plünderungen währten über Nacht und erst am nächsten Tag griff die Polizei ein und nahm eine Menge der Leute fest. Als meine Mutter zurück in unsere Wohnung kam, waren dort nur ein paar Fenster mit Steinen eingeworfen worden. Aber das Geschäft meines Vaters war vollkommen ruiniert worden. Er selbst hatte sich verstecken können und es war ihm nichts geschehen. Tausende von griechischen und armenischen Geschäften waren zerstört, viele Kirchen und Schulen niedergebrannt und Friedhöfe geschändet worden. Glücklicherweise war es nicht zu Massakern gekommen, aber viel hatte nicht daran gefehlt. Nach diesen Tagen wanderten wieder Tausende Armenier und Griechen aus.“ [22]

„War das der einzige Vorfall solcher Art seit 1923?“

„In solchem Ausmaße und in Istanbul, ja. Aber kleinere Vorkommnisse hat es öfter gegeben, besonders in Anatolien. „

„Ich frage mich öfter, ob die Wurzel solchen Übels in der Bevölkerung oder in den Behörden liegt. Sind es die Behörden, die die Massen aufhetzen, oder sind es die Massen, aus denen solche Behörden hervorgehen? Das ganze scheint ein Teufelskreis zu sein.“

„Ja, und wir sind mitten drin.“ Sie trank von ihrem Wein und sagte dann: „Leute haben mich öfter gefragt, ob ich den Türken als Volk die Schuld geben will, und diese Frage ist nicht leicht zu beantworten. Einerseits ist es, wie du sagst – das Volk formt die Politiker und die Politiker formen das Volk. Andererseits leiden auch viele Türken selbst unter der Willkür ihres Systems. Viele werden zu erbitterten Staatsfeinden und werden zu Kommunisten gemacht, ob sie welche sind oder nicht. Einige versuchen, über die Medien Einfluss zu nehmen, der Zensur zu trotzen, mit oder ohne Erfolg."

„Dass diese Ansätze da sind, zeigt ja eigentlich, dass man sie nicht generell verurteilen darf. Wenn diejenigen, die sich von ihrer anerzogenen Weltanschauung freimachen können, das Übel erkennen, so sollte doch Hoffnung bestehen, dass sich die Zustände einmal ändern."

„Ja, vielleicht einmal, wenn keine Armenier mehr da sind. Wir warten seit hundert Jahren auf unser Recht, ungestraft in unserer Heimat leben zu können. Wir können uns nicht, weil es auch einsichtige Türken gibt, von der Masse der anderen demütigen und vertreiben lassen. Wir müssen die Türken als Nation anklagen, verstehst du, es bleibt uns keine Wahl!"

Ich widersprach Iskuhi nicht. Ich verstand sie sehr gut und wusste, dass sie nicht anders sprechen konnte, obwohl auch sie sich über die Zusammenhänge im Klaren war. Trotzdem schauderte mich der Gedanke, eine Nation als solche zu verurteilen. Das war genau das, was viele mit uns Deutschen taten, während und nach dem zweiten Weltkrieg und vereinzelt auch heute noch.

Iskuhi schien meine Gedanken zu erraten, denn sie sagte:

„Es gibt einen Unterschied zwischen den nationalsozialistischen Verbrechen der Deutschen und denen der Türken. In Deutschland war es eine Herrschergruppe, die sie verübte, und seitdem haben fast alle unbedingten Abstand davon genommen. In Deutschland versucht man dahin zu erziehen, dass dergleichen niemals wieder vorkommen darf. Aber in der Türkei hat der Hass gegen uns seit hundert Jahren alle Regierungen überdauert und türkischen Kindern erzählt man weiterhin, wir seien die Verkörperung des Schlechten im Menschen. Und das sogar jetzt noch, wo die meisten von uns, die in der Türkei anfänglich übriggeblieben waren, schon das Weite gesucht haben."

Es war kein Vergnügen, nationale Schuldfragen zu diskutieren, und ich fühlte mich, wie immer, unwohl dabei. Außerdem war ich an konkreten Dingen interessiert, Ereignissen oder Zuständen, die man im Ausland meist nur gefiltert zu hören oder zu lesen bekommt. Daher knüpfte ich an Iskuhis Worte an:

„Wie schätzt du die Zahl der Armenier in der Türkei und die Abnahme der armenischen Bevölkerung in der letzten Zeit? Ich meine, die offiziellen Zahlen sagen ja wohl nicht viel."

„Die offiziellen Zahlen beruhen darauf, wer sich bei der letzten Volkszählung zur armenisch-apostolischen Kirche bekannte. Armenier als Volksgruppe – wie nationale Minderheiten überhaupt – gibt es offiziell nicht in der Türkei. Man erkennt nur Religionsgruppen an. Und da waren es in erster Linie diejenigen Armenier, die in großen Gemeinden wie Istanbul lebten, die sich zu ihrer Kirche bekanten. Genaue Zahlen sind natürlich schwer zu sagen, aber in der Größenordnung sind es 50 000 in Istanbul. In Anatolien gibt es so gut wie keine mehr, sie sind weitgehend nach Istanbul oder ins Ausland abgewandert. Dadurch hielten sich in Istanbul die letzten Jahre über Zuwanderungen aus Anatolien und Abwanderungen ins Ausland mehr oder weniger die Waage. Inzwischen kommen kaum noch welche nach und die allgemeine Auswanderung bewirkt nun auch, dass die Zahl in Istanbul zurückgeht." [23]

„Und wann wird es keine mehr dort geben?"

Sie hob die Augenbrauen und kniff ein wenig die Lippen zusammen.

„Wenn alle fort sind, haben die Türken ihr Ziel erreicht", sagte sie. „Was dort vor sich geht, ist, was wir die ,kalte Liquidation' nennen. Heute haben sie keine Massaker mehr nötig, die würden der ,modernen' Türkei auch schlecht zu Gesicht stehen. Heute grault man uns hinaus. Und ich bin eines dieser neuzeitlichen Opfer."

Ihre Stimme klang etwas gequält.

„Ich fühle mich gewissermaßen, als ob ich verloren habe. Ich war Lehrerin an einer armenischen Schule. Ich arbeitete viel dafür, dass uns weniger Hindernisse in den Weg gelegt würden, unsere Sprache und Kultur zu bewahren, schrieb mir die Hände wund an türkische Behörden. Ich wollte erreichen, dass wir Armenier zusammenhalten, als eine Gemeinde – die letzte, die übrig ist in der Türkei – auch als eine Zuflucht für diejenigen, die aus Anatolien kamen. Ich reiste sogar nach Anatolien, unter einem türkischen Kopftuch ,versteckt', um den Kontakt zu den anderen Gemeinden – Sivas, Diyarbakır, Kayseri – aufrecht zu erhalten, die Menschen zu ermutigen, den Demütigungen zu trotzen. Aber ich wusste wohl im Innern die ganze Zeit, dass das alles im besten Fall nur die Entwicklung verzögern würde."

Sie machte eine Pause und trank wieder aus ihrem Weinglas, bevor sie fortfuhr:

„In Istanbul, wo ich arbeitete, haben wir noch etwas über zwanzig Schulen und fast vierzig Kirchen und Kapellen. In den Kirchen fehlt es an Priestern, in den Schulen an Lehrern. In den Schulen dürfen wir nur an vier Wochenstunden armenisch unterrichten. Viele Kinder aus Anatolien bekommen von den Behörden nicht einmal die Genehmigung, eine armenische Schule zu besuchen, wenn sie die Zugehörigkeit zur armenischen Kirche nicht nachweisen können. Aber wie sollen sie das, wenn es in ihrem Heimatort seit Jahrzehnten keine armenische Kirche mehr gegeben hat, in der sie hätten getauft werden können? Unsere Schulen und Waisenhäuser zerfallen. Jede noch so kleine Restaurierung muss genehmigt werden und die Genehmigung, wenn sie überhaupt kommt, lässt Jahre auf sich warten. Auch mit finanziellen Bestimmungen und verdrehten juristischen Wortlauten erreichen sie ständig, dass der Grundbesitz unserer Gemeinden wertlos wird, die Spenden, mit denen sich die Gemeinden finanzieren, hoch versteuert werden und ähnliches. Und dauernd kamen neue Bestimmungen hinzu, die unsere armenischen Gemeinden Schritt für Schritt zersetzen sollten. Irgendwann vor meiner Berufszeit wurde eingeführt, dass die Versetzungsansprüche an unseren Schulen höher sein sollten als an türkischen Schulen. Plötzlich, eines Tages, musste jede armenische Schule einen Türken zum stellvertretenden Direktor haben, der alle Korrespondenz und jede Entscheidung gegenzeichnen muss. All das zusammen hat zur Folge, dass vielleicht ein Fünftel unserer Kinder armenischen Unterricht bekommt und wirklich in dieser Sprache lesen und schreiben lernt. Auf diese Art höhlen sie die Schutzbestimmungen des Lausanner Vertrages aus und wollen diejenigen von uns, die sich nicht vertreiben lassen, langsam türkifizieren." [24]

„Was kann die armenische Kirche auf offiziellem Weg dagegen tun? Der armenische Patriarch residiert doch in Istanbul. Hat er nicht die Möglichkeit, bei übergeordneten Stellen, vielleicht Ministerien, solche willkürlichen Akte zur Sprache zu bringen?"

„Zur Sprache bringen schon. Er hat es auch getan, mehrfach sogar. Die Antworten waren beruhigende Worte, man werde den Dingen nachgehen. Man machte Andeutungen, dass man zum Beispiel einen Tauschhandel für angebracht hielte – es könne sich positiv für uns auswirken, wenn der Patriarch dem Ausland gegenüber freundlicher über türkische Behörden sprechen würde. Aber es geschah nie etwas Wesentliches zur Besserung der Lage." [25]

„Wie sieht es eigentlich mit der Berufswahl aus? Gibt es Restriktionen für Armenier, oder christliche Minderheiten überhaupt?"

„Offiziell dürfen wir keine Laufbahn in der Diplomatie, der Polizei oder dem Militär beginnen. In der Realität gibt es aber dauernd Fälle, wo ein türkischer Arbeitgeber keinen Christen bei sich einstellen will. Oder es kommt vor, dass ein Armenier entlassen wird, wenn sich erst später herausstellt, dass er einer ist. Man findet dann irgend einen anderen Entlassungsgrund. Viele streben daher von Anfang an eine selbständige Laufbahn an, als Handwerker oder Kaufmann. Viele studieren auch, denn für höher qualifizierte Berufe sind die Aussichten etwas besser." [26]

„Daher kommt es wohl, dass man im Ausland die Armenier oft mit der reichen Schicht in der Türkei verbindet?"

„Sicherlich. Es ist schon richtig, dass Armenier in Istanbul im Durchschnitt wohlhabender sind als die Türken. Und das sind wir auch in anderen Ländern. Aber das ist eine Folge der Verfolgungen, nicht deren Ursache. Es gibt kaum noch ein armenisches Bauerntum, wie wir es vor 1915 hatten. Wir sind gezwungen, als Handwerker und Kaufleute, oder in höheren Berufen, wie Ärzte und Rechtsanwälte zu arbeiten." – Nach einer Weile fügte sie etwas verstohlen hinzu: „Vielleicht sind wir ja auch etwas tüchtiger."

Iskuhi war beim Reden in Eifer geraten. Ab und zu suchte sie ungeduldig nach einem englischen Wort und schnippte dabei mit dem Finger. Meistens fand sie es, oder ich gab ihr durch Nicken zu verstehen, dass ich verstanden hatte, was sie meinte. Bald fragte sie mich nach meinen Erlebnissen in der Türkei aus und ich begann zu erzählen. Der Wein hatte dazu beigetragen, dass nun auch mir das Englisch mühelos über die Lippen glitt. Ab und zu machte sie eine kurze Bemerkung zu dem, was ich erzählte. Als ich fertig war, meinte sie:

„Du hast die Türkei gerade noch gesehen, bevor es in Anatolien vorbei war mit unserer Anwesenheit. Nun ist Westarmenien endgültig Ostanatolien geworden. Aber ich werde müde, lass uns heimgehen. – Heute habe ich dir über Istanbul erzählt. Morgen werde ich dir über Anatolien erzählen."

Ich begleitete sie heim zu Gerhards und Angelikas Wohnung. Es war nicht weit und wir sprachen über das Wetter und andere Dinge. An der Haustür sagte sie beim Abschied:

„Komisch, nicht wahr? Für euch Europäer ist Istanbul die Pforte zum Orient. Für uns ist es die Pforte zum Okzident. Euch lässt man gerne hinein, während wir davor gesetzt werden. Ihr seid bessere Christen als wir, weil Ihr kein Heimatrecht in der Türkei beansprucht."

3. Tot, bevor wir geboren wurden

„In Ostanatolien ist viel vorgekommen, was es offiziell nicht gibt", sagte Iskuhi und schaute hinaus über die Havel.

Es war vielleicht einer der letzten Spätsommertage. Die Luft war noch warm, die Sonne schien, aber die Bäume bekamen bereits die ersten bunten Blätter. Leichter Wind kräuselte die Wasserfläche. Einige Familien saßen am Strand und machten Picknick.

„Wenn hier ein Überfall passiert, eine Vergewaltigung, oder gar ein Mensch verschwindet, dann steht es am nächsten Tag in der Zeitung. Egal ob es sich um einen Einheimischen oder einen Gastarbeiter, einen Christen, Juden oder Muslim handelt. Die meisten westlichen Touristen, die in der Türkei waren, haben die modernen Küstenstädte am Mittelmeer, die Kulturdenkmäler und griechischen Ruinen gesehen, haben mit weltoffenen Türken gesprochen, oder sind ein Stück ins westanatolische Landesinnere gefahren, wo ihnen ehemalige Gastarbeiter stolz die Hand schüttelten und die türkisch-deutsche Freundschaft bekundeten. Das ist deren Eindruck von der Türkei und der allein schon passt schlecht mit dem zusammen, was man ab und zu von Folterungen in Gefängnissen oder Misshandlungen durch die Polizei hört. Und Christenverfolgungen? Wissen nicht alle Türken, dass Deutsche Christen sind? Und wie gastfreundlich wurde man doch aufgenommen! – Aber du bist ja selbst in Ostanatolien gewesen und hast die Angst und die Vorsicht erlebt, mit der dir einheimische Christen begegnet sind. Ostanatolien ist eine vollkommen andere Welt. Was dort geschieht, gehört einfach nicht zur anerkannten Wirklichkeit. Es wird verschwiegen, überspielt, oder, wenn es doch einmal an die Oberfläche kommt, wieder aus den Gedanken verdrängt."

„Du hast vermutlich einiges gehört oder gar erlebt, was ,gar nicht vorgekommen ist'?"

„Oh ja, allerdings."

„Wann warst du zum ersten Mal in Ostanatolien?"

„Das war 1979. Ich war 25 Jahre alt. Ich studierte damals Fremdsprachen an der Universität in Istanbul und war Mitglied in einer armenischen Studentengemeinschaft. Wir durften uns zwar offiziell nicht mit Politik und Minderheitenproblemen befassen, aber wir trafen uns an neutralen Orten und sprachen natürlich sehr viel darüber.

Dabei lernte ich ein paar Armenier aus Diyarbakır kennen, die über die Zustände dort berichteten. Daraufhin entschied ich mich, mit ihnen in den Semesterferien nach Diyarbakır und ein paar anderen armenischen Gemeinden zu fahren."

„Ihr gabt euch natürlich nicht als Armenier zu erkennen, nehme ich an?"

„Das wäre äußerst unklug gewesen. Ich trug ein Kopftuch und hieß Fatma. Wir sprachen nur türkisch während der Reise. In Diyarbakır waren meine Reisegefährten allerdings nicht unbekannt und es hätte keinen Zweck gehabt, mich zu verleugnen. Dort gaben wir vor, ich wäre mit Sewak, einem meiner Freunde, verheiratet. Ich ließ mich nie alleine in der Stadt oder auf der Straße blicken. Trotzdem fühlte ich mich nicht sicher.

Eines Abends ging ich mit Sewak von der Kirche nach Hause. Auf dem Weg hielten uns drei junge Männer an und begannen ein Streitgespräch mit Sewak. Schließlich nannten sie ihn ‚gâvur' und wir wurden in eine Nebengasse gedrängt. Obwohl Sewak sich überhaupt nicht provozierend verhielt, schlugen zwei von ihnen auf ihn ein. Der dritte stellt sich so in den Weg, dass ich nicht davonlaufen konnte und bezeichnete mich als Hure. Nach einer Weile ließen sie von uns ab und verspotteten uns noch, während sie davonliefen. [27]

In Istanbul wären wir zur Polizei gegangen; es hätte möglicherweise Erfolg gehabt. Aber hier riet Sewak energisch davon ab. Und auch seine Freunde, denen wir den Vorfall erzählten, meinten, es würde im besten Fall erfolglos sein, denn man verfolge in Diyarbakır Verbrechen an Armeniern oder Assyrern nur pro forma und stelle die Untersuchungen nach kurzer Zeit ein. Im schlimmeren Fall hätte es zur Folge gehabt, dass sich die Täter gerächt hätten, und dann wären wir weniger glimpflich davongekommen. Strafe hätten sie auch dann kaum zu fürchten gehabt. Zwei Jahre zuvor war ein armenischer Internatsschüler in Diyarbakır ermordet worden. Als die Angehörigen den Mord anklagten, bekamen sie anonyme Morddrohungen, so dass sie darauf verzichteten, die Sache untersuchen zu lassen." [28]

Iskuhi hielt inne. Ich sah die Kirche in Diyarbakır in Gedanken vor mir, die dunklen Gassen, und die Vorsicht in den Gesichtern der Christen, die mit mir sprachen. Iskuhis Geschichte passte genau in das Bild, das ich mir damals von Diyarbakır gemacht hatte.

„Ich könnte viele Dinge erzählen", fuhr Iskuhi fort. „In Diyarbakır sind so viele fanatische Nationalisten unter der Bevölkerung, dass es immer wieder zu irgendwelchen Vergehen an Angehörigen anderer Volksgruppen kommt. Aber eine Sache sollte ich dir erzählen, denn sie zeigt, wie mit der Bevölkerung zusammen auch die Behörden die Christen unterdrücken.

In den siebziger Jahren nahm die Zahl der Armenier in Diyarbakır schnell ab, denn viele zogen nach Istanbul, oder versuchten, als Gastarbeiter ins Ausland zu gehen, um in Frieden leben zu können. Die Gemeinde schrumpfte und mehr und mehr Familien lebten isoliert, denn die leergewordenen armenischen Häuser wurden natürlich von Muslimen übernommen. Die Kinder verloren nach und nach den Kontakt zur armenisch sprechenden Gemeinschaft. Der Gebrauch der Muttersprache blieb oft auf das Elternhaus beschränkt, das sie natürlich nur in sehr begrenztem Umfang vermitteln konnte. Einer meiner Freunde hatte daher bei einem seiner Heimataufenthalte in Diyarbakır angefangen, Sprachunterricht für armenische Schüler zu geben. Aber die Polizei bekam Wind davon und eine Gruppe Polizisten drang in die Kirchenräume ein, wo der Unterricht stattfand. Sie verprügelte die Schüler und es wurde ihnen verboten, weiter Unterricht abzuhalten." [29]

„Ich finde, man kann es keinem verübeln, wenn er Diyarbakır verlässt", sagte ich.

„Nein, natürlich nicht. Damals dachte ich nur viel idealistischer als heute. Ich dachte, man müsse den Türken trotzen, man könne nicht alles so geschehen lassen, wie sie es wollten, denn dann haben wir bald unsere letzte Verbindung zu Westarmenien verloren. Außerdem war klar, dass, je mehr Armenier und Assyrer auswanderten, die Zurückbleibenden umso mehr den Ausschreitungen ausgesetzt waren. Ich konnte nicht zusehen und es einfach geschehen lassen."

„Was hast Du dagegen unternommen?"

„Ich habe mit den Leuten geredet, versucht, ihnen bewusst zu machen, dass wir unserem kulturellen Tod entgegengehen. Einige stimmten mir zu, aber viele hatten aufgegeben und arbeiteten nur darauf hin, fortzugehen. Damals waren noch einige hundert Armenier in Diyarbakır. In den sechziger Jahren, bevor die neue Auswanderungswelle begann, waren es noch über 8000 gewesen."

„Wie viele sind es heute noch?" wollte ich wissen.

„Heute? Ein paar Familien leben noch hinter den Kirchenmauern. In den anderen westarmenischen Gemeinden sieht es ähnlich aus. Man hat es praktisch geschafft, uns vollends zu vertreiben."

Es kam mir zeitweilig vor, als würde ich mit meinem Wunsch, über alles mehr zu erfahren, Iskuhis Erinnerungen aufwühlen. Sie hatte Ruhe nötig, musste Abstand bekommen und erst einmal ihre persönliche Existenz wieder aufbauen. Ich fragte deshalb nicht, wie und bei welcher Gelegenheit sie verhaftet worden war und was sie dabei erlebt hatte. Sie kam auch von sich aus nicht darauf zu sprechen.

Eine Weile lang gingen wir nebeneinander her. Ich, versuchend, das Gehörte zu verarbeiten und sie in Erinnerungen vertieft. Dann wandte sie sich plötzlich mir zu, mit einem krampfhaften Auflachen:

„Weißt du, das Verrückteste ist: Niemand kann den Türken das alles nachweisen. Sagst du was, dann erzählen sie dir, es hätte seit dem Ersten Weltkrieg keine oder kaum Armenier mehr in Anatolien gegeben und das ist auch genau das, was ihre Statistiken zeigen. Die Türken haben sich ihre eigene Wahrheit zusammengebaut und für sie geht sie sogar auf. Wir waren tot, bevor wir geboren wurden!"

Wir setzten uns auf einen Baumstamm, der sich über das Flussufer neigte. Iskuhi brach Zweige ab, warf sie ins Wasser und sah zu, wie sie davon trieben. Ich betrachtete sie von der Seite und dachte über sie nach. Sie hatte einen starken Eindruck auf mich gemacht. Sie war selbstbewusst, energisch und vertrat ihren Standpunkt bis zum Äußersten. Nahezu, jedenfalls. Aber sie war auch realistisch genug geworden, um Traum von Wirklichkeit zu trennen. Sie wusste, dass Westarmenien verloren war, aber sie konnte sich schwer damit abfinden. Würde sie wirklich nach Sowjet-Armenien gehen? Warum missfiel mir der Gedanke? Was hatte ich damit zu tun? Iskuhi war noch vor drei Tagen eine Unbekannte gewesen und unsere Wege trennten sich in ein paar Tagen sowieso wieder. So gingen meine Gedanken wieder einmal auf meine eigene Beziehung zu diesem Volk über. Was hatte ich damit zu tun?

Iskuhi blickte ihren davon schwimmenden Zweigen nach und sagte:

„Wenn man alle Zweige abgebrochen hat, dann wird der Baum nie wieder Früchte tragen. Die Zweige schwimmen fort, weit fort, und irgendwo treiben sie ans Ufer. Aber Früchte werden auch sie nicht mehr bekommen, denn es fehlt ihnen der Baum, der sie mit der Erde verbindet ..."

Sie sprach in Gedanken, wie zu sich selbst.

„Glaubst du, du bist so ein Zweig?" fragte ich.

Sie schaute mich mit ihren großen Augen an.

„Vielleicht. Ich weiß nicht. Ich glaube schon."

„Nein, Iskuhi. Du schwimmst zwar davon, aber du bist kein Zweig", sagte ich. „Du bist eine Frucht, du treibst irgendwo ans Ufer und dort kann ein neuer Baum wachsen, der viele Früchte trägt."

„Wieso meinst du das?"

„Du hast eine schwere Zeit," sagte ich. „Bald bist du irgendwo, wo du sein darfst, wer du bist. Wenn du zur Ruhe gekommen bist, kannst du Wurzeln schlagen, eine Familie gründen. Immer geht alles irgendwie weiter."

Sie lächelte abwesend:

„Ja, irgendwann, irgendwo ..."

Wir gingen weiter, den Weg am Ufer entlang. Iskuhi erzählte wieder: „Du warst in Vakıf, nicht wahr, am Musa Ler? Damals war es noch ein blühendes Dorf. Jetzt sind fast nur noch alte Leute da und einige Frauen und Kinder, deren Männer und Väter schon fort sind, in Istanbul, im Ausland, arbeitend, damit sie ihre Familien dann nachholen können. – Es war in diesem Frühjahr, als zwei französisch sprechende Männer nach Vakıf kamen, Touristen offenbar, die von den Armeniern dort gehört hatten. Sie sprachen mit dem Priester über alles Mögliche. Der fasste Vertrauen und erzählte nach und nach die ganze Geschichte der Vertreibungen und Massaker ... Kurze Zeit später kam die Jandarma ins Dorf und verhaftete den alten Mann wegen antitürkischer Propaganda. Erst mit Hilfe eines einflussreichen Arabers aus der Gegend gelang es nach 40 Tagen, ihn aus dem Gefängnis zu holen. – Weißt du, solange in meinem Heimatland auf die Wahrheit Gefängnisstrafe steht, werde ich es schwer haben, zur Ruhe zu kommen."

4. Im Teufelskreis

Schallplattenmusik tönte aus der Stereoanlage, als ich in Gerhards und Angelikas Stube trat, rollende Klänge der armenischen Tar und die klagende Stimme des Sängers: „... asekh lerner, chosekh lerner, asekh Hajastani lerner, asekh lerner, lazekh lerner, aradsch Massis sare mern er ... (sagt, ihr Berge, sprecht, ihr Berge, sagt, ihr Berge Armeniens, sagt, ihr Berge, weint, ihr Berge, einst war der Berg Ararat unser ...)"

Wie spiegelt sich doch die Geschichte in der Volksmusik wieder, wie doch die Grundmentalität in der Stimme der Sänger!

Iskuhi saß am Tisch und unterhielt sich mit einem anderen Armenier.

„Das ist Wartan, aus Beirut", stellte sie ihn vor. „Er ist vor fünf Jahren aus dem Libanon gekommen."

Wartan war ein verschlossener junger Mann, etwas jünger als wir, der etwas scheu grüßte. Iskuhis Temperament schien ihm vollständig zu fehlen. Er sprach sehr gebrochenes Englisch; vermutlich hatte er die letzten Jahre damit verbracht, deutsch zu lernen, und englisch war in Vergessenheit geraten. Soviel ich anfänglich verstand, wurde die Lage für seine Familie in Beirut ab 1980 bedrohlich. Die Beiruter Armenier, die sich im libanesischen Bürgerkrieg neutral hielten, wurden zunehmend von falangistischen Milizen schikaniert. Die Armenier sahen den Krieg nicht als den ihren an, aber das rief bei anderen Missgunst hervor. Es kam vor, dass Armenier willkürlich erschossen wurden. Als sein Bruder dann eines Tages auf offener Straße ermordet wurde, entschloss sich Wartan, mit seiner Familie das Land zu verlassen.

„Es sieht für mich aus, als ob es im Nahen Osten überhaupt kein Land mehr gibt, wo ihr Armenier in Ruhe leben könnt", sagte ich.

„Stimmt beinahe", sagte Gerhard, „zumindest der Iran ist ja seit der Revolution auch keine Alternative mehr. Die Kulturunterdrückung hat da bald die in der Türkei überholt. Zumindest, was armenisches Schulwesen und so was betrifft. [30]

„Es ist ein Teufelskreis", warf Iskuhi ein. „In den letzten 15 Jahren haben Armenier das Ausland mehr und mehr auf die ungesühnten Verbrechen und die ungelösten Probleme aufmerksam gemacht. Mehrere internationale Gremien haben das Thema diskutiert und die Türkei aufgefordert, die Konsequenzen zu tragen. Daraufhin versucht sie nun, den Armeniern in ihrer gesamten Einflusssphäre den Garaus zu machen."

„Aber welchen Einfluss hat die türkische Regierung im Iran und im Libanon?" wollte ich wissen. „Wie ist es möglich, dass antiarmenische Tendenzen sogar unter den Falangisten aufkommen, die doch selbst orientalische Christen sind?"

„Das geht über dunkle Umwege, die aber nicht allzu schwer durchschaubar sind", erklärte Gerhard. „Die Türkei ist ein NATO-Land mit Grenze zur Sowjetunion und erhält militärische Unterstützung aus Washington. Das macht sie zum potentiellen Nahost-Verbündeten für Israel, das mehr oder weniger von Gegenspielern umgeben ist und außer den USA kaum noch vorbehaltslose politische Freunde hat. Israel ist daher bestrebt, es den Türken recht zu tun. Das zeigte sich ja unter anderem auch daran, dass vor einigen Jahren das israelische Fernsehen eine Dokumentation über den Völkermord absetzte, weil Ankara protestierte. Nun, von Israel bis zu den Falangisten ist der Weg nicht mehr weit." [31]

„Es ist immer wieder ungeheuerlich", sagte Iskuhi erregt, „wenn man sieht, wie wir Menschen überhaupt keinen Wert haben. Man spielt mit uns. Man schmeichelt uns, wenn man die Unterstützung der Massen braucht, und lässt uns umbringen, wenn wir im Wege sind."

Gerhard lächelte über Iskuhis Erregung:

„So einfach ist es nun auch wieder nicht, dass alles, was in der Welt geschieht, an den grünen Tischen der Großen verabredet wird. Zunächst einmal sind die Emotionen in den Menschen, den Massen, da. Natürlich nutzen die Politiker diese Emotionen für ihre Zwecke aus, aber es würde sicherlich nahezu ebenso viel geschehen, wenn man die Leute sich selbst überließe. Nur wäre alles ungezielter. Die Falangisten sind ja nicht von den Türken gegen die Armenier gekauft worden. Das Primäre war, dass einige von ihnen die libanesischen Armenier als eine Art Deserteure ansahen, weil sie nicht auf Seiten der christlichen Milizen mitkämpfen wollten ..." [32a]

Iskuhi fiel empört ein:

„Deserteure? Willst du wissen, warum sie nicht mitkämpfen wollen, so frag doch Wartan!"

Wartan hatte Schwierigkeiten, an dem englischen Gespräch teilzunehmen, aber er hatte offenbar folgen können, denn er sagte: „Wir kämpfen nicht, weil es nicht unser Krieg ist. Es kann nicht unser Krieg sein, denn wenn wir auf die syrische Armee schießen, dann töten wir syrische Armenier. Wir sind auf allen Seiten und gleichzeitig können wir auf keiner stehen." [32b]

Gerhard rechtfertigte sich:

„Nicht ich habe sie Deserteure genannt, sondern ich habe gesagt, die Falangisten sahen sie als welche an. Es wäre auch zu Schikanierungen, und wahrscheinlich auch Morden gekommen, wenn keine Staatsmacht Einfluss genommen hätte. Das gleiche gilt für den Iran. Dort leben viele Aserbaidschaner, die zu den traditionellen Erzfeinden der Armenier gehören. Spannungen waren also im Voraus da. Und es ist nicht bestreitbar, dass eine fundamentalistisch-islamische Revolution, wie sie 1979 stattfand, sich nicht zum Besten für christliche Minderheiten auswirken kann. Ich will damit sagen, dass die türkischen Interessen einen Einfluss haben, aber sie sind weder im Iran noch im Libanon die alleinigen oder die entscheidenden Faktoren."

„Was fest steht, ist", warf Iskuhi ein, „dass wir immer, wenn wir unseren nationalen Zusammenhalt und unser Bewusstsein stärken wollen, von allen Seiten die Zähne gezeigt bekommen. Wir dürfen nur in unserer Heimat leben, solange wir uns im Schmutz verkriechen. Daran hat sich seit Abd-ul-Hamid nichts geändert. Es braucht sich wirklich niemand zu wundern, wenn ab und zu Armenier auf die Idee kommen, einen türkischen Politiker umzubringen."

„Nun sprichst du, als wärst du auf dem Weg in den armenischen Untergrund", grinste Gerhard.

„Du weißt genau, auf welchem Weg ich bin. Ich bin Christin und sehe nicht das Töten von Menschen als Vergeltung für gut an. Zumindest nicht, wenn weitere Verbrechen dadurch nicht verhindert werden. Aber ihr wisst sicherlich auch, dass Salomon Teilirian, der Talât Paşa in Berlin erschoss, freigesprochen wurde." [33]

„Das sollte aber nicht ein Präzedenzfall für alle Armenier sein, die türkische Politiker ermorden", sagte Gerhard ernst.

„Das weiß ich selbst. Aber er zeigt, dass die Motive solcher Taten auch auf offizieller Ebene auf Verständnis stoßen können."

„Das schon", meinte Gerhard. „Aber bei jenem Fall muss man auch wieder den politischen Zusammenhang sehen. Das Deutsche Reich bekam damals, nach dem ersten Weltkrieg, von allen Seiten Vorwürfe der Mitschuld am armenischen Völkermord zu hören. Und dieser Gerichtsprozess wurde zu einem der deutschen Reinwaschungsversuche. Er war im Grunde entschieden, bevor er angefangen hatte. Bei einem Prozess von solcher Tragweite überlässt man das Urteil nicht den menschlichen Neigungen von Richtern und Geschworenen." [34] Es trat eine Gesprächspause ein, die ich dazu benutzte, meiner Neugier auf jüngere Ereignisse Ausdruck zu geben:

„Iskuhi erwähnte vorhin, dass sich in den letzten Jahren internationale Gremien mit Armenien befasst haben. Ich war wohl zu sehr mit anderen Dingen beschäftigt, um etwas davon mitzubekommen."

„Davon haben auch hier normale Sterbliche nicht viel mitbekommen", erwiderte Gerhard. „Du hast vielleicht früher schon mal von jener umstrittenen Erwähnung des Völkermordes in der Studie der Menschenrechtskommission der Vereinten Nationen gehört?"

„Du meinst diesen Bericht, gegen den die Türken Sturm liefen? Wo Mitglieder der Kommission anonyme Morddrohungen erhielten, für den Fall, dass der Absatz nicht gestrichen würde?" [35]

„Ja. Das war 1973. Und seitdem hatte es keine UN-Stellungnahme zu der armenischen Tragödie gegeben. Bis vor zwei Jahren jedenfalls, also 12 Jahre nach jenem ersten Versuch. Dann endlich wurde der sogenannte Whitaker-Bericht verabschiedet, wo nun das ‚Massaker an den Armeniern durch die Osmanen', wie es dort heißt, mit einem Völkermord gleichgestellt wird. Allerdings ist der Text etwas zögerlich, denn er erwähnt die Sache in einer Aufzählung von vielen anderen Massakern, wo der Unterschied zwischen Massaker und Völkermord eigentlich nicht gemacht wird. Und das wird von vielen kritisiert. Ich meine, es besteht ja wohl ein grundsätzlicher, moralischer Unterschied, ob es sich um das brutale Niederschlagen eines Volksaufstandes oder vielleicht periodisches Aufflackern von Gewaltvergehen gegen bestimmte Bevölkerungsgruppen handelt, oder ob es um eine von Anfang an zielgerichtete Ausrottung eines gesamten Volkes geht. Und letzteres belegen ja wohl die Dokumente im Falle der Armenier."

„Immerhin steht es überhaupt im Bericht", stellte ich fest. „Wie kam es zu diesem Haltungswechsel bei der UN?"

„Vermutlich befürchtete man, nicht mehr als eine Organisation, die die Menschenrechte vertritt, ernst genommen zu werden. Zuvor hatten nämlich andere ernst zu nehmende Gremien der Sache Aufmerksamkeit gewidmet. Das erste war der Weltkirchenrat, der 1983 auf seiner Vollversammlung in Vancouver Stellung dazu nahm und anschließend einen Band seiner Informationsschriftenreihe darüber herausgab." [36]

Gerhard stand auf, nahm ein Heft aus dem Bücherregal und legte es vor mir auf den Tisch.

„Hier ist es, du kannst es behalten. Ich habe mehrere davon."

„Hat denn das irgendeine weitreichende Konsequenz gehabt? Es hat doch vorher Bücher darüber gegeben und auch die Kirchen haben zu dem Thema schon früher Stellung bezogen."

„Es war sicherlich eher ein Stein in der Mauer, als ein Tropfen im Ozean", meinte er. „Immerhin kam als nächstes, nämlich im April 1984, das Thema Armenien auf die Tagesordnung des ,Ständigen Tribunals der Völker' in Paris. Mehrere Menschenrechts-Organisationen hatten die Verhandlung beantragt."

„Und die Türkei wurden für schuldig befunden?"

„Ja, die türkische Regierung wurde im Sinne der Konventionen der Vereinten Nationen des unverjährbaren Völkermordes für schuldig befunden. Die Türkei hatte es trotz Einladung abgelehnt, an den Verhandlungen teilzunehmen und versuchte nur, das Tribunal als nicht ernst zu nehmend darzustellen. Aber immerhin gehören ihm eine Menge angesehene Persönlichkeiten, Nobelpreisträger und so weiter, an. Wenn das Tribunal auch keine juristische Kompetenz hat, so hatte die Sache doch schon einige Konsequenzen." [37]

„Zumindest die, dass die Vereinten Nationen nun selbst nicht mehr um den heißen Brei herumreden konnten", stellte ich fest.

„Es kann noch viel weitgehendere Folgen haben", meinte Gerhard weiter. „Vor ein paar Monaten kam nämlich die Debatte um den Völkermord an den Armeniern im Europa-Parlament auf. Es ging um einen stellungnehmenden Bericht des Parlamentes im Zusammenhang mit der Aufnahme der Türkei in die Europäische Gemeinschaft. Die Gegner des Berichtes stellten nun ausdrücklich nicht mehr in Zweifel, dass ein Völkermord vorlag. Die Debatte ging nur noch darum, ob es Aufgabe des Parlamentes sein solle, sich darüber auszusprechen oder nicht. Aber es wurde eine Entschließung verabschiedet. Und hier gelangen wir nämlich an die verwundbaren Stellen der Türkei. Sie will in die Europäische Gemeinschaft aufgenommen werden. Aber die Stimmung in der EG geht überwiegend dahin, dass man erst Demokratie und Menschenrechte sowie die Anerkennung geschichtlicher Tatsachen gesichert sehen will, bevor man sie herein lässt." [38]

„Das dürfte man in der Türkei als Erpressung aufgefasst und sich mal wieder in wütenden Eskapaden ausgelassen haben, nehme ich an."

„Das kannst du annehmen", beteiligte sich Iskuhi wieder am Gespräch. „Die Zeitungen führten Überschriften wie ‚Der Verrat Europas an der Türkei'. Sie schrieben, Europa hätte sich armenischem Terror ergeben, und Staatspräsident Evren ließ höhnische Drohungen los, wir sollten uns unser Land doch holen, wenn wir uns stark genug fühlten. Für einen kurdischen Überfall auf ein Dorf in der Südost-Türkei, bei dem Menschen getötet wurden, wurde sofort das Europa-Parlament verantwortlich gemacht, da es die Täter ermutigt habe." [39]

„Ist denen, die so reden, nicht klar, dass sie sich in der Weltöffentlichkeit nur lächerlich machen?" fragte ich.

„Die Sache ist", gab Gerhard zu bedenken, „dass diese Worte für die eigenen Leute bestimmt sind. Der Ton ist entsprechend gewählt. Die Weltöffentlichkeit nimmt ja keine Notiz davon, wer was in türkischen Zeitungen schreibt. Das sind nur die wenigen Eingeweihten, deren Gunst Ankara sowieso schon längst verloren oder nie gehabt hat, oder die ohnehin nicht nach moralischen Gesichtspunkten denken und handeln. Sie können im Prinzip sagen und schreiben, was sie wollen, ohne dass das im Ausland großartig bemerkt wird. Die offiziellen Reaktionen gegenüber dem Ausland hatten dann ja auch einen gemäßigteren Ton. Man tat beleidigt, dass man in Europa verdrehte Tatsachen als Vorwand verwende, um die Türkei aus der Europäischen Gemeinschaft fernzuhalten."

„Aber die Hetzerei gegen das Europa-Parlament und gegen Armenier im Fernsehen und in der Presse gingen weiter", setzte Iskuhi fort. „Meine Freundin, bei der ich anfangs in Berlin wohnte, erzählte mir, es hätten hier türkische Demonstrationen stattgefunden, bei denen nicht nur Armenier, sondern alle Christen mit Parolen beleidigt wurden, und, da man schon mal dabei war, auch gleich noch die Juden und Kommunisten. Man fragt sich manchmal, warum solche Leute bei euch frei herumlaufen dürfen!" [40]

Gerhard lächelte wieder sanft über Iskuhis Erregung und meinte:

„Bei uns gibt es eben ein wenig mehr Spielraum als in der Türkei, dafür solltet gerade ihr Armenier dankbar sein. Natürlich muss man dabei auch die Nachteile dieser Freizügigkeit in Kauf nehmen. Wir können nicht die Guten erlauben und die Bösen verbieten, denn dann könnten einige bestimmen, was gut und was böse ist und wir enden wieder in der Diktatur."

Iskuhi rümpfte, wieder nachdenklich geworden, die Nase.

„Eure Freizügigkeit wird irgendwann wieder einen Hitler groß werden lassen. Irgendwo muss doch eine Grenze sein."

Gerhard schüttelte den Kopf.

„Ich glaube, es sind in der letzten Zeit Anzeichen da, dass man hier in der deutschen Öffentlichkeit eine bewusstere und korrektere Haltung gegenüber den Minderheitenproblemen der Türkei einnimmt. Es wird einfach mehr darüber geredet als früher und es gibt mehr Leute, die Bescheid wissen und sich dafür einsetzen. Jetzt kann kein türkischer Präsident mehr kommen und sagen, es gäbe da kein Problem, und im übrigen seien die Armenier selbst an allem Schuld. Er sagt's zwar noch, aber es hört keiner mehr zu."

„Ich bin nicht so optimistisch", warf ich ein. „Du hast dich mit der Sache eingehend befasst und kennst alle Standpunkte und Aussagen der Politiker. Aber der Mann auf der Straße hat doch nach wie vor keine Ahnung davon und beschimpft verzweifelte Asylsuchende, dass sie uns nur die Arbeitsplätze wegnehmen wollen."

„Das ist schon richtig. Aber was ich meine, ist, dass noch vor wenigen Jahren deutsche Parlamentarier die türkische Geschichtsversion nachgeplappert haben. Das können sie sich jetzt nicht mehr leisten und tun's auch nicht mehr. Insofern geht die Aufklärung voran. Und auch die Asylrichter bekommen nach und nach Wind von den wirklichen Zuständen in der Türkei. Klar, ich gebe zu, es geht sehr langsam."

„Und kommt mindestens zehn Jahre zu spät", ergänzte Iskuhi. „Denn bald gibt es wirklich keine Minderheiten mehr in der Türkei. Das ist doch das Verrückte. Je mehr das Ausland auf die Türkei einwirken will, umso mehr graulen sie uns aus dem Land, um das Problem los zu werden. Und wenn schließlich der Druck von außen groß genug ist, dass er etwas bewirken könnte, dann zucken sie in Ankara nur mit den Schultern und fragen ‚welche Minderheiten denn, bitte?'."

„Immerhin haben sie noch acht Millionen Kurden, die sie nicht so im

Handumdrehen loswerden", sagte ich. „Sie müssen sich schon gewaltig beeilen, wenn sie dieses Problem auch noch auf ihre Art lösen wollen, bevor sie auf andere Art dazu gezwungen werden."

„Ich bin mir nicht so sicher, dass man sie so leicht wird zwingen können", erwiderte Iskuhi etwas resigniert. „Auch die Kurden sind bereits in diesem Teufelskreis. Solange das übrige Volk der Hetze der Medien Glauben schenkt und die Behörden und die Armee sich aus diesem Volk zusammensetzen, sind die Kurden die Schwächeren. Nicht umsonst ist es den Minderheiten doch verboten, ihre Berufskarriere gerade in den Bereichen zu machen, wo ihr Einfluss den Teufelskreis unterbrechen könnte: Militär, Polizei, Politik und staatliche Medien. Das ist alles viel zu gut berechnet."

Und sie setzte leise hinzu:

„Deswegen bin ich ja jetzt hier und nicht mehr dort."

Es trat eine Pause ein.

„Sieht aus, als ob ihr eure Diskussion beendet habt", stellte nun Angelika vom anderen Ende des Tisches her fest. Sie hatte sich mit Wartan unterhalten, der unserem englischen Gespräch nicht mehr hatte folgen können. „Seit ihr zu einem Ergebnis gekommen?"

„Ja," sagte Gerhard, „es gibt nur einen realistischen Ausweg."

„Und der wäre?" wollte Angelika nun wissen.

„Sowjet-Armenien", kam Iskuhi überraschend Gerhards Antwort zuvor und schaute mit ihren großen Augen in der Runde umher. Aber sogar in Wartens Gesichtsausdruck lagen Zweifel.

5. Hoffnung

Es war der letzte Tag, an dem ich Iskuhi treffen würde. Mein Aufenthalt in Berlin ging zu Ende und auch Iskuhi hatte andere Sorgen. Noch immer erwog sie verschiedene Möglichkeiten, welche Richtung sie einschlagen sollte. Sie meinte zwar, dass die Entscheidung noch nicht gefallen war. Aber die Art, wie sie redete, wie sie besonders von Jerewan sprach, hatte für mich keinen Zweifel gelassen, dass sie nach Sowjet-Armenien gehen würde. Berlin war jedenfalls nur eine Station für sie, eine Erholungspause auf dem Weg dorthin. Und ich war eine Art Notizbuch für sie, in dem sie einen Abriss ihrer Gedanken und Erinnerungen zu Papier brachte, bevor sie ihren neuen Lebensabschnitt begann. Aber ich glaube, sie wählte sorgfältig aus, was sie mir sagte. Irgendwo verband sich die Geschichte mit ihrer Intimsphäre und dort war eine Grenze. Alles, was jenseits dieser Grenze lag, war für ein anderes Buch bestimmt; eines, das für Gedanken reserviert war, mit denen sie noch nicht fertig war.

„Jerewan bedeutet ‚die Erschienene‘", sagte Iskuhi an jenem Tage. Wir saßen zusammen in einem Straßencafé am Kurfürstendamm, beinahe gegenüber der Stelle, wo ich damals am Tage vor meiner Türkeireise das Mädchen von den ‚Kindern Gottes‘ getroffen hatte.

„Jerewan war bis Anfang der 1920er Jahre ein unbedeutendes Nest gewesen. Dann wurde es groß im Laufe weniger Jahre. Es ‚erschien‘, ganz wie der Name sagt. Nicht nur auf der Landkarte, sondern auch in unseren Herzen. Es wurde das neue kulturelle Zentrum der Armenier. Tausende kamen aus allen Enden der Welt und sammelten sich dort, um aus den Ruinen ein neues Armenien aufzubauen ..."

Iskuhi geriet ins Schwärmen, aber unterbrach sich selbst und lachte, als sie sich dabei ertappte.

„Eigentlich war es am Anfang eher eine traurige Geschichte. Wie alle armenischen Geschichten."

„Armin Wegner beschrieb Jerewan als eine Rose, die auf einem Schutthaufen erblüht", sagte ich.

„So was haben viele gesagt. Jerewan ist auch wirklich eine Art Trost für uns. Man vergisst dabei so leicht, dass auch viel Tränen geflossen sind. Die Sowjets rühmen sich als unsere Befreier und in sowjetischen Büchern liest man, dass die Rote Armee mit offenen Armen empfangen wurde, als sie 1920 einmarschierte. In Wirklichkeit gab es harte Kämpfe. Unsere kleine Republik musste sich nach der einen Seite gegen die türkische und auf der anderen Seite gegen die sowjetische Armee zur Wehr setzen. Natürlich hat es unter Armeniern von Anfang an Anhänger der Bolschewisten gegeben. Aber das waren nicht die breiten Massen. Man sah schließlich nur ein kleineres Übel in der sowjetischen Besetzung, als in den türkischen Scheiterhaufen. Es gab viele Tote, Opfer gebrochener sowjetischer Versprechungen, bevor auf dem Schutthaufen irgendeine Rose erblühen konnte. – Und dann die Zeit unter Stalin, die auch an Armenien nicht vorbei ging! Es kam zwar nicht zu solchen Massakern wie zum Beispiel in der Ukraine, aber Hunderte von Armeniern ‚verschwanden' trotzdem. Stalins Politik brachte es sogar fertig, dass sich zum ersten und letzten Male in der Geschichte aserbaidschanische Bauern mit armenischen verbündeten und sich gegen die sowjetische Landwirtschaftspolitik erhoben." [41]

„Ich habe des Öfteren gehört, dass man die Heimatliebe der Armenier in westlichen Ländern mit Sympathie für die Sowjets verwechselt", sagte ich.

„Das das nicht der Fall sein kann, zeigt allein schon die sowjetische Politik gegenüber uns einerseits und den Türken und Aserbaidschanern andererseits. Es gibt keinen Grund dafür, dass sie sich als unsere Wohltäter hinstellen. Immerhin ließen sie die Türken noch nach dem Friedensschluss auf sowjetischem Boden Armenier abschlachten. Sie bildeten sich ein, wir müssten ihnen auf den Knien danken, dass wir überhaupt noch am Leben waren. Die Sowjets holten sich nur den Teil des Landes wieder, den der russische Zar vor dem Kriege auch besessen hatte und ließen den Türken sogar noch Kars und Ardahan freiwillig zurück. Es ging einmal ums Land und dann noch um die Gunst der Türken. Unser Volk war klein und unbedeutend geworden, es war ihnen egal."

„Aber heute sieht die Lage ja anders aus", meinte ich. „Die Türkei ist NATO-Land, die Grenze ist dicht. Die Sowjets brauchen keine Rücksichten auf türkische Gefühle zu nehmen ..."

„Ich glaube, da täuschst du dich sehr. Abgesehen davon, dass die Sowjets die Türken am liebsten aus der NATO fortlocken wollten, gibt es über 40 Millionen Turkmenen, Aserbaidschaner, Kasachen, Kirgisen, Usbeken und andere Turkstämmige in der Sowjetunion. Und alle sind potentielle innere Feinde im Falle eventueller Streitigkeiten mit der Türkei. Die Sowjets werden sich hüten, anti-türkisch aufzutreten, heute wie damals. Das sieht man ja auch an den willkürlichen Gebietsverteilungen zugunsten der Aserbaidschaner."

„Du meinst Nachitschewan und Arzach?"

„Nachitschewan liegt in Armenien, aber es hat nur eine kleine Anzahl armenischer Einwohner und Armenier waren auch vor den Verfolgungen nur eine relative Mehrheit dort. Deshalb wurde es Aserbaidschan angegliedert, obwohl es keine gemeinsame Grenze mit diesem Land hat. Arzach hingegen ist traditionelles armenisches Gebiet und noch immer sind 80% der Bevölkerung Armenier. Trotzdem wurde auch Arzach an Aserbaidschan vergeben, mit der Begründung, es hätte keine gemeinsame Grenze mit Armenien, läge als Enklave in Aserbaidschan und könne daher besser von Aserbaidschan wirtschaftlich entwickelt werden. Kannst du eine Logik in diesen Begründungen erkennen?" [42]

„Nur die eine, dass die wahren Gründe für die Aufteilung wahrscheinlich andere waren. – Soviel ich weiß, wurde der Grundstein dafür ja bereits 1919 von den Engländern gelegt, die die Armenier immer mit Vertröstungen auf die Friedensverhandlungen davon abhielten, die türkischen und aserbaidschanischen Streitkräfte und Banden weiter aus armenischen Gebieten zu vertreiben, und die sie dann doch im Stich ließen, weil sie auf das aserbaidschanische Erdöl scharf waren." [43]

„Das stimmt schon. Die Briten haben damals sowieso immer gleichzeitig allen Völkern die gleichen Länder versprochen. Aber die Sowjets hätten den Fehler ohne weiteres gut machen können, wenn sie gewollt hätten. Stattdessen ließen sie Arzach – oder Berg-Karabach, wie sie es mit dem türkischen Wort nennen – als autonomes Gebiet unter aserbaidschanischer Verwaltung. Und die Aserbaidschaner untergraben und missachten die arzachische Autonomie bis heute bei jeder Gelegenheit. Immer wieder wird die armenische Bevölkerung von Aserbaidschanern schikaniert, ohne das etwas wirkungsvolles dagegen unternommen wird. Und Proteste der Armenier werden in Moskau nicht gehört oder haben obendrein weitere Schikanen vonseiten der Aserbaidschaner zur Folge. Es sind sogar Fälle von Rachemord vorgekommen... [44] Es gibt noch viel zu tun für Armenien. Haben sie uns Westarmenien fortgenommen, so ist das kein Grund, auch Ostarmenien aufzugeben."

Iskuhi wirkte, als hätte sie sich mit diesen Verhältnissen viel auseinandergesetzt. Trotzdem hatten sie sie nicht abgeschreckt. Sie schien ihre Kampfbereitschaft nicht aufgegeben zu haben, nur wollte sie an einer anderen Front weiterkämpfen.

„Du wirst vom Regen in die Traufe kommen", sagte ich.

Iskuhi schaute auf; ich spürte, wie sie innerlich in die Ferne sah.

„Nein, ich werde von einer vertrocknenden Oase in einen Strom kommen."

Ihre Züge bekamen wieder einen schwärmerischen Ausdruck.

„Um zu ertrinken, statt zu verdursten?" führte ich das Wortspiel fort.

Jetzt sah sie mich mit leichtem Unmut an.

„Muss man denn Armenier sein, um zu verstehen, was Heimat für einen Menschen bedeutet? Muss man keine Heimat haben, um deren Bedeutung zu erkennen? Muss man als Schaf unter Wölfen gelebt haben, um sich danach zu sehnen, unter seinesgleichen zu sein?"

Nach einer Pause fügte sie hinzu:

„Vor 1915 gab es vier Millionen Armenier. Dann wollten uns die Türken vernichten. Aber heute sind wir sieben Millionen. Und die Zeit kommt, wo wir uns nicht mehr demütig vor allen verbeugen müssen. Jerewan ist der Anfang."

„Hast du also wirklich Hoffnung, dass die neuen sowjetischen Schlagworte ‚Glasnost' und ‚Perestrojka' Wirklichkeit werden?"

„Ich glaube, dass das die einzige Möglichkeit für die Sowjets ist, zu überleben. Sie sitzen auf einer Zeitbombe. Überall staut sich der Volkszorn auf, nicht nur in Armenien, und nicht nur im Kaukasus. Estland, Lettland, die Ukraine ... man hört noch nicht so viel davon, aber bald ist es soweit, dass niemand mehr weghören kann."

„Es mag sein, dass der neue sowjetische Kurs notwendig ist, um den Druck abzulassen, der sich aufgestaut hat. Aber meinst du nicht, dass man die Schrauben wieder anzieht, wenn er weg ist?"

„Er wird nicht weg sein, bevor keine Schrauben mehr da sind, die man anziehen kann."

„Und angenommen, es kommt einmal soweit, dass die Sowjetunion eine Art Föderation aus 15 autonomen Staaten wird; werden dann nicht die alten Feindschaften zwischen den Kaukasus-Völkern offen ausbrechen? Wird Armenien dann nicht wieder, wie all die Jahrhunderte hindurch, zum Spielball der anderen werden? Iraner, Türken, Aserbaidschaner, Kurden, Georgier? Werden nicht andere zugreifen, sobald die Sowjets ihre Klauen lockern?"

„Ich glaube nicht, dass sie so einfach werden zugreifen können. Wir haben die Erfahrungen der Vergangenheit und ich glaube kaum, dass man uns erneut an der Nase herumführen kann. Natürlich, es wird sicherlich nicht leicht für uns werden. Und ich weiß nicht, wie die Lösung aussehen wird. Aber der jetzige Zustand kann nicht die Lösung sein. Wir sind ja die ganze Zeit der Spielball der anderen. – Doch die Umwälzung beginnt in der Sowjetunion gerade jetzt, wo andererseits die Regierungen der Welt erneut auf das ungelöste Problem ‚Armenien' aufmerksam geworden sind. Dieses Zusammenspiel kann einen günstigen Zeitpunkt schaffen und darauf können wir unsere Hoffnung setzen."

„Ihr habt eure Hoffnung doch schon öfter auf die Regierungen der Welt gesetzt", sagte ich. „Und hast du nicht selbst gesagt, dass die Großen mit den Kleinen tun, was ihnen gerade in den Kram passt? Wenn sie euch heute brauchen, können sie euch doch morgen trotzdem wieder den Rücken zukehren."

„Niemandem werden wir vertrauen. Aber wir werden Situationen auszunutzen verstehen. Das ist es, was ich meine. Wir sind den anderen noch eine Antwort schuldig. Die Welt wird noch merken, dass es uns gibt."

Als ich mich diesmal von Iskuhi verabschiedete, war mir klar, dass es das letzte Mal sein würde. Iskuhi reichte mir die Hand, lächelte und ging. Sie würde irgendwo zwischen Kaukasus und Ararat ihr Leben für ihr Volk fortführen. Ich blieb zurück mit der Erinnerung an einen Menschen, der – so außerordentlich er auch sein mochte – für mich Armenien symbolisierte, mit allen seinen Leiden und Hoffnungen und mit all seinem Mut und seiner Entschlossenheit, dem Schicksal zu trotzen.

Ich werde nicht aufhören
Nicht aufhören mit meinem Sterben
Nicht mit dem Glauben
Mit dem Zorn nicht
Die mich trösten
Werden mich nicht umbringen
Mein Lied hat sie längst
Verurteilt

(Jerische Tscharenz; dt. Übers.: K. Melikyan)

WIEDER TRÄNEN

Auf den Herbst war der Winter gefolgt. Nach einer extremen Kälteperiode im Dezember kamen ein milder Januar und Februar. Schneetreiben gingen über das Land dahin, wechselten mit Nieselregen ab. Die Sonne schien wenig. Das Wetter war grau und trist. Ich verbrachte viel Zeit daheim und las an den dunklen Abenden Bücher über Armenien, versuchte, mir aus tausend Einzelstücken ein Bild zu machen.

Ich konnte nicht sagen, was mich gerade zu dieser Zeit veranlasste, das Thema aufzuarbeiten, nachdem elfeinhalb Jahre seit meiner Reise durch Westarmenien vergangen waren. Aber oft erblickt man Zusammenhänge erst später, bekommt erst im Nachhinein eine Antwort auf das ‚Warum‘, weil die Reihenfolge der Geschehnisse nicht immer der der Ursachen entspricht. So war es auch hier. – Ende Februar plötzlich führten die Zeitungen die Schlagzeile: „Kreml schickt Panzer nach Jerewan". Und wenige Tage später: „Grauenhafte Verbrechen an Armeniern in Sumgait".

Armenien wurde erneut zum Opferplatz für die Interessen anderer, erneut zum Opfer türkischen Volkshasses. Blut floss, und wieder drangen Schreie des Schreckens zum Himmel. Jerewan, die blühende Rose, schloss sich. Aber die Welt war gesättigt von Nachrichten über Krieg und Elend. Armenien, lag das nicht irgendwo hinterm Kaukasus?

Die Erde musste sich öffnen und der Himmel einstürzen, bevor sie einen Finger rührte ...

*

Februar 1988

Stepanakert, Hauptstadt von Berg-Karabach, 11. Februar. Die Armenier haben Vertrauen auf ,Glasnost', die neue sowjetische Politik der Offenheit. Nachdem bereits sechs Wochen zuvor zum wiederholten Male 75 000 Karabach-Armenier eine Eingabe an Parteisekretär Gorbatschow gerichtet hatten, fordert der karabachische Gebiets-Sowjet mit 110 gegen 17 Stimmen bei Nicht-Teilnahme der 30 aserbaidschanischen Abgeordneten die Angliederung an die Sowjetrepublik Armenien. Das Gebiet sei traditioneller Teil Armeniens und fortlaufend mehrheitlich armenisch bevölkert. Die Angliederung an Aserbaidschan von 1921 sei nicht legitim gewesen. Die aserbaidschanische Verwaltung hätte zu starker kultureller und sozialer Benachteiligung des Gebietes geführt.

Es gab in Karabach, oder Arzach, wie es die Armenier nennen, kaum Möglichkeiten höherer Ausbildung, und die Knappheit von Arbeitsplätzen hatte zur Abwanderung vieler junger Armenier geführt. Die Gegend war benachteiligt durch unzureichende Straßenverbindungen, Wasser- und Gasversorgung, es fehlte eine Relaisstation zum Empfang armenischen Fernsehens. Alle einflussreichen Stellungen, Behörden, Polizei, sogar Lehrer und Ärzte, wurden von Aserbaidschan eingesetzt. Außerdem war nichts getan worden, um die traditionellen Konflikte zwischen den ethnischen Gruppen abzubauen. Alles in allem wurde Aserbaidschan eine ernsthafte Fehlplanung für Karabach vorgeworfen. Der Oberste Sowjet Armeniens unterstützte die Forderung von Stepanakert, während Aserbaidschan sie strikt ablehnte und die ernsthaften Hintergründe leugnete. Verschiedenerorts begannen Demonstrationen. Die Organisation übernahm ,Krunk' (armen. ,Kranich' - das Symbol für die Trauer um die verlorene Heimat), ein aus einflussreichen Persönlichkeiten bestehendes Organisationskomitee zur Angliederung von Karabach an Armenien. Aserbaidschanische Behörden bemühten sich, alle Verbindungen zwischen Armenien und Karabach zu unterbrechen.

Karabach, 22. Februar. Einige hundert bewaffnete Aserbaidschaner ziehen nach Karabach und provozieren Zusammenstöße, die die ersten Gewaltopfer unter Armeniern fordern.

In diesen Tagen von Moskau nach Stepanakert entsandte Emissäre verlasen eine Erklärung, dass Gebietsveränderungen nicht in Frage kämen. In Karabach und in Jerewan wurden die Demonstrationszüge von Tag zu Tag größer, angespornt durch die abweisende Haltung Moskaus und die neu aufbrodelnden Gewaltakte der Aserbaidschaner gegen die Karabacher Armenier.

Jerewan, 25. Februar. Hunderttausende von Armeniern – Berichte sprechen von bis zu einer Million! – nehmen an der größten Protestkundgebung der Geschichte der Sowjetunion teil. Geschäfte, Fabriken und Schulen bleiben geschlossen. Auch in Karabach legen fast sämtliche Armenier, 140 000 an der Zahl, die Arbeit nieder und beteiligen sich an Kundgebungen. Sowjetische Panzer rollen ein. Luftlandetruppen beziehen Posten rund um Jerewan. Für westliche Korrespondenten wird eine Einreisesperre verhängt und eine totale Nachrichtensperre wird angeordnet. Gorbatschow appelliert an Armenien, die Ruhe zu bewahren. Aber die Kundgebungen und Aufgebote von Hunderttausenden halten unvermindert am nächsten Tage an.

Dann einigten sich das Karabach-Komitee und Moskau auf ein Ultimatum. Einen Monat, bis zum 26. März, werde man Moskau Zeit geben, die Karabach-Frage zu behandeln. Generalsekretär Gorbatschow sicherte eine Antwort zu. Die Streiks wurden eingestellt – widerwillig nur, denn die gleichzeitig von einem Sekretär des Moskauer Zentralkomitees ausgesprochene Drohung, man solle Rücksicht auf eventuelle weitere Opfer unter der armenischen Minderheit in Aserbaidschan nehmen, fühlte man in Armenien wie Pfefferschoten in der Suppe.

Dann kamen der 28. und 29. Februar. Es sollten für die Armenier zwei Tage werden, an die zu denken genug war, um den Kampf für die Gerechtigkeit weiterzuführen, ungeachtet aller Entbehrungen, die damit verbunden sein würden. Für die armenischen Bewohner der aserbaidschanischen Stadt Sumgait wurden es die schrecklichsten Tage ihres Lebens – für viele von ihnen die letzten.

Sumgait, 28. Februar. Eine Meute von mehreren hundert Aserbaidschanern zieht durch die Stadt und hetzt gegen die armenische Bevölkerung. Sie trägt Plakate mit Aufschriften wie ‚Metzelt die

Armenier'. Sie ziehen in die Stadtgebiete, wo neben Aserbaidschanern Armenier leben. Sie plündern armenische Läden und brechen in Wohnungen ein, erschlagen Familienväter mit Spaten oder erstechen sie, vergewaltigen Frauen und werfen Kinder aus den Fenstern.

Seit vor 100 Jahren die neuzeitlichen Verbrechen der türkischen Völker an den Armeniern begonnen hatten, sind die Menschen nicht menschlicher geworden. Waren ihre Gemüter einmal entfesselt, beherrschte sie der gleiche Hass, der gleiche Blutdurst, der gleiche Sadismus. Dass sie nun moderne Anzüge trugen und in Mietshäusern wohnten, machte keinen Unterschied.

So schlugen sie mit Äxten die Wohnungstür des Ehepaars Arakeljan ein und schleppten die beiden unter Schlägen in den Hof. Sie erschlugen den Mann, übergossen ihn mit Benzin und verbrannten ihn. Seine Frau lag regungslos und stellte sich tot, um weiterer Tortur zu entgehen – sie wurde lebend angezündet, aber überlebte unter unmenschlichen Qualen, weil man sie für tot hielt. In einem anderen Hof wurde die Familie Melkumjan mit ihren drei Kindern zu Tode gefoltert. Am meisten litten Raissa und ihre 24-jährige Tochter Irina. Als die Frauen schließlich starben, war unter den Schlägen kein Fetzen Kleidung an ihren Körpern übriggeblieben. Der hochschwangeren, 26-jährigen Lolita schlitzten sie lebend den Leib auf, rissen das Ungeborene heraus und zerstückelten es. Anderen Familien wurden Ohren oder Finger abgeschnitten. Armenier, die die Meute in ihre Häuser drängen sahen, riefen die Polizei an, flehten verzweifelt in ihrer Todesangst, man möge sich ihrer annehmen. Die aserbaidschanischen Polizisten meinten nur, sie sollten sich ruhig verhalten und in ihren Wohnungen bleiben, es sei kein Grund zur Beunruhigung.

Kein Mensch, kein Gott kam ihnen zu Hilfe. Warum waren gerade an diesen Tagen – entgegen aller Gewohnheiten – keine Wachmannschaften in den Straßen? Warum half kein Hilferuf? Aserbaidschanische Bewohner der Stadtviertel sahen aus ihren Häusern zu. Man schlachtete Menschen ab wie Vieh, verbrannte ihre Wohnungen. Die Schlächter kamen mit Lastwagen, hatten Lautsprecher, ja sogar Listen über armenische Einwohner der Stadt. Konnte das eine spontane Gewalttat aufgebrachter Massen gewesen sein? Es musste geplant und vorbereitet worden sein. – Von wem?

Allerdings muss auch gesagt werden, dass viele Aserbaidschaner ihren armenischen Nachbarn die Türen öffneten und sie die Tage hindurch versteckt hielten. So wurde mit Sicherheit eine große Zahl von Menschenleben gerettet.

Langsam reagierte Moskau. Am 1. März, dem dritten Tage des Blutrausches, kam endlich russisches Militär nach Sumgait, vertrieb die meuchelnden Massen, nahm hunderte von Personen fest. Verhaftete, die der örtlichen Polizei übergeben wurden, wurden von dieser wieder freigelassen.

Nach und nach gab man in Moskau dem Ausland gegenüber zu, es hätte einige Tote gegeben. In ernsten Fällen schien die neue ‚Glasnost‘-Politik nicht zu wirken. Die Trägheit des sowjetischen Systems war die alte. Später gab man die Zahl der Toten mit 32 an, die der Verletzten mit 197. Aber Augenzeugen, die entkommen waren, nannten andere Zahlen – weit über hundert Tote, zweihundert mindestens ...

*

März 1988

Baku, Hauptstadt Aserbaidschans, 4. März. Die aserbaidschanische Darstellung der Vorfälle: Hunderte von Aserbaidschanern und Armeniern hätten sich in Sumgait Messerstechereien geliefert. Dabei seien viele getötet und mindestens 300 Personen verletzt worden.

Moskau, 5. März. Die offizielle, sowjetische Darstellung: ‚Labile, unreife Leute‘ hätten sich unter dem Einfluss falscher Gerüchte über die Geschehnisse auf gesetzeswidrige Akte eingelassen. Kriminelle Elemente hätten sich an Gewalttakten und Plünderungen beteiligt.

Dass in der modernen Sowjetunion Armeniermassaker nach altem, türkischem Muster stattfänden, konnte man sich nicht herablassen zu akzeptieren, geschweige denn zuzugeben. Das Wort ‚Pogrom‘ entfiel jedoch schließlich dem stellvertretenden sowjetischen Generalstaatsanwalt, fast zwei Wochen nach jenen grausamen Tagen, als er nach Sumgait reiste.

In Baku hielten sich Armenier abends von der Straße fern. In einige armenische Wohnungen flogen Brandbomben. Viele Armenier entfernten ihre Namensschilder von den Türen. Einige tausend Aserbaidschaner flohen aus Armenien nach Aserbaidschan aus Angst vor armenischen Racheakten. Sumgait glich einem einzigen Militärlager. Sowjetische Militärbusse und Panzerfahrzeuge beherrschten das Stadtbild – nächtliche Ausgangssperre, einzelne Stadtviertel vollkommen abgesperrt. Es wurde bekannt, dass den Armeniern in Sumgait von aserbaidschanischer Seite unter Drohungen verboten worden war, über die Geschehnisse in der Stadt Auskunft zu geben. Das Jerewaner Komitee richtete einen Appell an Moskau, in dem es die aserbaidschanische Regierung für das Massaker von Sumgait verantwortlich machte.

Moskau, 10. März. Nach einer Sondersitzung der Parteiführung in Moskau stehen die Zeichen ungünstig für eine positive Entscheidung Moskaus in der Karabach-Frage. Die Geschlossenheit der Sowjetvölker dürfe nicht durch Probleme zwischen den Nationalitäten beeinträchtigt werden. Armenien und Aserbaidschan werden zur Zusammenarbeit aufgefordert. Ganz Armenien führt einen einstündigen Warnstreik durch.

Gorbatschow räumte ein, es seien in der sowjetischen Naionalitätenpolitik Fehler begangen worden. Auch trägen die armenischen Proteste keinen antisowjetischen Charakter. Sein Widersacher Ligatschow fiel ihm mit altsowjetischen Parolen in den Rücken, sprach von deutlichem, antisozialistischem Beigeschmack bei den Demonstrationen, nationalegoistischen Forderungen, und warf Jerewan typischerweise vor, im Auftrag des CIA zu handeln. Namhafte Armenier fanden in Zeitungen ihren Namen unter fremden Leserbriefen!

Inzwischen bekam man in Armenien und in Moskauer Bürgerrechtskreisen durch Augenzeugen, denen die Flucht gelungen war, mehr und mehr Überblick über das Ausmaß der Verbrechen. Die Zahl der geschätzten Todesopfer stieg, nun waren es über dreihundert. Die offizielle Version aber blieb unverändert: 32 Tote und keiner mehr.

Moskau, 22. März. Vor Ablauf der vereinbarten, vierwöchigen Frist liegt Moskaus Antwort auf dem Tisch: Die konservative politische Linie hat die Oberhand gewonnen. Die Wiedervereinigungsforderung sei antisozialistisch. Zwar räumt die Partei ein, dass Karabach durch die Trennung von Armenien Nachteile erlitten habe, aber eine neue Veränderung der Grenzziehung hätte Nachteile für die ganze Sowjetunion. Zudem sei das Karabach-Komitee ungesetzlich, da es eigenmächtig zu derartigen Änderungen aufrufe. Alle weiteren ‚Anschläge auf die Völkerfreundschaft' würden mit Machtmitteln unterdrückt werden. Im Übrigen kommentiert die Parteizeitschrift ‚Prawda', die Organisation würde durch die Einflussnahme des amerikanischen Geheimdienstes CIA gesteuert, und ‚zynische und perfide Organisatoren' wollten Gorbatschows Reform untergraben.

Armenien und Karabach hatten die Antwort geahnt. Aber als sie kam, brachte sie dennoch tiefe Enttäuschung. Und die Enttäuschung ging schnell in Verbitterung über. Wofür waren die Menschen in Sumgait gestorben? Wofür waren überhaupt seit hundert Jahren immer wieder Armenier gestorben? Von türkischer, aserbaidschanischer, und auch von russischer Hand? Der schneebedeckte Ararat stand noch dort, am Horizont über Jerewan – dazwischen die türkische Grenze. Die Ströme armenischen Blutes, die um ihn herum geflossen waren, konnte man nicht vergessen. Und jetzt wieder – kaum rief Armenien nach einem kleinen Stück der nicht geübten Gerechtigkeit, da stießen von allen Seiten die Schwerter zu. Hatte man in Moskau geglaubt, dieses verbitterte Armenien würde die Antwort hinnehmen und schweigen? Sich drohen lassen?

Nein, in Moskau verstand man wirklich nicht. Als die ersten Reaktionen aus Armenien kamen, versprach man Karabach den Empfang des armenisch-sprachigen Fernsehprogramms, ein paar Krankenhäuser und Schulen, und die Restaurierung historischer Kulturdenkmäler. Das Kind bekam einen Bonbon nach der Rüge, damit es nicht zu heulen anfing. Aber die Armenier gingen wieder auf die Straße, mit unveränderter Entschlossenheit. Armenien gab nun der Parteispitze in Moskau die Verantwortung für die geschehenen Verbrechen und die zugespitzte Situation.

Eine nicht enden wollende Kette von Flugzeugen brachte Zehntausende sowjetischer Soldaten nach Armenien. Hubschrauber kreisten über Jerewan und trieben Menschenmengen auseinander, die sich bilden wollten. Mehrere führende armenische Politiker wurden verhaftet. Das Karabach-Komitee wurde ausdrücklich verboten. Aber es war weiterhin da und sagte eine geplante Großdemonstration ab, um Blutvergießen zu vermeiden. Jerewan verwandelte sich stattdessen in geschlossenem Protest in eine tote Stadt. Kein Mensch war auf der Straße zu sehen, die russischen Soldaten patrouillierten in einer Geisterstadt.

Die Telefonverbindungen nach Armenien waren unterbrochen und die sowjetischen Medien schwiegen sich aus. Niemandem wurde Einreiseerlaubnis gewährt. Absolute Nachrichtensperre war über Armenien verhängt. Nur aus Karabach kamen vereinzelte Nachrichten: Dort hatte die gesamte armenische Bevölkerung die Arbeit niedergelegt. 15 000 aserbaidschanische Milizangehörige waren eingerückt. Ein Appell der Karabacher Armenier gelangte per Telefon ins Ausland: Der Streik würde nicht beendet, bevor die Wiedervereinigung zustande gekommen wäre. Das Vorgehen der Sowjets sei ein Verrat an ihrer eigenen Reformpolitik und alle schuldigen Funktionäre der Partei und des Sicherheitsdienstes müssten zur Rechenschaft gezogen werden.

*

April/Mai 1988

Der Generalstreik in Karabach wurde nach einer Woche aufgegeben. Die Fronten blieben verhärtet und die Arbeitsniederlegung hätte auf längere Sicht die Versorgungssituation unhaltbar gemacht. Man wartete auf eine spätere Gelegenheit ...

In Sumgait waren noch weit über 1000 Arbeitsplätze leer. Die geflohenen Armenier kehrten nicht zurück. In Baku begann am 11. Mai am Obersten Gerichtshof von Aserbaidschan der Prozess gegen 80 nach dem Massaker verhaftete Aserbaidschaner. Fünf Tage später wurde der erste Angeklagte wegen überlegten Mordes zu 15 Jahren Zwangsarbeit verurteilt. In Moskau rollte die Wochenzeitschrift ,Moskowskije Nowosti' die Ereignisse von Sumgait auf und stellte das offenkundige Versagen und damit die Mitverantwortung der Sumgaiter Polizei heraus. Während in Baku auf einer Studentendemonstration die Objektivität des Gerichtes in Zweifel gezogen wurde, gingen in Jerewan 40 000 Menschen auf die Straße und forderten Todesstrafen für die Schuldigen.

Moskau, 20. Mai. Eine armenische Delegation übergibt einen offenen Brief, unterzeichnet von vielen bekannten Persönlichkeiten und Kulturverbänden, an Generalsekretär Gorbatschow. Sie fordern die Veröffentlichung einer vollständigen Liste der Todesopfer (55 seien inzwischen namentlich bekannt). Um der Verbreitung von Gerüchten ein Ende zu setzen, verlangt man eine Fernsehübertragung der Gerichtsverhandlung sowie die Veröffentlichung der Untersuchungsdokumente. Außerdem sollen zwei armenische Staatsanwälte und armenische Beisitzer an den Gerichtsverhandlungen teilnehmen. Nur so könne man Objektivität gewährleisten, da es sich um ein organisiertes Verbrechen am armenischen Volk handle.

Auf keine der Forderungen wurde eingegangen. Armenien schien von ‚Glasnost' ausgenommen zu sein. Daraufhin begannen neue Massenkundgebungen und Streiks in Karabach und Jerewan. Bis zu 300 000 Menschen füllten Jerewans Straßen und den Opernplatz. Die Ruhe vor dem nächsten Sturm war vorüber.

*

Juni 1988

Und der Sturm brach los, erreichte größere Stärken als drei Monate zuvor. Kaum ein Armenier blieb in Stepanakert zuhause oder ging der Arbeit nach, abgesehen von denen, die lebensnotwendige Dienste versahen. Die Straßen waren von Menschenmassen überfüllt. Armenische Selbstverteidigungswachen patrouillierten durch die Straßen, um sich vor aserbaidschanischen Angriffen zu schützen. Einzelne gewalttätige Zusammenstöße kamen vor. Sogar die offizielle ‚Prawda' sagte, die Entwicklung in Karabach sei außer Kontrolle geraten. Sie fuhr fort, das Karabach-Komitee als Aufwiegler darzustellen, die das Volk, das längst genug hätte, zur Selbstzerfleischung trieben. Es half nicht. Ob es die Sowjets wahrhaben wollten oder nicht, ‚Krunk' war nun einmal aus dem Wunsch der Volksmassen hervorgegangen und nicht umgekehrt.

Auf dem Jerewaner Opernplatz erreichten die Teilnehmerzahlen der Kundgebungen wieder eine halbe Million. Die entschlossene Forderung nach dem Anschluss Karabachs an Armenien war unverändert, hinzu kamen die der Freilassung der festgenommenen Armenier und der objektiveren Durchführung des Sumgait-Prozesses. Selbst die armenischen und aserbaidschanischen Parteiführungen sprachen sich öffentlich gegeneinander aus und führten Abstimmungen in ihren Obersten Sowjets durch, die die festgefahrene Situation nur bestätigten. Obwohl die Resolution des armenischen Sowjets zunächst anders aussah, wurde sie auf Wunsch der Menschenmassen bei den Kundgebungen abgeändert – sie erklärte nun, dass eine Angliederung Karabachs außerhalb der Kompetenz Aserbaidschans läge, da das armenische Gebiet 1921 willkürlich Aserbaidschan angegliedert worden war. Allein der Oberste Sowjet der Sowjetunion sollte darüber entscheiden und der Sumgait-Prozess sollte vor dem Obersten Gerichtshof der Sowjetunion und nicht in Aserbaidschan fortgeführt werden. Noch immer setzten die Armenier ihre Hoffnung auf ‚Glasnost' und trugen Bilder Gorbatschows auf ihren Kundgebungen.

In Baku erhielten die armenischen Einwohner telefonische Drohungen und fanden Flugblätter an ihre Wohnungstüren genagelt, die sie zum sofortigen Verlassen der Stadt aufforderten, mit dem Wortlaut: „Armenier, wenn ihr nicht binnen dreier Tage Baku verlasst, schlachten wir euch wie Hunde ab." Sowjetische Armee-Einheiten sahen sich gezwungen, die armenischen Wohnviertel abzuriegeln, um einer Wiederholung des Massakers von Sumgait vorzubeugen; oder, wie die sowjetischen Medien es mit objektiv klingender Naivität nannten, „um die Bewohner der Stadt, Aserbaidschaner wie Armenier, zu schützen".

Stepanakert, 22. Juni: Seit vier Wochen hält der Generalstreik an. Der örtliche Sowjet von Karabach verabschiedet einen Kompromissvorschlag, nach dem Karabach vorläufig der Zentralregierung in Moskau direkt unterstellt werden soll. Während der Tagung droht Tatlijew, der Vorsitzende des Obersten Sowjet von Aserbaidschan, die Abstimmung könne Folgen haben, die noch dramatischer seien als das Massaker von Sumgait.

Die aserbaidschanische Führung drohte also Armeniern, statt für Disziplin in den eigenen Reihen zu sorgen.

Massis, armenische Sowjetrepublik, 23. Juni. Zwei aserbaidschani-

sche Arbeiterinnen in einer armenischen Textilfabrik verüben einen Giftgasanschlag auf die übrigen angestellten Frauen.

51 Arbeiterinnen erleiden schwere Gesundheitsschäden, teils Fehlgeburten, und bleiben nach zahlreichen Krankenhausaufenthalten arbeitsunfähig. Vorangegangen sind Auseinandersetzungen zwischen Armeniern und Aserbaidschanern in der Gegend, wofür sich die beiden Frauen ziellos rächen wollten. Weder die Staatsanwaltschaft noch das Parteikomitee unternehmen etwas. Die Täterinnen reisen nach Baku und bleiben unbehelligt. Nur das Karabach-Komitee dokumentiert den Vorfall.

*

Juli 1988

Am 1. Juli ging in Moskau die Allunionskonferenz der Kommunistischen Partei zu Ende, wo unter anderem die Haltung im Konflikt in den Kaukasusländern diskutiert wurde. Während Pogosjan, der Parteivorsitzende von Karabach, einen Herzanfall erlitt, warnte Harutunjan, der Parteivorsitzende Armeniens, man löse das Problem nicht, indem man den Aufruhr Extremisten in die Schuhe schiebe. Patiaschwili, der Parteivorsitzende Georgiens, nahm Stellung zugunsten Armeniens und empfahl, die politische Heuchelei aufzugeben; das bürokratische Vorgehen Moskaus im Konflikt habe großen Schaden angerichtet – es müsse ein multinationaler Rechtsstaat geschaffen werden, der auf der Gleichberechtigung der Völker in der UdSSR beruhe. Aber Moskau zeigte weiterhin keinen Willen, den Konflikt an der Wurzel zu behandeln – man schnitt nur die Triebe ab und wunderte sich, dass ständig neue kamen.

Jerewan, 5. Juli. Am zweiten Tage eines neuen Generalstreiks aus Protest gegen die neue Absage aus Moskau besetzen mehrere hundert Menschen den Flughafen Swartnoz. Sowjetisches Militär, eine Sondereinheit des Innenministeriums, räumt die Gebäude mit Gewalt, wobei zahlreiche Demonstranten und Streikende, Passagiere und Flughafenangestellte verletzt werden. Soldaten reagieren auf Steinwürfe mit scharfen Schüssen. Ein Armenier wird durch einen Kopf-

schuss getötet. Soldaten hindern Ärzte daran, sich der Verwundeten anzunehmen und demolieren Unfallwagen. Gerüchte um weitere Todesopfer verbreiten sich.

In Jerewan vermutete man, dass die Sondertruppen Gewalttätigkeiten provozierten, um den Vorwand zu liefern, die grundsätzlich friedlichen Demonstrationen als aufrührerisch hinzustellen und härtere Maßnahmen rechtfertigen zu können. Die Jerewaner Bevölkerung verlor das Vertrauen in die Schutzfunktion des Militärs und begann, in den Soldaten eine Besatzungsmacht zu sehen. Die folgenden Tage waren von einem Hin-und-her geprägt. Sowjetische Truppen zogen sich aus der Stadt zurück, als die Lage ruhiger wurde. Aber die Armenier holten nur Atem. Am 9. Juli waren 800 000 zu neuen Kundgebungen versammelt. Die Truppen rückten wieder ein. Jede kleine Provokation, wie das Auftreten von durch Steinwürfe verletzten Soldaten im Moskauer Fernsehen, welche die Demonstranten als ,Rowdys' bezeichneten, brachten Hunderttausende auf die Straßen. Es gab weitere Verletzte. Überall hisste man Trauerfahnen für die Toten. Moskau wollte den Anschein erwecken, endlich wenigstens der einen Forderung nachzukommen, und verlegte lediglich drei Gerichtsverfahren des Sumgait-Prozesses von aserbaidschanischen Gerichtshöfen nach Moskau.

In Karabach wurden Mitte Juli die Lebensmittel knapp. Außer Milch und Brot, womit sich die Bevölkerung selbst versorgte, kam nichts in die Region. Aserbaidschan riegelte Karabach ab. Zunächst richtete man eine Luftbrücke von Jerewan aus ein, aber bald verweigerte Aserbaidschan auch die Landegenehmigungen. Alle lokalen Behörden waren durch aserbaidschanische ,Sicherheitstruppen' abgelöst worden. Und während die Aserbaidschaner die Karabacher auszuhungern begannen, versuchte Moskau es mit moralischen Methoden. Es häuften sich in sowjetischen Medien plötzlich die Interviews mit Bürgern anderer Republiken, die den armenischen Aufstand verurteilten. Dass in Wirklichkeit Demonstrationen aus Sympathie für Armenien abgehalten wurden, zum Beispiel von lettischen Studenten in Moskau, oder von großen Menschenmengen in Litauen, blieb unerwähnt. Überhaupt schien Armenien eher auch die Gemüter in anderen Sowjetrepubliken zu entfachen. In Jerewan selbst trat Ruhe ein, in Erwartung einer neuen Entscheidung des Obersten Sowjet in Moskau. Die Situation war keineswegs außer Kontrolle geraten, wie die Sowjet-Medien beklagten; nur Moskau hatte die Kontrolle verloren. Aber die Leute folgten ihrem Karabach-Komitee aufs Wort.

Moskau, 18. Juli. Der Oberste Sowjet der UdSSR entscheidet erneut gegen die Angliederung Karabachs an Armenien, obwohl der armenische Parteipräsident vor unabsehbaren Folgen warnt. Größere Autonomierechte für Karabach werden in Aussicht gestellt. Die sowjetischen Truppen in Jerewan werden verstärkt und zählen nun 200 000 Mann. Härteres Vorgehen bei neuen Protestaktionen wird angedroht.

Die sowjetischen Medien begannen nun die einzelnen Mitglieder des Karabach-Komitees zu verunglimpfen und ihnen vorzuwerfen, sie würden Anarchie schüren, um ihre eigenen Aktivitäten als ‚Schwarzmarktbosse‘ und ‚Schmiergeldempfänger‘ während der Stagnationsperioden zu vertuschen. Verfahren gegen armenische Direktoren und Betriebsleiter, die den Streik unterstützten, wurden eingeleitet. Protestkundgebungen in Jerewan wurden nur in geringerem Umfang durchgeführt, um die Konfrontation mit dem Militäraufgebot nicht herauszufordern.

Stepanakert, 26. Juli. Eine Volksversammlung entscheidet sich für den Abbruch des Generalstreiks. Man müsse mit anderen Mitteln weiterkämpfen. Gleichzeitig entsendet Moskau einen Bevollmächtigten des Zentralkomitees nach Karabach, der die lokalen Behörden leiten soll.

Die armenische Parteiführung machte einen Rückzieher, erkannte den Entscheid des Obersten Sowjet an und übte Selbstkritik.

Jerewan, 29. Juli. Obgleich die Streiks eingestellt sind, nehmen eine halbe Million Armenier an einer Kundgebung teil, bei der innerhalb von zwei Stunden 50 000 Bürger einen Appell unterschreiben, mit dem sie auf ihren Forderungen beharren. Das Militär schreitet nicht ein.

Armeniens Hoffnung, die neue sowjetische Politik der Offenheit würde die seit langem gärenden Konflikte beilegen, war enttäuscht worden. Man wartete zunächst ab, was aus den Versprechungen einer Verbesserung der Lage Karabachs werden würde.

*

August-Oktober 1988

Vier Wochen lang währte äußerlich Ruhe in Armenien. Ende August fühlten die Bewohner Karabachs, dass sich absolut nichts tat, was zur Verbesserung ihrer Lage beitrug oder gar ihren Forderungen entgegenkam. Sie zeigten mit einer neuen Demonstration, dass die Sache nicht vergessen war.

Am 9. September riss auch in Jerewan der Geduldsfaden. 100 000 Armenier versammelten sich auf dem Opernplatz. Die rot-blau-rote Flagge der Sowjetrepublik Armenien war nun ersetzt durch die rot-blau-orange Trikolore der Freien Republik Armenien von 1918-1920. Die Gorbatschow-Plakate waren verschwunden. Auch beschränkte man sich nicht mehr auf die Forderung der Angliederung Karabachs an Armenien. Die Menge rief nach armenischer Unabhängigkeit. Der Glaube an die Schlagworte ‚Glasnost‘ und ‚Perestrojka‘ war endgültig dahingeschwunden.

Stepanakert, 18. September. Während in der Stadt eine genehmigte Kundgebung abläuft, kommt es in einem Nachbardorf zu Streitigkeiten zwischen Armeniern und Aserbaidschanern. Als diese Nachricht die Versammlung erreicht, eilen Leute aus der Stadt hinzu. Es kommt zu bewaffneten Auseinandersetzungen mit vielen Verletzten auf beiden Seiten. Einer der drei Schwerverletzten, ein Armenier, stirbt später.

In den nächsten Tagen steckten sich Angehörige der beiden Bevölkerungsgruppen in Karabach gegenseitig Häuser in Brand. Das Militäraufgebot wurde verstärkt, Telefonlinien unterbrochen, eine nächtliche Ausgangssperre verhängt. Die Streiks gingen weiter bis Mitte Oktober, wo sich endlich eine Delegation des sowjetischen Parlaments nach Stepanakert begab, um die Zustände an Ort und Stelle zu untersuchen.

Ergebnisse blieben aus.

Auch in Jerewan kam die Situation wieder einem Belagerungszustand nahe. Die Parteiführung Armeniens befand sich nach wie vor in der heiklen Lage, zwischen der Regierung in Moskau und der eigenen Bevölkerung mit ihrem verbotenen Organisationskomitee zu schweben. Vorwürfe hagelten von allen Seiten.

Am 18. Oktober begann der Oberste Gerichtshof in Moskau mit der Verhandlung gegen drei der Aserbaidschaner, die an dem Massaker von Sumgait beteiligt gewesen waren. Der Gerichtssaal war so klein, dass kaum Journalisten teilnehmen konnten.

*

November/Anfang Dezember 1988

Moskaus Truppen hielten Armenien besetzt. Sie sollten Menschenleben schützen. Das mochte für Karabach zutreffen. Meist jedoch waren sie nicht zugegen gewesen, wo es welche zu schützen gab. Und das Wichtigste, den Armeniern in Aserbaidschan zu Hilfe zu eilen, dort wo sie unmittelbar gefährdete Minderheiten bildeten – damit waren sie ernsthaft überfordert, wie die kommenden Wochen zeigen sollten. Entweder, die Moskauer Regierung litt unter einer fortdauernden, krankhaften Fehleinschätzung der Lage, oder aber das Militäraufgebot hatte nur einen einzigen, wirklichen Grund: Armenien zu besetzen, damit seine fest entschlossene Streikbewegung nicht zum Vorbild für andere Republiken würde.

Doch in Kirowabad, und später in anderen aserbaidschanischen Städten, zogen ab Mitte November aserbaidschanische Banden durch die Viertel, vergewaltigten und massakrierten Armenier und zündeten ihre Wohnungen an. Die armenischen Bürgerwehrgruppen verhinderten sicher einiges Unheil, aber für viele Menschen kam die Hilfe zu spät. Nach und nach begriff auch das Militär den Ernst der Lage, hielt die Armenierviertel besetzt, verhängte Ausgangssperren. Aber es gab weiter Morde. Die neu aufgeflammte Gewalt ging auf andere aserbaidschanische und auch auf armenische Städte über. Ein Aserbaidschaner, der in eine armenische Versammlung schoss und einen Teilnehmer tötete, wurde auf der Stelle gelyncht.

Sowjetische Medien schwiegen sich aus, redeten nur von einigen getöteten und verletzten russischen Soldaten, die sich schützend vor Armenier gestellt hatten. Anstatt die in Jerewan überflüssigen Truppen nach Aserbaidschan zu senden, wo die Mordlust die Formen von 1915 anzunehmen drohte, nahm man lieber die Schlüsselpersonen der armenischen Nationalbewegung fest. Genauso wenig, wie die Sowjets jemals den Völkermord von 1915 verurteilt hatten, so konnten sie auch jetzt nicht einräumen, dass der traditionelle Armenierhass der Turkvölker unter den Aserbaidschanern wieder um sich griff. Moskau redete weiter an der grauenvollen Wirklichkeit vorbei von Extremisten und kriminellen Elementen.

Aber diese Haltung zahlte sich weder für die russischen Soldaten, noch für die Sowjetregierung aus. Aserbaidschaner warfen Benzinbomben auf die einschreitenden Soldaten. Sie forderten Rache für einen im Sumgait-Prozess zum Tode verurteilten Aserbaidschaner, und ihre Plakate wünschten nun nicht mehr nur die Armenier, sondern auch die Russen zur Hölle. In Baku wehten über demonstrierenden aserbaidschanischen Menschenmengen die grüne Fahne des Islam und Bilder des iranischen fundamentalistischen Revolutionsführers Ayatollah Khomeini. Armenier verloren ihre Arbeitsplätze und auf der Straße warteten die Schlächter. Am 23. November wurde über Baku, Kirowabad und Nachitschewan das Kriegsrecht verhängt.

Und wie schon so oft in der Geschichte zogen armenische Flüchtlingskolonnen übers Land; westwärts, nach Armenien. Ostwärts ziehende aserbaidschanische kamen ihnen entgegen. Mindestens 200 000 Armenier, zwei Fünftel der halben Million in Aserbaidschan lebenden, flohen Ende November und Anfang Dezember; vermutlich waren es mehr. Banden überfielen die Flüchtlingsströme. Wo war die Sowjetarmee, die sich so stolz ‚Beschützerin der Völker' nannte? Sie beschränkte sich darauf, in Jerewan Bürgerrechtler gefangen zu nehmen und in Baku Warnschüsse abzugeben, während Aserbaidschaner die türkische Politik der Armenierausrottung und -vertreibung fortsetzten.

**

Und Armeniens Feinde hatten die Hölle auf ihrer Seite. Sowjetische Geologen warnten seit April des Jahres vor einem zu erwartenden Erdbeben in Nordarmenien, welches später genauer auf Ende November bis Anfang Dezember festgelegt wurde. Keine Behörde handelte, keine Vorsichtsmaßnahme wurde getroffen.

Leninakan, armenische Sowjetrepublik, 7. Dezember 1988

Eine Welle sich aufbäumenden Erdbodens kommt vom Nordhang des Aragaz-Berges heran und bewegt sich auf die Stadt zu, trägt bereits die Schreie der Menschen aus Spitak vor sich her – der Einwohner und der in den letzten Wochen hinzugekommenen Flüchtlinge. Und der Welle folgt eine weitere, und noch eine. Straßen brechen auf, Häuser erzittern, Dächer stürzen ein. Hochspannungsmasten beginnen zu schwanken, Leitungen reißen, fallen Funken schlagend zu Boden.

In Leninakan spüren die Menschen erst nur eine leichte Vibration. Menschen in ihren Wohnungen, Schüler in ihren Schulklassen, Angestellte in ihren Büros schauen irritiert auf, als Lampen zu zittern, Glasscheiben zu klirren beginnen.

Die erste Bodenwelle erreicht die Stadt. In den hohen Häusern fühlen die Menschen ein Schwindeln, einige schauen aus den Fenstern, sehen den Horizont sich bewegen. Niemand hat Zeit aus den Häusern zu fliehen, die Straße zu erreichen. Das erste Krachen aufreißender Risse in den Wänden, den Zimmerdecken – dann fallen Steine, Betonplatten, Stahlträger auf Möbel und Menschen – der Fußboden schwindet hinweg – Mütter ergreifen Kinder, kommen einige Schritte weit ... Das Donnern der einstürzenden Häuser übertönt die Schreie Zehntausender. Krankenhäuser, Schulen bersten – Betondecken, Mauerplatten schonen nicht Kranke, nicht Schulkinder ... Gas strömt aus, oder Benzin, entzündet sich; Explosionen, Blitze durchzucken die sterbende Stadt – eingeschlossene Menschen verbrennen, ersticken im Mauerstaub ... Überlebende laufen durch die Straßen, suchen nach sicheren Orten, oder weinen, schreien nach ihren Angehörigen, versuchen voll hoffnungsloser Verzweiflung, die Trümmermassen beiseite zu schieben, bis die Hände bluten, brechen zusammen. Allerorts sieht man die Glieder Erschlagener zwischen den Steinhaufen. Von allen Seiten tönen die gellenden Schreie Verschütteter, zwischen Trümmern Eingeklemmter, Verblutender ...

Nach und nach sind die wenigen, denen man mit bloßen Händen helfen kann, im Freien. Die Menschen sammeln sich, entzünden Lagerfeuer für die Nacht, legen Verwundete und Kinder in deren Nähe und warten auf Hilfe ...

***

Danksagung

Mein herzlichster Dank gilt allen meinen armenischen und deutschen Bekannten, die mir mit Informationen und Ratschlägen bei der Anfertigung des Manuskriptes zur Seite standen. Mein herzlichster Dank gilt Dr. Gerayer Koutcharian, der mich in den 1970er Jahren zur intensiven Beschäftigung mit dem Thema Armenien anregte und mir vielfach zu Informationen verhalf. Insbesondere möchte ich auch Dr. Tessa Hofmann von der Gesellschaft für bedrohte Völker und bis 2015 wissenschaftliche Mitarbeiterin am Osteuropa-Institut der Freien Universität Berlin für die kritische fachliche Durchsicht des Manuskriptes danken.

ANHANG

Anmerkung zum Berg-Karabach-Konflikt (2018)

Der Berg-Karabach-Konflikt mit seiner gewalttätigen Eskalation hat seine Ursache in den willkürlichen Territorialentscheiden der frühen Sowjetregierung, wo u.a. Berg-Karabach auf Drängen der Türkei an Aserbaidschan abgetreten wurden. Hinzu kommen tiefer liegende Ursachen, die im gegenseitigen Misstrauen der turkstämmigen und armenischen Bevölkerung seit dem 19. Jahrhundert zu finden sind.

Berg-Karabach (im Gegensatz zum in der Kura-Senke gelegenen Unter-Karabach) ist die ursprünglich aus dem Türkischen und Persischen stammende Bezeichnung der Region. Nach der sowjetischen Staatsbildung 1923 wurde ihr der Status eines autonomen Gebiets innerhalb der Sowjetrepublik Aserbaidschan zuteil. Damals waren weit über 90% der Einwohner Armenier. Die Einwohnerzahl war seit dem 19. Jahrhundert durch Zuwanderung armenischer Flüchtlinge aus dem Iran und dem Osmanischen Reich angestiegen.

Berg-Karabach ist Teil des alten Arzach, einer Provinz des vorchristlichen armenischen Reiches, die sich vom heutigen Berg-Karabach bis nördlich des Sewan-Sees erstreckte. Das Gebiet war zeitweilig auch Teil des kaukasischen Albaniens, das von Aserbaidschanern als historischer Vorläufer ihres Landes angesehen wird. Trotzdem weist Arzach seit historischer Zeit eine überwiegend armenische Bevölkerung mit einer stark ausgeprägten ethnischen Identität auf.

Mehrfach forderten Armenien und Berg-Karabach während der Sowjetzeit vergeblich den Wiederanschluss der Region an Armenien. Beim Aufflammen des Konflikts 1988 im Zuge der sowjetischen Umwälzungspolitik war der armenische Bevölkerungsanteil von Berg-Karabach schon auf etwa 75% gesunken.

Erneut beantragte die Führung des Autonomen Gebiets Berg-Karabach die Angliederung an die Sowjetrepublik Armenien. Der Oberste Sowjet Aserbaidschans lehnte das erwartungsgemäß ab. Die gegenseitigen Protestaktionen führten zu den oben beschriebenen Übergriffen. Man muss die Ereignisse in Sumgait noch um ähnliche Ausschreitungen in der aserbaidschanischen Stadt Kirowabad (heute Gandscha) in der zweiten Hälfte des November ergänzen, die die Medien damals nicht sofort in gleicher Weise dokumentierten. Offiziellen Berichten zufolge gab es auch hier nur eine Handvoll Todesopfer, während sowjetische Menschenrechtler von 130 Toten und 200 Verletzten sprachen.

Im Januar 1989 wurde Berg-Karabach schließlich direkt der sowjetischen Zentralmacht unterstellt, ein Zustand, der bis Ende November des Jahres anhielt. Erneute und anhaltende Proteste führten am 13. bis 19. Januar 1990 wiederum zu Pogromen in Aserbaidschans Hauptstadt Baku und einigen kleineren Orten, bei denen etwa hundert Armenier getötet wurden. Wie zuvor in Sumgait, hatten auch hier die Angreifer Listen über armenische Wohnadressen. Es war also keine spontane Eskalation des Konfliktes, sondern ein geplantes Massaker. Aufgefordert von nationalistischen Kräften erteilte das aserbaidschanische Innenministerium den Sicherheitskräften den Befehl, nicht einzugreifen.

Am 15. Januar 1990 wurde über Karabach das Kriegsrecht verhängt und am 20. Januar rückte die Sowjetarmee mit Panzern in Baku ein, wobei es zu 130-140 Toten unter protestierenden Aserbaidschanern kam. Auch über Baku wurde daraufhin der Ausnahmezustand verhängt.

Im Laufe des Jahres 1989 bis Anfang 1990 waren mehrere hunderttausend Armenier und Aserbaidschaner aus den jeweils befeindeten Gebieten geflohen. Gegenseitige Übergriffe, meist durch paramilitärische Verbände, nahmen weiterhin zu.

Nachdem im Zuge der Selbstauflösung der Sowjetunion sowohl Armenien (21. September 1990) als auch Aserbaidschan (18. Oktober) ihre Unabhängigkeit erklärt hatten, löste Aserbaidschan die Autonomie Berg-Karabachs auf. Daraufhin führte die armenische Bevölkerung Berg-Karabachs am 10. Dezember 1991 ein eigenes Referendum für ihre Unabhängigkeit als ‚Republik Berg-Karabach' durch.

Am 26. Februar 1992 kam es unter zweifelhaften Umständen zu einem schweren Zwischenfall, der als Massaker von Chodschalu (heute: Iwanjan) bekannt ist. Der genaue Ablauf der Geschehnisse ist unklar. Nach aserbaidschanischen Angaben massakrierten armenische und russische Streitkräfte über 600 aserbaidschanische Zivilisten, darunter Frauen und Kinder, und es gäbe zahlreiche Schwerverletzte und verschollene Geiseln. Unabhängige Quellen sprachen dagegen von nur rund 200 Toten. Nach armenischen Angaben wollte man in Chodschalu ein aserbaidschanisches Waffenlager unschädlich machen und den nahegelegenen Zivilflughafen einnehmen, da Stepanakert von dort aus beschossen worden war. Aserbaidschanische Streitkräfte und örtliche Behörden hätten die geplante Evakuierung des Ortes verhindert, indem sie einen von Armeniern eigerichteten Fluchtkorridor für die Zivilbevölkerung sperrten. Außerdem hätten sich aserbaidschanische Soldaten unter die flüchtende Zivilbevölkerung gemischt und Schusswechsel provoziert. Aserbaidschanische Oppositionelle gaben der eigenen Seite eine Mitschuld und meinten, die Einwohner des Ortes wurden bewusst zum Ziel der politische Machtergreifung im Lande geopfert. Gezielte Provokation wurde sogar durch einen aserbaidschanischen Journalisten mit Filmaufnahmen bestätigt. Dass es auch zu unprovozierten Gräueltaten gekommen sein kann, ist angesichts der allgemeinen Situation nicht auszuschließen. Es ist jedoch erwiesen, dass Filmaufnahmen von Todesopfern manipuliert wurden, indem Leichen im Nachhinein verstümmelt und neu gefilmt wurden.

Am 10. April verübten aserbaidschanischer Streitkräfte im Dorf Maraga ein Massaker an armenischen Zivilisten. Es gab verschiedenen Angaben zufolge 45 bis 53 Todesopfer und eine Anzahl Verletzte. Etwa hundert Frauen und Kinder wurden entführt. Aserbaidschanische Quellen bezeichneten das Massaker als einen Racheakt für Chodschalu.

Ab März 1992 rückten Verbände der Republik Armenien zur Verstärkung der regionalen Streitkräfte in Karabach ein, um die Region und umliegende, von Karabach beanspruchte Landkreise einschließlich des Verbindungskorridors zur Republik Armenien zu kontrollieren. Als Antwort auf den armenischen Einmarsch baute Aserbaidschan eine eigene Armee-Einheit auf, zu der Freiwillige aus der Türkei und anderen muslimischen Ländern rekrutiert wurden. Damit setzte ein regelrechter Kriegszustand ein, der bis zum Waffenstillstand am 12. Mai 1994 anhielt. Zu diesem Zeitpunkt kontrollierte die karabachische Armee zusammen mit regulären armenischen Verbänden den größten Teil des von Berg-Karabach beanspruchten Gebiets. Da waren durch die Auseinandersetzungen insgesamt zwischen 30 000 und 40 000

Menschen ums Leben gekommen.

Die Türkei schloss sich im September 1993 der aserbaidschanischen Blockade Armeniens und den Wirtschaftsembargen an und machte die gemeinsame Grenze wieder dicht. Hier kommt die Doktrin Heidar Alijews (Aserbaidschans Präsident bis zu seinem Tode im Jahre 2003) zum Ausdruck, wonach es sich bei der Türkei und Aserbaidschan um eine Nation in zwei Staaten handelt.

Dieser Zustand hält bis heute an. Weder internationale diplomatische Vermittlungsversuche unter Einbeziehung Russlands noch direkte Verhandlungen zwischen Armenien und Aserbaidschan haben bisher Erfolg gehabt. Mehrfach ist es inzwischen zu kleineren Grenzgefechten gekommen.

2017 änderte die Republik Berg-Karabach offiziell ihren Namen in ‚Republik Arzach'. Sie wird nur von anderen international nicht anerkannten Gebieten der Großregion, nämlich Südossetien, Abchasien und Transnistrien, anerkannt.

Anmerkungen zur Aussprache und Rechtschreibung von fremdsprachlichen Texten und Namen

Armenische Texte und Namen sind nicht in der internationalen Umschrift, sondern zwecks besserer Lesbarkeit in einer vereinfachten, der deutschen Aussprache angelehnten Schreibweise (Dudenumschrift) wiedergegeben. Gleiches gilt für gelegentlich vorkommende Orts- und Personennamen aus dem Arabischen, Persischen und Russischen.

Alle türkischen Texte und Namen sowie dem Türkischen entnommene Ausdrücke sind in der heute gültigen türkischen Schreibweise wiedergegeben. Dieses gilt auch für die in den Rückblicken des ersten Teiles zitierten Berichte, in deren Originalversion die damals üblichen verdeutschten Schreibweisen zu finden sind. Ausnahmen wurden nur bei wörtlich wiedergegebenen (kursiv gedruckten) Telegrammtexten u.ä. gemacht.

Wichtigste Besonderheiten der türkischen Aussprache:

ç: wie ‚tsch‘ in ‚Matsch‘

c: wie ‚dsch‘ in ‚Dschungel‘ oder englisches ‚j‘

ğ: stummer Binde- oder Dehnungslaut

ı: Lautwert wie unbetontes ‚e‘ in ‚gemacht‘, auch wenn betont

j: wie ‚j‘ in ‚Jalousie‘

s: immer stimmlos (scharf) wie in ‚essen‘

ş: wie deutsches ‚sch‘

v: immer wie deutsches ‚w‘

y: wie deutsches ‚j‘

z: stimmhaftes ‚s‘ wie in ‚sagen‘

Gelegentlich sind Ortsnamen, die aus der deutschsprachigen und/oder geschichtlichen Literatur unter anderem Namen bekannt sind, zusätzlich mit diesem in Klammern versehen. In diesen Fällen wurde auch die eingedeutschte Schreibweise verwendet; z.B. Antakya (Antiochia).

Begriffserläuterungen

Bahşiş: türkisch: Trinkgeld, Almosen

Bastonade: in der Türkei angewandte Prügelstrafe, mit einem Stock auf die Fußsohlen

Bey: türkisch ‚Herr', nach dem Vornamen, als Titel für angesehene Persönlichkeiten benutzt

Daschnakzutjun: Sozialdemokratische armenische Partei, gegründet 1892 in Russland mit dem Ziel der Durchsetzung armenischer Autonomie für Westarmenien

Diaspora: griechisch ‚Zerstreuung', die unter Andersgläubigen zerstreut lebenden Mitglieder einer Religionsgemeinschaft, sowie die Gebiete, in denen sie wohnen (jüdische, armenische Diaspora)

Gâvur: abfällige, türkische Bezeichnung für Ungläubige

Genozid: griechisch-lateinisch ‚Völkermord'; von Raphael Lemkin 1943 eingeführter juristischer Terminus; nach heutiger Sprachverwendung der ‚physische' Völkermord im Gegensatz zum Ethnozid, dem ‚kulturellen' Völkermord

Glasnost: russisch ‚Transparenz', Schlagwort der sowjetischen Reformpolitik 1985-1991

Imam: islamischer Geistlicher

Ittihat: türkisch ‚Vereinigung, Union', Kurzname der jungtürkischen Herrschergruppe ‚Komitee für Einheit und Fortschritt' 1908-1918

Jandarma: türkische Polizei

Kaymakam: türkischer Landrat

Muezzin: islamischer Gebetsrufer

Mutasarrıf: türkischer Gebietsvorsteher

Paşa: veralteter türk. Titel für Generale und Provinzgouverneure

Perestrojka: russisch ‚Umgestaltung', Schlagwort der sowjetischen Reformpolitik 1985-1991

Pogrom: russisch; inszenierte gewalttätige Ausschreitung gegen nationale oder religiöse Gruppen, vor allem gegen Juden

Tar: armenisches Saiteninstrument

Tuffgestein: schwach verfestigtes, leicht zu bearbeitendes Gestein aus feinen, vulkanischen Auswurfprodukten (‚vulkanische Asche')

Vali: türkischer Provinzgouverneur

Vilâyet: türkischer Verwaltungsbezirk

Quellenverzeichnis

1: Lepsius, Johannes: Deutschland und Armenien. Sammlung diplomatischer Aktenstücke. Potsdam, 1919. Neuauflage: Donat Verlag, Bremen, 1986. S. X-XI

2: *ebd.* S. 459-467

3: *ebd.* S. 38-44

4: *ebd.* S. 457-458

5: *ebd.* S. 130-131

6: Toynbee, Arnold J.: Armenian Atrocities: The Murder of a Nation. Tankian Publishing Corporation, New York, Montreal, London, 1975. S. 52

7: *ebd.* S. 56

8: *ebd.* S. 56

9: *ebd.* S. 57-58

10: Lepsius, Johannes: Deutschland und Armenien. Sammlung diplomatischer Aktenstücke. Potsdam, 1919. Neuauflage: Donat Verlag, Bremen, 1986. S. 82

11: *ebd.* S. 83

12: *ebd.* S. 101-102

13: *ebd.* S. 103

14: *ebd.* S. 196-198

15: *ebd.* S. 468-470 (zusammengefasst)

16: *ebd.* S. XIII-XVI, 471-485 (zusammengefasst)

17, 18: Brentjes, Burchard: Drei Jahrtausende Armenien. Koehler & Amelang, Leipzig, 1974. Ergäanzt mit Angaben von Lepsius (*ebd.*).

19: Véou, Paul du: Der Völkermord an den Armeniern vor Gericht: Der Prozess Talaat Pascha. Berlin, 1921. Neuauflage: Gesellschaft für bedrohte Völker, Göttingen und Wien, 1980.

20: a) Erzeren, Ö.: Septemberspuren. Rowohlt Taschenbuch, Reinbek, 1990.

b) Tuçalp, E. in: GEO-Spezial; Türkei. Nr. 1/1989. S. 88-89.

Folgende Quellenangaben (21-26, 28-32) beziehen sich auf die Artikelsammlung:

Hofmann, Tessa & Koutcharian, Gerayer: Armenien – Völkermord, Vertreibung, Exil. Menschenrechtsarbeit für die Armenier 1979-1987. Gesellschaft für bedrohte Völker, Göttingen und Wien, 1987.

21: zusammengefasst aus mehreren Artikeln
22: H. Hartunian, S. 69
23: T. Hofmann, S. 9 und folgende
24: H. Hartunian, S. 71
25: T. Hofmann, S. 75
26: H. Hartunian, S. 68-69, und mehrere andere Artikel
27: *[Dieser Vorfall ist erfunden und gilt als Beispiel für zahlreiche unbestätigte Vorfälle ähnlicher Art.]*
28: anonymer Asylbewerber, S. 91
29: anonymer Asylbewerber, S. 91
30: G. Koutcharian & T. Hofmann, S. 116
31: Hannoversche Allgemeine Zeitung (27.1.1979), S. 99
32a, b: T. Hofmann, S. 121

33: Véou, Paul du: Der Völkermord an den Armeniern vor Gericht: Der Prozess Talaat Pascha. Berlin, 1921. Neuauflage: Gesellschaft für bedrohte Völker, Göttingen, 1980.

Folgende Quellenangaben (34-35) beziehen sich auf die Artikelsammlung:
Hofmann, Tessa & Koutcharian, Gerayer: Armenien – Völkermord, Vertreibung, Exil. Menschenrechtsarbeit für die Armenier 1979-1987. Gesellschaft für bedrohte Völker, Göttingen und Wien, 1987.
34: verschiedene Artikel, S. 147 und folgende
35: T. Hofmann, S. 140

36: Armenien: Tragödie ohne Ende. Kommentar der Kirchen für internationale Angelegenheiten. Weltkirchenrat, Genf, 1984/1.
37: Hofmann, Tessa (Hrsg.): Das Verbrechen des Schweigens. Die Verhandlung des türkischen Völkermords an den Armeniern vor dem Ständigen Tribunal der Völker. Gesellschaft für bedrohte Völker, Göttingen und Wien, 1984. [Frz. Originalausgabe: Le crime de silence. Le génocide des arméniens. Flammarion, Paris, 1984.]
38: G. Koutcharian, S. 138 und folgende in: Hofmann, Tessa & Koutcharian, Gerayer: Armenien – Völkermord, Vertreibung, Exil. Menschenrechtsarbeit für die Armenier 1979-1987. Gesellschaft für bedrohte Völker, Göttingen und Wien, 1987.
39, 40: Armenische Kolonie zu Berlin e.V. (Hrsg.): Armenische Frage – türkisch behandelt. Dokumentation über eine antiarmenische

Hetzkampagne in Berlin-West sowie über die vom Europa-Parlament verabschiedete Resolution zur armenischen Frage. Donat Verlag, Bremen, 1988.

41: Brentjes, Burchard: Drei Jahrtausende Armenien. Koehler & Amelang, Leipzig, 1974.

42-44: Koutcharian, Gerayer: Der Siedlungsraum der Armenier unter dem Einfluß der historisch-politischen Ereignisse seit dem Berliner Kongreß 1878: Eine politisch-geographische Analyse und Dokumentation. Dissertation, Freie Universität Berlin, 1984.

Literaturverzeichnis Armenien (Auswahl deutschsprachiger Literatur)

Weitere Literatur-Hinweise sind auf der Website der Arbeitsgruppe Anerkennung e.V. zu finden: http://www.aga-online.org/literature/index.php?locale=de

Politik, Geschichte, Allgemeines:

Bauer, Elisabeth: Armenien. Geschichte und Gegenwart. Reich Verlag, Luzern, 1977.

Brentjes, Burchard: Drei Jahrtausende Armenien. Koehler & Amelang, Leipzig, 1974.

Gill, Arnon: Die sowjetisch-türkischen Beziehungen von der russischen Revolution 1917 bis zum Ende des Ersten Weltkrieges und die Selbstständigkeitsbestrebungen der transkaukasischen Völker (Georgier, Armenier, Aserbaidschaner). Dissertation, Basel, 1969.

Hofmann, Tessa: Annäherung an Armenien. Geschichte und Gegenwart. Beck, München 2006.

Hofmann, Tessa & Wolfensberger, Andreas: Armenien. Stein um Stein. Edition Temmen, Bremen, 2001.

Hofmann, Tessa: Die Armenier. Schicksal, Kultur, Geschichte. Verlag Das Andere, Nürnberg, 1993.

Hofmann, Tessa: Panzer gegen Perestrojka. Donat-Verlag, Bremen, 1989.

Hofmann, Tessa: Türkischer Nationalismus und seine Auswirkungen auf christliche Minderheiten. Jahrbuch Verfolgung und Diskriminierung von Christen 2016, Hrsg. Thomas Schirrmacher, Ron Kubsch, Max Klingberg. Verlag für Kultur und Wissenschaft, Bonn, 2016.

Kipke, Rüdiger: Das armenisch-aserbaidschanische Verhältnis und der Konflikt um Berg-Karabach. VS Verlag, Wiesbaden, 2012.

Koutcharian, Gerayer: Der Siedlungsraum der Armenier unter dem Einfluß der historisch-politischen Ereignisse seit dem Berliner Kongreß 1878: Eine politisch-geographische Analyse und Dokumentation. Dissertation, Freie Universität Berlin, 1984.

Lehmann-Haupt, C.F.: Armenien einst und jetzt. 3 Bände. Berlin, Leipzig 1910-1931.

Marquart, Joseph: Die Entstehung und Wiederherstellung der armenischen Nation. Berlin-Schöneberg, 1919.

Rau, Johannes: Der Nagorno-Karabach-Konflikt (1988–2002). Verlag Dr. Köster, Berlin, 2003.

Soghomonyan, Vahram (Hrsg.): Lösungsansätze für Berg-Karabach, Arzach: Selbstbestimmung und der Weg zur Anerkennung. Nomos, Baden-Baden, 2010.

Weltkirchenrat (Hrsg.): Armenien: Tragödie ohne Ende. Kommentar der Kirchen für internationale Angelegenheiten, Heft 1984/1, Genf, 1984.

Widmer, André: Der vergessene Konflikt – Zwei Jahrzehnte nach dem Krieg um Berg-Karabach. A. Widmer, Gränichen, 2013.

Yonan, Gabriele: Assyrer heute. Kultur, Sprache, Nationalbewegung der aramäisch sprechenden Christen im Nahen Osten. Gesellschaft für bedrohte Völker, Hamburg und Wien, 1978.

Zürrer, Werner: Kaukasien 1918-1921. Der Kampf der Großmächte um die Landbrücke zwischen Schwarzem und Kaspischem Meer. Düsseldorf, 1978.

Der Völkermord, Dokumentation:

Gottschlich, Jürgen: Beihilfe zum Völkermord: Deutschlands Rolle bei der Vernichtung der Armenier. Ch. Links Verlag, Berlin, 2015.

Hatscherian, Garabed und Sakayan, Dora: Smyrna 1922. Das Tagebuch des Garabed Hatscherian. Kitab Verlag, Klagenfurt, 2006.

Hesemann, Michael: Völkermord an den Armeniern: Erstmals mit Dokumenten aus dem päpstlichen Geheimarchiv über das größte Verbrechen des Ersten Weltkriegs. F. A. Herbig Verlagsbuchhandlung, München, 2015.

Hofmann, Tessa (Hrsg.): Das Verbrechen des Schweigens. Die Verhandlung des türkischen Völkermords an den Armeniern vor dem Ständigen Tribunal der Völker. Gesellschaft für bedrohte Völker, Göttingen und Wien 1984. [Frz. Originalausgabe: Le crime de silence. Le génocide des arméniens. Flammarion, Paris, 1984.]

Hofmann, Tessa (Hrsg.): Der Völkermord an den Armeniern vor Gericht. Der Prozess Talaat Pascha. Stenographischer Prozessbericht. Berlin 1921. 2. und 3. Gesellschaft für bedrohte Völker, Göttingen und Wien 1980, 1985.

Hofmann, Tessa (Hrsg.): Verfolgung, Vertreibung und Vernichtung der

Christen im Osmanischen Reich. 1912 – 1922. LIT, Münster, 2004.

Hofmann, Tessa und Koutcharian, Gerayer (Hrsg.): Vertreibung, Verfolgung, Vernichtung: Bilder und Texte zum Genozid an den Armeniern 1915/16. Donat Verlag, Bremen, 2017.

Hosfeld, Rolf: Tod in der Wüste: Der Völkermord an den Armeniern. C.H. Beck Verlag, München, 2015.

Hosfeld, Rolf und Pschichholz, Christin (Hrsg.): Das Deutsche Reich und der Völkermord an den Armeniern. Wallstein Verlag, Göttingen, 2017.

Khrischtschian, Melkon: Deutschland und die Ausrottung der Armenier in der Türkei. Ein Rückblick. Potsdam, 1930. Neuauflage, Vahriç Melkonyan, Dr. Harutyun Melkonyan, 2014.

Knocke, Roy und Treß, Werner (Hrsg.): Franz Werfel und der Genozid an den Armeniern. Walter De Gruyter Oldenbourg, München, 2015.

Kunter, Katharina; Mendel, Meron und Fassing, Oliver (Hrsg.): 100 Jahre Leugnung: Der Völkermord an den ArmenierInnen; Beiträge zu einer multiperspektivischen Erinnerungskultur in Deutschland. Aschendorff Verlag, Münster, 2017.

Lanne, Peter: Armenien – der erste Völkermord des 20. Jahrhunderts. Institut für armenische Fragen, München, 1977.

Lehmann-Haupt, Therese: Erlebnisse eines zwölfjährigen Knaben während der armenischen Deportationen. 1921. Neuauflage: Donat Verlag, Bremen, 1985.

Lepsius, Johannes: Der Todesgang des armenischen Volkes. Potsdam, 1919.

Lepsius, Johannes: Deutschland und Armenien. Sammlung diplomatischer Aktenstücke. Potsdam, 1919. Neuauflage: Donat Verlag, Bremen, 1986.

Lisec, Eckhard: Der Völkermord an den Armeniern im 1. Weltkrieg – Deutsche Offiziere beteiligt? Miles-Verlag, Berlin, 2017.

Sakayan, Dora: «Man treibt sie in die Wüste»: Clara und Fritz Sigrist-Hilty als Augenzeugen des Völkermordes an den Armeniern 1915–1918. Limmat Verlag, Zürich, 2016.

Stangeland, Sigurd Sverre: Die Rolle Deutschlands im Völkermord an den Armeniern 1915-1916. Dissertation, Norges Teknisk-Naturvitenskapelige Universitet, Trondheim, 2013.

Staudt, Kirsten: Strategien des Gehörtwerdens: Der Völkermord an den Armeniern als Politikum; ein deutsch-französischer Vergleich. Transcript Verlag, Bielefeld, 2015.

Véou, Paul du: Der Völkermord an den Armeniern vor Gericht: Der Prozess Talaat Pascha. Berlin 1921. Neuauflage: Gesellschaft für bedrohte Völker, Göttingen und Wien, 1980.

Vierbücher, Heinrich: Armenien 1915. Was die kaiserliche Regierung den deutschen Untertanen verschwiegen hat. Die Abschlachtung eines Kulturvolkes durch die Türken. Hamburg-Bergedorf 1930. Neuauflage: Donat Verlag, Bremen, 1987.

Werfel, Franz: Die vierzig Tage des Musa Dagh. 1933. Neuauflage: Fischer Verlag, Frankfurt a.M., 1979.

Yonan, Gabriele: Ein vergessener Holocaust. Die Vernichtung der christlichen Assyrer in der Türkei. Gesellschaft für bedrohte Völker, Göttingen und Wien, 1981.

Situation armenischer Minderheiten:

Armenische Kolonie zu Berlin e.V. (Hrsg.): Armenische Frage – türkisch behandelt. Dokumentation über eine antiarmenische Hetzkampagne in Berlin-West sowie über die vom Europa-Parlament verabschiedete Resolution zur armenischen Frage. Donat Verlag, Bremen, 1988.

Armin T. Wegner-Gesellschaft (Hrsg.): Armenier - deutsch behandelt. Dokumentation zur Bremer Konferenz „Genozid und Holocaust" (19.-24. April 1985). Donat Verlag Bremen, 1985.

Ganjalyan, Tamara: Diaspora und Imperium. Armenier im vorrevolutionären Russland (17. bis 19. Jahrhundert). Böhlau-Verlag, Köln/Weimar/Wien, 2016.

Hofmann, Tessa & Koutcharian, Gerayer: Armenien – Völkermord, Vertreibung, Exil. Menschenrechtsarbeit für die Armenier 1979-1987. Gesellschaft für bedrohte Völker, Göttingen und Wien, 1987.

Hofmann, Tessa (Hrsg.): Armenier und Armenien – Heimat und Exil. Rowohlt Taschenbuch, Reinbek, 1994.

Jacob, David: Minderheitenrecht in der Türkei: Recht auf eigene Existenz, Religion und Sprache nichtnationaler Gemeinschaften in der türkischen Verfassung und im Lausanner Vertrag. Mohr Siebeck, Tübingen, 2017.

Reiseberichte, Erzählungen:

Hartwig, Thomas: Die Armenierin. Salon Literatur Verlag, München, 2014.

Kherdian, David: Der Schatten des Halbmondes. Das Schicksal eines armenischen Mädchens. dtv, München, 1986.

Klement, Robert: Die Kinder von Leninakan. Jugend und Volk, Wien, 1991.

Nansen, Fridtjof: Betrogenes Volk. Eine Studienreise durch Georgien und Armenien als Oberkommissar des Völkerbundes. Leipzig 1928. [Norweg. Originalausg.: Gjennem Armenia. Jacob Dybwads Forlag, Oslo, 1927.]

Rohrbach, Paul: Vom Kaukasus zum Mittelmeer. Eine Hochzeits- und Studienreise durch Armenien. Leipzig und Berlin, 1903.

Wegner, Armin T.: Im Hause der Glückseligkeit. Aufzeichnungen aus der Türkei. Sibyllen-Verlag, Dresden, 1920.

Wegner, Armin T.: Das Verbrechen der Stunde – die Verbrechen der Ewigkeit. 1921. Neuauflage: Bunt-Buch, Hamburg, 1982.

Wegner, Armin T.: Am Kreuzzug der Welten. Eine Reise vom Kaspischen Meer zum Nil. Wegweiser-Verlag, Berlin, 1930.

Wegner, Armin T.: Fünf Finger über dir. Aufzeichnungen einer Reise durch Rußland, den Kaukasus und Persien 1927/28. 1930. Neuauflage: Hammer-Verlag, Wuppertal, 1979.

Wolf-Cromer, Editha (Hrsg.): Aufbruch nach Armenien. Reise- und Forschungsberichte aus dem Lande Urartu – Armenien. Reimer Verlag, Berlin, 1985.

Kultur, Dichtung:

Abeghian, M.: Der armenische Volksglaube. Leipzig, 1899.

Akinian, P.M.: Moses Khorenatsi. Wien, 1930.

Die Berge beweinen die Nacht meines Leidens. Klassische armenische Dichtung. Rütten & Loening, Berlin, 1983.

Bethge, H.: Die Nachtigall Armeniens: Lieder des Nahabed Kutschak. Berlin, 1924.

Hofmann, Tessa: Die Nachtigall Tausendtriller. Armenische Volksmärchen. Ausgewählt und aus dem Armenischen übertragen zusammen mit Gerayer Koutcharian, Illustrationen von Juliane Schack, Edition Orient, Berlin, 1983.

Ipsiroglu, M.S.: Die Kirche von Achtamar. Berlin und Mainz, 1963.

Neubauer, E.: Armenische Baukunst vom 4. bis 14. Jahrhundert. Dresden, 1970.

Armenische Kirche:

Gamber, Klaus & Nyssen, Wilhelm: Verweilen im Licht. Kult und Bild der Kirche Armeniens. Luthe Verlag, Köln, 1986.

Heiser, Lothar: Das Glaubenszeugnis der armenischen Kirche. Paulinus-Verlag, Trier, 1983.

Heyer, Friedrich (Hrsg.): Die Kirche Armeniens. Eine Volkskirche zwischen Ost und West. (Die Kirchen der Welt, Band 18.) F. Heyer, Stuttgart, 1978.

Iskhanyan, Serovbé Vardapet: Armenisch-Apostolische Orthodoxe Kirche. Jerewan, 2012.

Krikorian, Mesrob: Die armenische Kirche. Materialien zur armenischen Geschichte, Theologie und Kultur. Peter Lang, Bern, 2007.

KARTE 1: Reiseroute des Verfassers im Sommer 1976

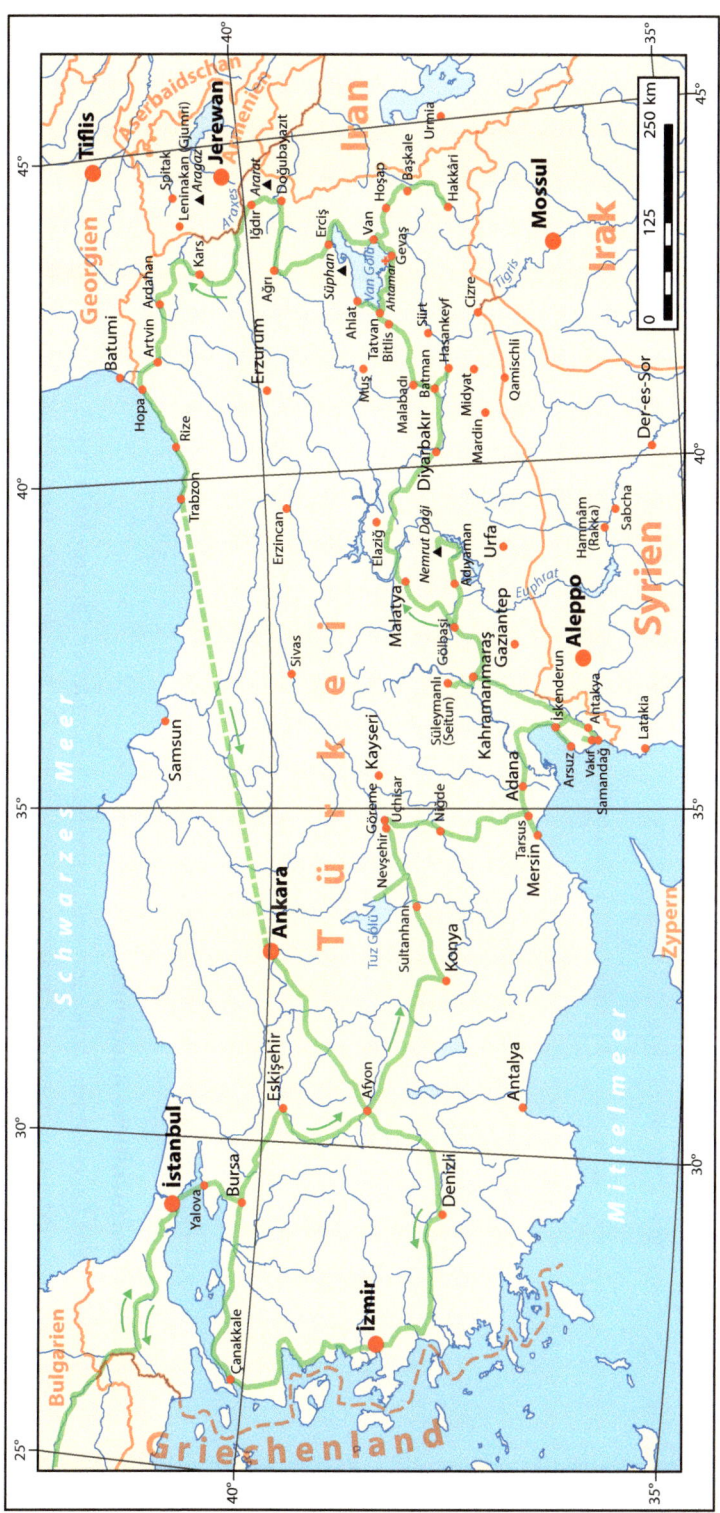

Zusammenstellung und Grafik Winfried K. Dallmann

KARTE 2: Geschichtliche Ausdehnung Armeniens

Die Karte zeigt Beispiele von Landesgrenzen armenisch besiedelter Staatsgebilde durch die Zeitalter. Verschiedene Quellen aus zusammenfassenden Werken wurden benutzt. Da geschichtliche Grenzen häufigen Änderungen unterworfen sind, zeigen sie nur beispielhafte Momentaufnahmen. Der Zweck der Karte ist keine genaue Wiedergabe, sondern das Aufzeigen des weitläufigen armenischen Siedlungsraumes im Vergleich zur modernen Situation (Karte 4).

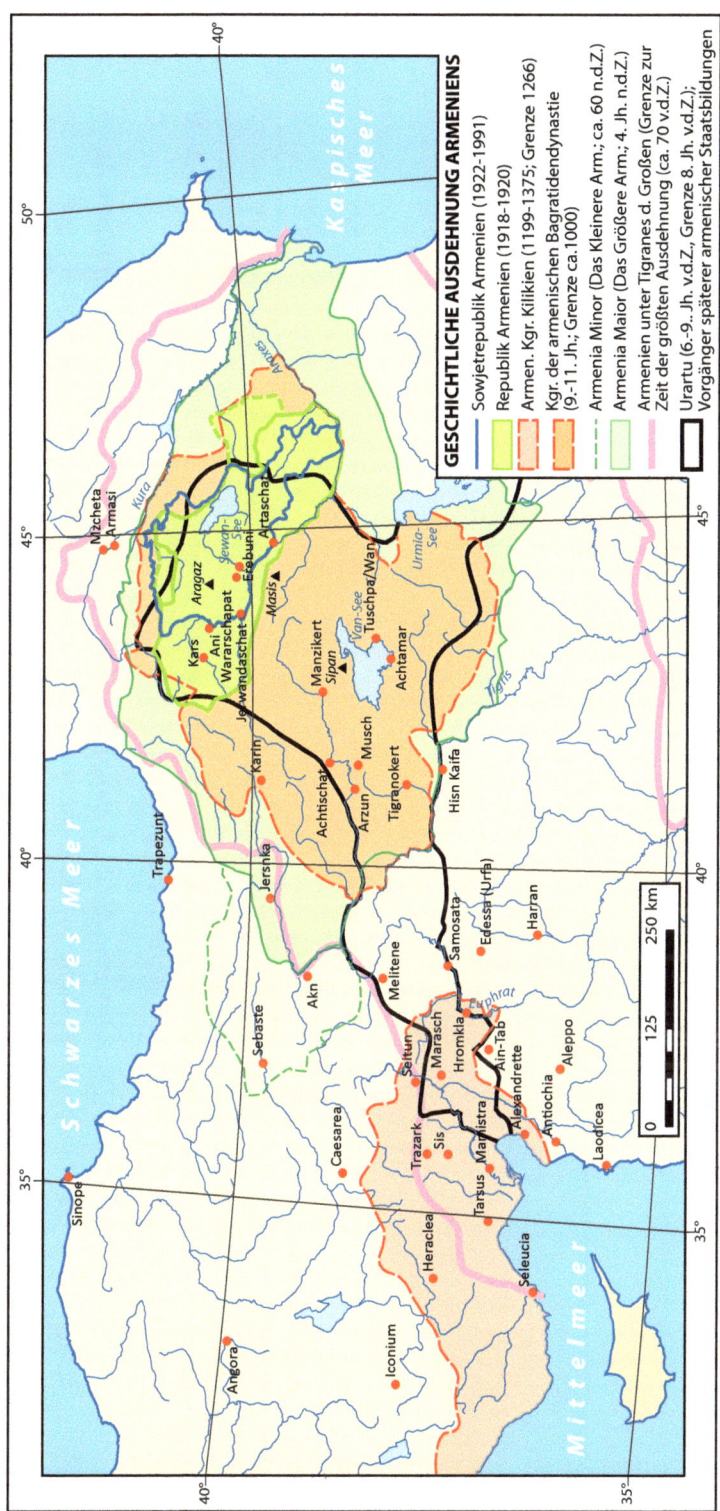

GESCHICHTLICHE AUSDEHNUNG ARMENIENS

— Sowjetrepublik Armenien (1922–1991)

— Republik Armenien (1918–1920)

— Armen. Kgr. Kilikien (1199–1375; Grenze 1266)

— Kgr. der armenischen Bagratidendynastie (9.–11. Jh.; Grenze ca.1000)

— Armenia Minor (Das Kleinere Arm.; ca. 60 n.d.Z.)

— Armenia Maior (Das Größere Arm.; 4. Jh. n.d.Z.)

— Armenien unter Tigranes d. Großen (Grenze zur Zeit der größten Ausdehnung (ca. 70 v.d.Z.)

— Urartu (6.–9. Jh. v.d.Z., Grenze 8. Jh. v.d.Z.); Vorgänger späterer armenischer Staatsbildungen

Zusammenstellung und Grafik: Winfried K. Dallmann

KARTE 3: Der Völkermord 1915-1922

Die Karte zeigt sowohl die größeren Distriktszentren der Massaker und Deportationen der armenischen und anderer christlicher Bevölkerungsgruppen (Assyrer, Griechen) von 1915-16 und die Hauptrouten der Deportation zu den Konzentrations- und Vernichtungslagern, als auch die späteren Übergriffe der osmanisch- und später kemalistisch-türkischen Verbände auf christliche Bevölkerungsgruppen bis 1922.

Für die Ortsnamen wird, soweit bekannt, die im Armenischen übliche Bezeichnung verwendet; bei größeren Abweichungen ist der heutige türkische Name zwecks leichteren Wiederfindens in Klammern hinzugefügt.

Ursprüngliche Quelle: Nazer, James: The Armenian Massacre. T&T Publishing, Inc. New York, Toronto, 1968. Ergänzt durch Informationen aus verschiedenen Werken zum Thema.

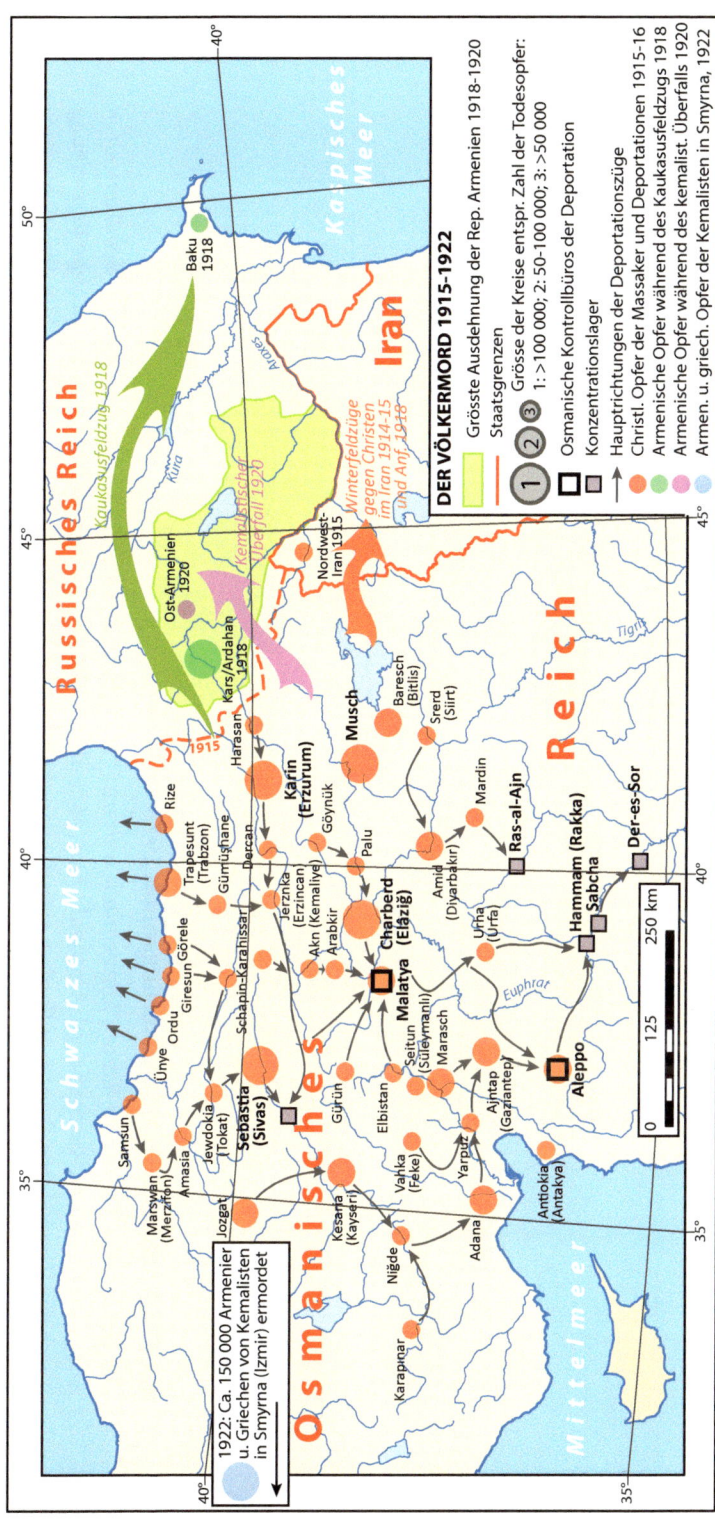

DER VÖLKERMORD 1915–1922

Grösste Ausdehnung der Rep. Armenien 1918–1920

Staatsgrenzen

Grösse der Kreise entspr. Zahl der Todesopfer:
① ② ③ 1: >100 000; 2: 50–100 000; 3: >50 000

☐ Osmanische Kontrollbüros der Deportation

☐ Konzentrationslager

↑ Hauptrichtungen der Deportationszüge

● Christl. Opfer der Massaker und Deportationen 1915–16

● Armenische Opfer während des Kaukasusfeldzugs 1918

● Armenische Opfer während des kemalist. Überfalls 1920

● Armen. u. griech. Opfer der Kemalisten in Smyrna, 1922

Zusammenstellung und Grafik: Winfried K. Dallmann

Russisches Reich

Kaspisches Meer

Baku 1918

Kaukasusfeldzug 1918

Iran

Kura

Araxes

Ost-Armenien 1920

Kemalischer Überfall 1920

Winterfeldzüge gegen Christen im Iran 1914–15 und Anf. 1918

Kars/Ardahan 1918

Nordwest-Iran 1915

Harasan

1915

Baresch (Bitlis)

Srerd (Siirt)

Musch

Karin (Erzurum)

Göynük

Palu

Mardin

Ras-al-Ajn

R e i c h

Tigris

Schwarzes Meer

Rize

Trapesunt (Trabzon)

Gümüshane

Dercan

Jerzinka (Erzincan)

Akn (Kemaliye)

Arabkir

Amid (Diyarbakir)

Urfa (Urfa)

Hammam (Rakka)

Sabcha

Der-es-Sor

Giresun

Görele

Schapin-Karahissar

Charberd (Elâziğ)

Malatya (Malatia)

Seitun (Süleymanli)

Euphrat

Aleppo

Ordu

Ünye

Jewdokia (Tokat)

Sebastia (Sivas)

Gürün

Elbistan

Marasch

Ajntap (Gaziantep)

Samsun

amasia

Marsywan (Merzifon)

Jozgat

Kesaria (Kayseri)

Vahka (Feke)

Yarput

Antiokia (Antakya)

Nigde

Adana

Karapinar

O s m a n i s c h e s

Mittelmeer

0   125   250 km

1922: Ca. 150 000 Armenier
u. Griechen von Kemalisten
in Smyrna (Izmir) ermordet

KARTE 4: Armenischer Bevölkerungsraum 1976-2017

Die Karte zeigt die in den letzten Jahrzehnten weiterhin zurückweichenden Reste der armenischen Bevölkerung in Anatolien (langsame Vertreibung), Aserbaidschan (Massaker 1988-90), Syrien und im Irak (gewalttätige Vertreibung durch den ‚Islamischen Staat'). Außerdem sind die Republik Armenien und die proklamierte Republik Arzach als auch das zur Hälfte armenisch bevölkerte Gebiet Samzche-Dschawachetien in Georgien dargestellt. Zusammengestellt aus einer Vielzahl von Quellen.

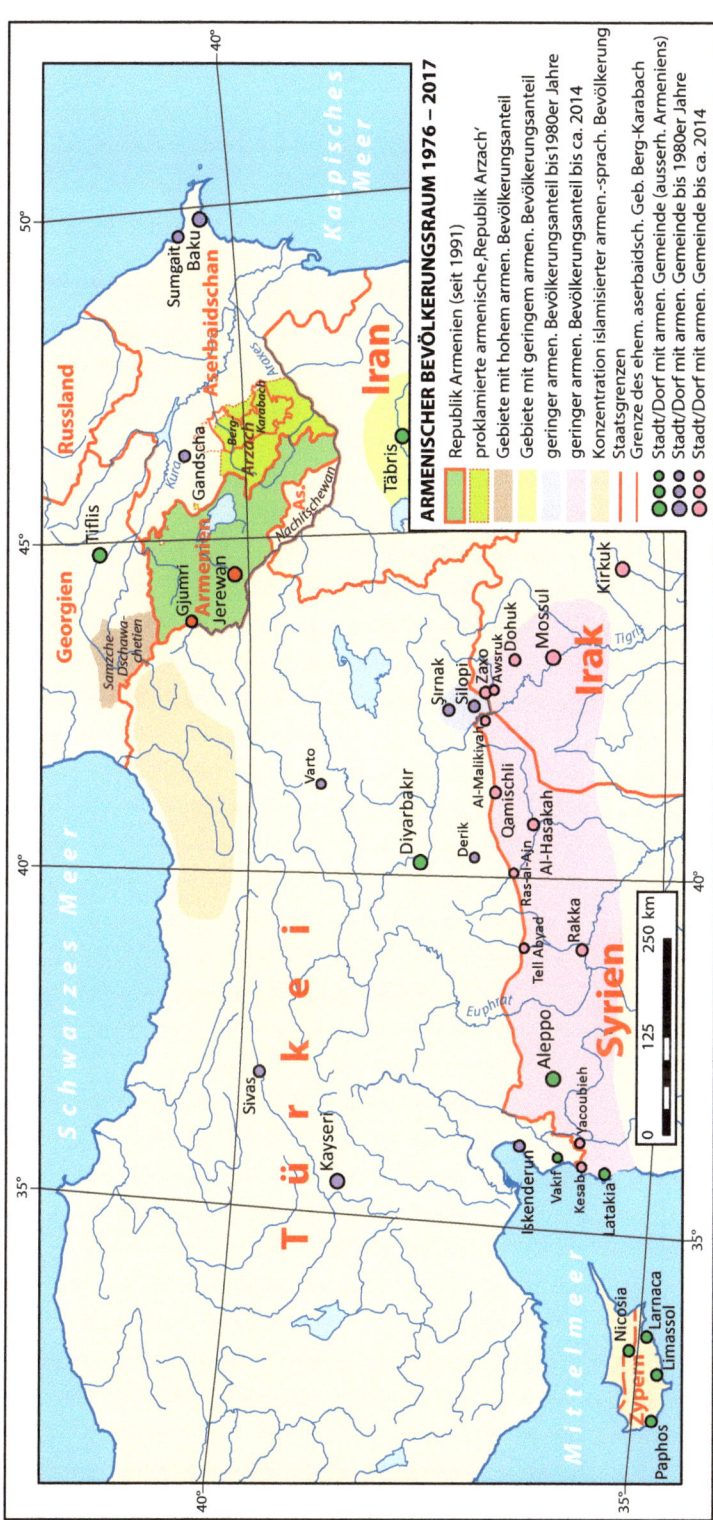

ARMENISCHER BEVÖLKERUNGSRAUM 1976 – 2017

Republik Armenien (seit 1991)

proklamierte armenische Republik Arzach'

Gebiete mit hohem armen. Bevölkerungsanteil

Gebiete mit geringem armen. Bevölkerungsanteil
geringer armen. Bevölkerungsanteil bis 1980er Jahre
geringer armen. Bevölkerungsanteil bis ca. 2014

Konzentration islamisierter armen.-sprach. Bevölkerung

Staatsgrenzen

Grenze des ehem. aserbaidsch. Geb. Berg-Karabach

Stadt/Dorf mit armen. Gemeinde (ausserh. Armeniens)

Stadt/Dorf mit armen. Gemeinde bis 1980er Jahre

Stadt/Dorf mit armen. Gemeinde bis ca. 2014

Zusammenstellung und Grafik: Winfried K. Dallmann

Schwarzes Meer

Kaspisches Meer

Mittelmeer

Russland

Georgien

Aserbaidschan

Armenien

Iran

Irak

Syrien

Türkei

Zypern

Sumgait
Baku
Tiflis
Gandscha
Gjumri
Jerewan
Berg Arzach Karabach
A.R.
Nachitschewan
Täbris
Samzche Dschawa-chetien
Varto
Diyarbakır
Derik
Şırnak
Silopi
Zaxo
Awsruk
Dohuk
Mossul
Kirkuk
Al-Malikiya
Qamischli
Ras al-Ain
Al-Hasakah
Rakka
Tell Abyad
Aleppo
Yacoubieh
İskenderun
Vakif
Kesab
Latakia
Sivas
Kayseri
Nicosia
Larnaca
Limassol
Paphos

Kura
Aras
Euphrat
Tigris

0 125 250 km